U0620785

让 我 们 一 起 追 寻

继业者战争
与
希腊化时代

〔英〕罗宾·沃特菲尔德　著

袁　鑫　拓永兴　译

THE WAR FOR
ALEXANDER
THE GREAT'S EMPIRE

ROBIN WATERFIELD

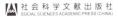

社会科学文献出版社
SOCIAL SCIENCES ACADEMIC PRESS (CHINA)

本书获誉

这本书完美展现了古代历史中一个非常重要但也常常被忽视的时期。

——《书单》（*Booklist*）

沃特菲尔德是一位手法精妙的非虚构作家，他能生动地重现具体的历史事件，简直是一个真正的艺术家——这是我对他的评价。令人惊讶的是，在沃特菲尔德笔下，复杂的政治算计、数不胜数的战场谋略、受战争波及的社会百态都变得极具可读性。他的记述一如既往地条理清晰。

——马克·罗斯（Mark Rose），书潮网（Bookgasm）

继业者时代的故事惊心动魄、扣人心弦，在历史上空前绝后。罗宾·沃特菲尔德通过自己的创作，让这一精彩纷呈的时代中的鲜活人物跃然纸上，也展现了希腊化时代和即将到来的罗马时代里哲学和艺术发展的新貌。

——劳伦斯·特立特尔（Lawrence Tritle），
著有《伯罗奔尼撒战争史新编》
（*A New History of the Peloponnesian War*）

如果只推荐一本了解希腊化时代早期的书，那可能就是《裂土称王》了。

——贾尼丝·加伯特（Janice Gabbert），
全美图书馆杂志《选择》（Choice）

本书的节奏上佳，充满了戏剧性……是目前该领域的最新成果和最详尽的文献……适时的插叙概括了希腊化时代的社会生活、文学、艺术、经济、哲学和宗教发展。

——彼得·格林（Peter Green），《华尔街日报》（Wall Street Journal）

罗宾·沃特菲尔德运用了独到的文化-政治叙事手法，对这精彩的半个世纪里所有的重要领域都做出了充分而公正的评价。

——保罗·卡特利奇（Paul Cartledge），
著有《古希腊十一城邦史》
（Ancient Greece, A History in Eleven Cities）

本书对古代历史的一个重要转型期进行了引人入胜、扣人心弦的描述。正如作者罗宾·沃特菲尔德指出的那样，这本书应该更广为人知——感谢作者，本书一如既往地通俗易懂。

——汤姆·霍兰（Tom Holland），
著有《波斯战火：第一个世界帝国及其西征》
（Persian Fire: The First World Empire and the Battle for the West）

这是一趟轻快易懂的阅读之旅，书中跌宕起伏的故事至今仍在巴尔干国家和其他地区余音回响。

——英国《每日快报》（*Daily Express*）

推荐给所有对古典时代感兴趣的人。

——美国《图书馆期刊》（*Library Journal*）

这是一部精彩绝伦的介绍性读物……作者以小说家般充满张力的手笔，描绘了亚历山大死后的一幕幕精彩大戏。

——《军事时报》（*Military Times*）

这份令人着迷的记录精彩地捕捉了这一时期的政治、战争和文化万象……对于研究这一重要转型期的人来说是一本必读书。

——序言书评网站（Foreword）

谨以此书

献于吾父

缅怀吾母

目　录

前　言

本书讲述了历史上被遗忘的一场伟大战争。亚历山大大帝死后，他的继业者用了四十多年完成了对其身后庞大帝国的瓜分。从公元前 323 年至公元前 281 年，这几十年充斥着阴谋诡计、澎湃激情、刀光剑影、王朝联姻和尔虞我诈，以及纵横捭阖和数不胜数的战场厮杀。男人们在疆场上驰骋作战，女人们在宫殿、楼阁甚至监狱里密谋策划，特权女性（特别是来自王室的女性）在西方历史上首次登上政治舞台。此后，在罗马、拜占庭和欧洲的君主制历史中，特权女性们将继续在政治生活中扮演重要的角色。

本书写作遵循了自然起点和终点：以公元前 323 年 6 月亚历山大去世为起点；以公元前 281 年，最后两位与亚历山大相知并一起扬鞭征战沙场的直接继业者①殒命为终点。继业者——公元前 2 世纪的史学家尼姆菲斯（Nymphis）在其已散佚的作品中称他们为"希腊神话中英雄的子孙"（Epigonoi）——也许如父辈一样雄心勃勃，但他们面对的世界已今非昔比。统治整个亚历山大帝国，对"英雄的子孙"来说已不现实；相反，"英雄的子孙"的首要目标就是守住各自的核心领土——如安提柯王朝的马其顿、塞琉古王朝的亚洲、托勒密王朝的大埃及。当然，国王们及后世君主经常会觊

---

① 指利西马科斯和塞琉古。——译者注

觊邻国的领土，但没有哪一个统治者会再执着于统治整个已知
世界了。再也不会有哪一个时代像继业者时代那样，人们为统
治整个世界而进行长达四十多年几乎不间断的战争了。

在那个战火绵延的时代，继业者是家喻户晓的人物，因为
世界的命运就掌握在他们手中。如果长期以来继业者的声誉显
得暗淡无光，那是因为历史意外（我们几乎失去了这一时期
的所有历史资料），以及我们对亚历山大大帝的永久痴迷。继
业者只能身处亚历山大大帝的阴影之下。因此，本书的主要目
的是唤醒人们对继业者的记忆。书中叙事足以证明，希腊化时
代早期并非亚历山大征服之后的暗淡收场，也绝非一个衰落和
分裂的时期。事实上，亚历山大把自己的身后事搞得一团糟：
没有指定继承人，也没有一套与庞大帝国匹配的行政机构，
"帝国"内部和边境危机四伏。一份翔实的亚历山大征服图显
示，他的征服只局限于亚洲的狭长地带，很多地方并未被他染
指。继业者不仅没有让帝国瓦解，反而巩固了亚历山大的战
果。然而，继业者同样怀有野心，这意味着巩固领土必将导致
帝国分裂，较小规模的帝国和王国随之出现。

本书突出了军事叙事，但关于文化问题的"旁白"贯穿
始终。令人惊讶的是，这个野蛮的战乱时期也不乏灿烂的文化
成就，特别是在艺术、文学和哲学领域。征服世界的能量不仅
仅释放在战场上，也体现在继业者特别是王室带来的文化繁荣
上。虽然主业是领兵打仗，但继业者都很有教养。据说亚历山
大睡觉时，在枕头底下就放着一本荷马的《伊利亚特》和一
把匕首。[1] 如果没有继业者对亚历山大战果的巩固，就不会有
文化的传播，因为文明离不开基础建构。

因此，除对军事行动的描述外，本书还概述了文化影响的

脉络。一个新世界从战争的尘埃和阴霾中浮现——这个世界由各自的国王统治，各国分属不同的疆域，但有共同的文化。正是这种共同的文化使我们有资格从一般意义上说出"东方希腊"（the Greek east）这一明显区别于"西方罗马"（the Roman west）的概念，①而正是继业者带来了改变世界的两大势力的交锋，促成罗马最终统治了整个希腊世界。公元前 30 年罗马吞并埃及，通常标志着学者们所说的希腊化时代的结束——该时代始自亚历山大去世，此后继业者不断推动希腊文化的传播，使其在从地中海到阿富汗的广域地区内占据主导地位。

　　长期以来，我的主要目的是写出一本准确而有趣的书，将这一晦涩难懂的历史时期讲述清楚。正如本书的主书名和副书名所示，其中最重要的内容是帝国这个战利品**被瓜分**了。一种多国政治秩序及不断发展的权力平衡，脱胎于亚历山大的统一帝国。所有继业者都先后效仿先王亚历山大以征服整个帝国，但无一成功。我们见证了现实主义历史学家描述的历史法则：怀有帝国野心的强邻之间必将发生冲突，因此要限制这种野心。在继业者时代初期，建立大帝国是有可能的，但后期就不可能实现了。这一规律是贯穿全书的主线。

　　如果说帝国是通过特定的统治阶层在政治、经济和军事上控制多个民族，并且通过一个在地理上相距遥远的政治中心来统治的话，那么塞琉古（Seleucus）建立了帝国（他控制了前

----

　　① 又称"东方希腊世界"与"西方拉丁世界"，是用于区分希腊-罗马世界两个部分的术语，特别是指以希腊语为通用语的东部地区（安纳托利亚、希腊、巴尔干、黎凡特和埃及）和使用拉丁语的西部地区（马格里布、高卢、西班牙、意大利和不列颠等）。——编者注

波斯帝国阿契美尼德王朝的大片领土），托勒密（Ptolemy）建立了帝国（我在书中有时称之为"大埃及"），安提柯家族（the Antigonids）建立了王国，并在希腊大部分地区实现了霸权（指凭借现实或潜在军事威胁逼迫他国臣服的能力）。不过，在约十五人的继业者阵容中，几乎无人能建立与抱负相匹配的足够持久稳定的政权。历史法则通过各种方式发挥了作用。帝国的成败取决于谨慎程度、时运好坏、尔虞我诈、军事才华和权力欲望。在属于他们的四十多年中，继业者上演了一幕幕精彩大戏。

在亚历山大帝国之前，世界上曾经有过一些帝国。波斯帝国阿契美尼德王朝（公元前 550 ~ 前 330 年）对希腊人而言是最为重要的帝国之一；此前还有些规模较小的帝国，分别是新亚述帝国（公元前 934 ~ 前 610 年）、赫梯帝国（公元前 1430 ~ 约前 1200 年）和阿卡德帝国（公元前 3 千纪末）。在远东地区，尽管相关证据还有待评估，但中国北方的商周两朝（商朝为公元前 1766 ~ 前 1045 年，周朝为公元前 1045 ~ 前 256 年）① 也可被称为帝国。但亚历山大的继业者开创了首批统治者和主导文化都来自欧洲的帝国；公元前 5 ~ 前 4 世纪所谓的雅典"帝国"并不是真正意义上的帝国，最主要的原因是其统治者和臣民都有共同的种族背景。[2]

当然，亚历山大本身就是征服者，继业者继承了他的遗愿，但亚历山大的死让仅维持了十年的帝国摇摇欲坠，而且他打下的江山很难被说成是一个帝国。原因如前所述：亚历山大

---

① 此处作者指出的商周两朝的起止时间与国内主流观点有异，一般认为商朝为约公元前 1600 ~ 约前 1046 年，周朝为公元前 1046 ~ 前 256 年。——编者注

忙于征服，以至于无暇顾及长久统治的问题。亚历山大的继业者建立了首批具有欧洲特色的稳定帝国。这确实是一个重要的历史时期，却因重现这段历史的种种困难而被忽略了。研究帝国的史学家，干脆直接从亚历山大时期跳到罗马时期；我写作本书就旨在厘清这段历史。

为了让本书尽量通俗易懂，我在写作过程中选择关注个体：在按时间顺序展现历史进程的同时，本书大部分章节围绕着某些主要人物的经历展开。在一些读者看来，这似乎是一种过时的写法。在强调个人作用时，我是否也遵循了古代史学家的偏好，书写了一部"伟人"史？有人说，历史主要不是由个人推动的，经济、技术以及其他更抽象的需求带动了历史的发展；个人不创造社会，但社会创造个人。这话有一定道理，在本书中，我尝试从某些经济领域对继业者战争进行了研究。不过，我们需要明白，继业者是专制的统治者，这是"伟人"历史的批评者往往忽视的一个铁的事实。继业者的抱负和欲望，确实能够改变历史的进程。

亚历山大一死，他的帝国就开始崩溃，这种局面的出现充分说明是亚历山大本人，而不是经济力量，一直以来把帝国团结在一起。如果安提柯不想效仿亚历山大，如果"围城者"德米特里（Demetrius，又译德米特里乌斯）终其一生没有被狂妄自大所压垮，如果塞琉古因自己兵力弱小而没有勇气收复巴比伦（Babylon）……可以列举出上百个这样的"如果"，每一个这样的假设都可以证明，继业者的个人雄心和激情能够而且确实决定了历史的发展方向。诚然，历史并非只由伟人创造，但同样无法精准地计算损益得失。太多的非理性和难以预测的因素经常对历史发展产生重要影响〔正如约瑟夫·海勒

（Joseph Heller）在《第二十二条军规》（*Catch-22*）中讽刺的那样]，在本书所涉及的希腊化时代早期同样如此。我们将会看到，希腊化时代早期的王权意识形态，对个人野心起了推波助澜的作用。因此，我不会为关注历史中的个人而道歉。"无芸芸众生，遑论国家。"[3] 此言或许不虚。无论如何，从希腊到阿富汗等很多国家的历史都始自亚历山大大帝的继业者。继业者的故事值得被更多人知晓。

致　谢

通过给世界各地的学者致信索求相关文章的选印本，我收集了大量研究资料。在这一过程中，我收获了满满的善意。在此，我对所有提供资料帮助我的人一并表示感谢。本书中的许多研究是在雅典进行的，美国古典研究学院布莱根图书馆（Blegen Library）和英国学校图书馆（Library of the British School）的工作人员，一如既往地给我提供了帮助。感谢詹姆斯·罗姆（James Romm）让我先睹为快地看到了他新书《王座上的幽灵》的后期草稿（我们交换了书稿）；同样谢谢威廉·穆雷（William Murray），他提供了其即将出版的关于希腊化时代战舰一书的相关章节。牛津大学出版社一位匿名读者的评论让我受益颇多，我的编辑斯特凡·弗兰卡（Stefan Vranka）、友人保罗·卡特利奇、安德鲁·莱恩（Andrew Lane）和我妻子凯瑟琳·达纳森（Kathryn Dunathan），都给我提出了宝贵的修改意见。当然，凯瑟琳在其他方面还帮了我很多忙。

希腊　拉科尼亚
2011 年 1 月

彩图来源说明

12. 萨拉米斯战役纪念钱币。© Lequenne Gwendoline from Wikimedia.

13. 佩拉的猎狮镶嵌画。Bridgeman 332175. © Ancient Art and Architecture Collection，Bridgeman Art Library.

14. 维尔吉纳的牙雕。© Ekdotike Athenon s. a.

15. 维尔吉纳的壁画（局部图）。Bridgeman 60120. © Bridgeman Art Library.

16. 安条克的幸运女神。Vatican Museums. Scala 0041467M.

A. 亚历山大大帝国

威海
奥克苏斯河
索格底亚那
巴克特里亚
马尔吉亚那
阿富汗尼斯坦
乌浒河
阿鲁亚
阿拉科西亚
格德罗西亚
印度河
孔雀王国
印度洋

里海
斯基泰
亚美尼亚
赫卡尼亚
帕提亚
德兰吉亚那
卡曼尼亚
波西斯
米底
苏锡亚那
波斯湾

盖伦河
多瑙河
色雷斯
黑海
帕夫拉戈尼亚
以提尼亚
弗里吉亚
卡帕多西亚
加拉提亚
奇里乞亚
底格里斯河
美索不达米亚
幼发拉底河
亚述
叙利亚
阿拉伯半岛
红海

伊利里亚
马其顿
色萨利
伯罗奔尼撒半岛
以弗所
吕底亚
卡里亚
吕西亚
罗得岛
塞浦路斯
腓尼基
巴勒斯坦
大马士革
耶路撒冷
尼罗河
埃及
昔兰尼加

地中海
克里特岛

北
西 东
南

0   250   500英里
0   250   500千米

　北
西　東
南

伊利里亚

色雷斯

马 其 顿

佩拉
莱夫卡迪亚
埃盖
（维尔吉纳）皮德纳
第乌姆

塞萨洛尼卡

安菲波利斯

阿克西奥斯河

奥林索斯
"圣城"

萨莫色雷斯岛

伊姆罗兹岛

塞洛希亚

卡桑德里亚

塞尔迈湾

利姆诺斯岛

伊尼鲁斯

多多纳

克拉农

色萨利

德米特里阿斯

爱琴海

克基拉岛

拉米亚

阿卡纳尼亚

温泉关

福基斯

德尔斐

彼奥提亚

喀罗尼亚

哈尔基斯

埃托利亚

奥林匹亚

亚加亚

西锡安

科林斯

尼米亚

厄玻西斯

迈加拉

底比斯

尤卑亚岛

安德罗斯岛

伊利亚

阿卡迪亚

麦加洛波利斯

麦西尼亚

帖该亚

阿尔戈斯

雅典

比雷埃夫斯

阿提卡

苏尼昂海角

提洛岛

萨罗
尼克湾

斯巴达

伯 罗 奔 尼 撒 半 岛

阿莫尔戈斯岛

0　50　100千米
0　50　100英里

克里特岛

B. 马其顿、希腊和爱琴海

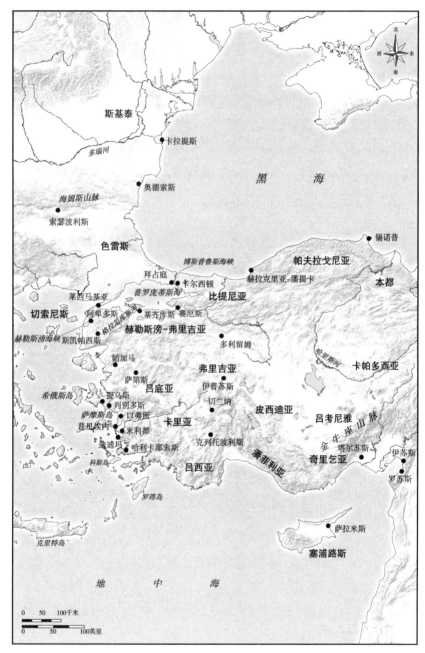

C. 小亚细亚和黑海

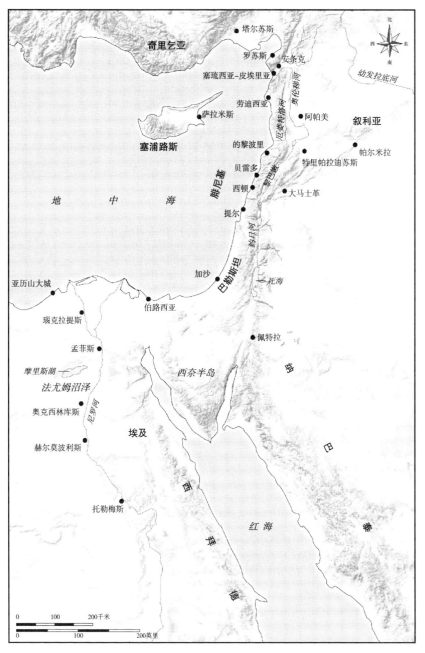

北
西　东
南

奇里乞亚
塔尔苏斯
罗苏斯
安条克
塞琉西亚-皮埃里亚
幼发拉底河
劳迪西亚
奥伦特斯河
叙利亚
阿帕美
塞浦路斯
萨拉米斯
厄琉特路斯河
帕尔米拉
的黎波里
特里帕拉迪苏斯
贝雷多
黎巴嫩
西顿
大马士革
地　中　海
腓尼基
提尔
约旦河
加沙
巴勒斯坦
死海
亚历山大城
伯路西亚
瑞克拉提斯
佩特拉
孟菲斯
纳
摩里斯湖
西奈半岛
法尤姆沼泽
奥克西林库斯
尼罗河
巴
泰
赫尔莫波利斯
埃及
西
奈
拜
德
托勒梅斯
红　海

0　　　100　　　200千米
0　　　100　　　200英里

D. 叙利亚和埃及

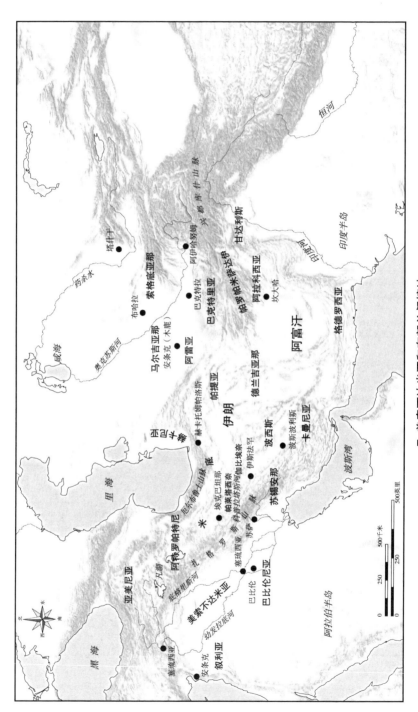

E. 美索不达米亚和东部总督辖地

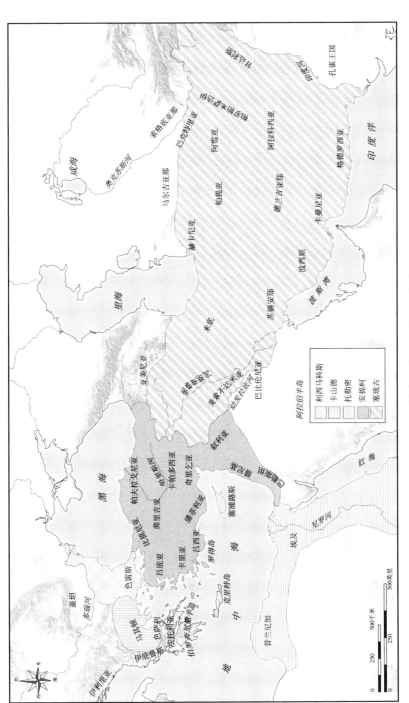

F. 和平后的帝国（公元前 311 年）

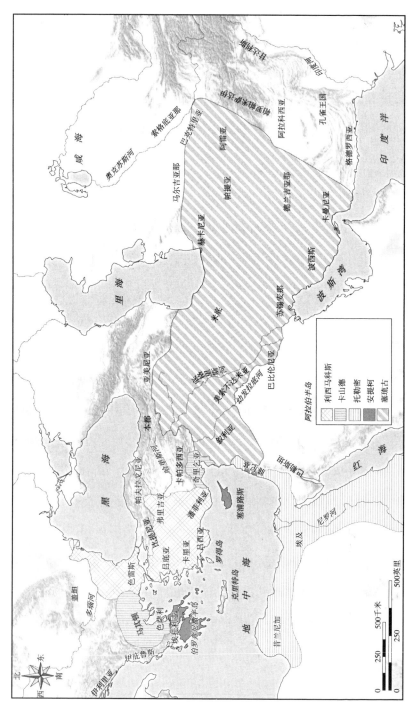

G. 伊普苏斯战役后的帝国（公元前 301 年）

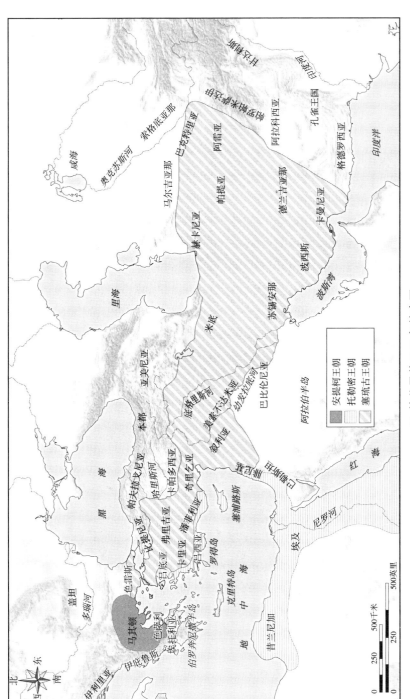

H. 约公元前 275 年的帝国

1. 资源和运输线路

第一章 亚历山大大帝的遗产

"国王死了！"这一消息迅速在巴比伦城和周边军营中传 开。困惑夹杂着恐惧，有些人还记得两年前国王死于印度半岛的流言几乎引起马其顿军团的兵变。当时这些远征军前途未卜且离家又远；现在他们的情况也没什么两样。难道国王会再次上演奇迹般的痊愈以此来巩固手下军队的忠诚，并借此进一步神化自己吗？抑或这次流言属实，血腥杀戮必将随之而来？

早在两天之前，国王手下的许多人一直坚持要见国王本人，因为眼见为实。据公告说国王已经病了一周多。一想到自己的国王可能已经死了，但宫廷内部的复杂原因导致真相被隐瞒，他们就不寒而栗。除了流言之外，他们所听到的就是亚历山大大帝手下发布的乏味公告，大意是国王病了，但仍活着。知道国王在宫殿里，他们当然想越过守卫去一看究竟。在印度半岛时，他们也曾得到允许列队经过国王帷帐低垂的床榻，看到帷帐内一个苍白的身影无力地挥手示意。[1]但这一次既没有与公告相反的消息传出，他们也见不到病榻上挥动的双手。随着时间一分一秒地流逝，事情变得越来越清楚：亚历山大大帝，这位征服一切的国王和救世主确实死了！

亚历山大大帝于公元前323年6月11日下午3点30分在巴比伦去世，终年还不到33岁。虽然生前他不顾后果地一次又一次置身险境，但除了战伤外（在那个缺医少药的年代，他有好几次险些因此丧命），他几乎没怎么生过病，他的身体和军中久经沙场的老兵一样健康。

像他这样健康的人怎么会生病呢？但现实是他确实病了，亚历山大最近喝了很多酒，既是为了庆祝重归文明世界，也是为了借酒浇愁，忘却赫费斯提翁（Hephaestion）之死（具有讽刺意味的是此人也死于过度饮酒）。赫费斯提翁这位少年时代的朋友是亚历山大唯一可信任之人，是他的副手，也是他一生的挚友。马其顿的国王们都喜欢大量喝酒，而且身为波斯之王的亚历山大大帝，喜欢把手下灌醉，让他们倒在桌子底下，以此来展现其男子气概。亚历山大惯于酗酒，他的身体没有酒精中毒的症状。然而，酗酒、悲伤和旧伤（尤其是在印度半岛受箭伤导致的肺穿孔），可能已经伤害了亚历山大大帝的身体。

关于亚历山大死因的描述却令人费解。症状被描述得相当明确，但是完全不符合任何已知的死因。亚历山大大帝很有可能死于疟疾。早在十年前，他就在奇里乞亚（Cilicia）得病了，而那个地方直至 20 世纪 50 年代都因疟疾而臭名昭著。也许亚历山大在巴比伦旧疾复发，最终因此丧命。[2] 更引人关注的是，公告所描述的症状与慢效毒药白藜芦的中毒症状相吻合。亚历山大之死的扑朔迷离及其带来的轰动效应，很快就导致国王中毒而死的传言四起，特别是此类事件在马其顿和东方宫廷中并不罕见。而且，就像英国畅销书作家阿加莎·克里斯蒂（Agatha Christie）在一部小说中所描述的那样，当时亚历山大大帝身边很多人可能希望看到他死去。这不仅是因为他们当中的某些人也怀有称霸世界的野心（这一点很快就会显露出来），更重要的是亚历山大最近对他的朋友和官员们进行的偏执狂式的大清洗，以及他想征服一切的偏执，甚至使一些与他最为亲近的人也转而为敌了。

一直以来，亚历山大的母亲奥林匹娅斯（Olympias）在马其顿西南部的伊庇鲁斯（Epirus）故意煽动是非。这几年，她一度主动自我放逐，回到了故乡摩洛希亚（Molossia，伊庇鲁斯山区，在伊庇鲁斯历史上，此时该地的国王实际上是伊庇鲁斯联盟的统治者）。在即将动身去东方征战前，亚历山大留下父亲腓力二世的部下、资深将军安提帕特（Antipater）任摄政统管欧洲领地马其顿、色萨利（Thessaly）、色雷斯和希腊。由于无法在马其顿只手遮天，并且对安提帕特怀有根深蒂固的敌意，奥林匹娅斯便回到了她的权力大本营。但她从未停止密谋，企图重返权力中心。众所周知，奥林匹娅斯参与了一系列备受瞩目的刺杀行动，而且可能是公元前336年其丈夫腓力二世遇刺的幕后真凶，因为当时腓力二世似乎正打算将奥林匹娅斯和亚历山大从他们备受欢迎的地位上赶下来。

因此，奥林匹娅斯对谁想要她儿子的命心知肚明。她有一个貌似合理的理由：在死前不久，亚历山大以"觊觎王位"为由，下令将安提帕特免职。[3]就像亚历山大大帝在其生命最后几个月内采取的其他行动一样，他的这道命令也不是那么合理：安提帕特已经七十五岁，曾先后效力于三位马其顿君主；尽管他的资源有限，但正是安提帕特在欧洲领地的出色表现，才让亚历山大大帝能够集中精力征服东方。他在海上击败了波斯舰队，平息了色雷斯人的叛乱，以及一场大规模的希腊人起义（尽管亚历山大大帝在公元前331年曾轻蔑地把这场希腊人起义称为"老鼠之战"）。[4]总之，安提帕特即将由克拉特鲁斯（Craterus，自从赫费斯提翁死后，他成了亚历山大大帝的

3

宠臣）接替，并带领马其顿新军向巴比伦进发。

然而，近来这种传召很有可能是陷阱。安提帕特有理山相信，自己将会像其他位高重权且看上去忠心耿耿的官员们一样，被以某种罪名处死。公元前324年10月赫费斯提翁的死令亚历山大发狂，刺激他采取了真正的恐怖手段对付那些出现自立苗头的将领。此外，安提帕特的两个儿子长期身处巴比伦的事实，更加重了奥林匹娅斯的疑心——其中一人名叫伊奥劳斯（Iolaus），身为亚历山大斟酒师的他下毒再合适不过了。正是一次豪饮之后发作的致命伤病要了亚历山大的命。事实上，在亚历山大的死讯传到雅典不久，反马其顿政治人物希佩里德斯（Hyperides）就提议为伊奥劳斯授勋，表彰他干掉了国王。而安提帕特的另一个儿子卡山德（Cassander）几周前来过，大概是来请求让其父继续留在马其顿，但卡山德并未如愿。由于对亚历山大宫廷最近发生的变化不熟悉，他因君臣礼仪一事与国王发生了争执，亚历山大因此当众羞辱了卡山德。[5]

无论事实如何，对奥林匹娅斯而言，这是对其主要敌人挑拨离间的绝佳机会。在这种情况下，安提帕特被迫做出回应：其阵营中很快有人发布了有关亚历山大最后数日的情况报告，而其内容可能出自亚历山大书记官欧迈尼斯（Eumenes）的官方日记。这份文件淡化了国王非正常死亡的说法，强调了亚历山大大量饮酒的问题，似乎他的死因很正常；同时也暗示亚历山大因赫费斯提翁的死而悲伤，最后因一次高烧而断送了性命。[6]

即便奥林匹娅斯关于安提帕特及其两个儿子的看法是错误的，但有人开始猜测和寻找毒杀国王的动机，仍令很多人感到不安。而且，即便奥林匹娅斯关于亚历山大之死是某些人权力斗争的一部分的看法是错误的，她认为亚历山大之死暴露了其身边亲信的野心也无疑是正确的——尤其对那些经历了十三年恶战和残酷清洗仍屹立不倒的人来说。事实证明，即使是嗜血的亚历山大也会为手下们的野心感到骄傲：在接下来的几十年，继业者的战火将烧遍已知世界。

亚历山大大帝的征伐

公元前 359 年，腓力二世登上马其顿王位。在接下来的四五年内，他综合运用外交、暗杀和军事力量等手段，有力地抵御了来自国内外的威胁，并以强有力的独裁手段统一了各领地。毫无疑问，他的下一个目标是南边的希腊城邦。为此，他改进了希腊步兵战术，大力发展军队，在他指挥下的军队有了惊人的战斗力。他可以召集两千名骑兵和三万名步兵，战士普遍训练有素、职业素质很高，并装备精良的武器。相比之下，许多希腊城邦必须联合起来，才能形成一支同等规模的军队。但希腊人没能团结一致，这也意味着腓力二世可以将对手各个击破。

对马其顿人而言，雅典成了焦点，尽管那里只有少量希腊人残存的抵抗力量，但仍是传统希腊自治城邦的最后希望。公元前 338 年腓力二世率军南下，得到波斯人支援的雅典人及其盟邦，匆匆与马其顿交战。希腊人和彼奥提亚人（Boeotians）结成联军，在喀罗尼亚（Chaeronea）与马其顿军队作战。参战双方人数几乎相等，战斗进行得异常激烈，底比斯神圣军团（Theban Sacred Band）几乎全军覆没，雅典人也遭受了严重的伤亡。

作为希腊南部的统治者，腓力二世采取的第一个行动就是把征服的各邦打造成联盟，即希腊联盟（Hellenic League）或科林斯联盟（League of Corinth），并亲自出任联盟首领。联盟内各国不得相互征伐，马其顿国王腓力二世迈出走向希腊国家的第一步，但该目标直到两千多年后才最终实现。① 各邦国在联盟议会享有投票权，但要响应召唤，有义务为军事征服提供军队。腓力二世此后也得到联盟任命，成为人们心心念念的"希腊"对波斯战争的最高指挥官，以报复一个半世纪以来波斯对希腊事务的干涉，以及公元前 490 年和公元前 480 年的两次毁灭性入侵。虽然那些都属于遥远的历史，但希腊人从未淡忘或宽恕：波斯人是他们共同的敌人，希腊公众演说家长期以来一直鼓吹希腊至上主义和复仇雪耻。

但公元前 336 年，就在东征前夕，腓力二世在他女儿克里奥佩特拉（Cleopatra，又译克奥特拉）的婚礼上被谋杀了。这是一个肮脏的故事，但为了深入了解马其顿宫廷值得一提。杀手保萨尼亚斯（Pausanias，又译帕萨尼亚斯）是腓力二世的护卫官，也是他的情人。据称国王手下大将阿塔罗斯（Attalus）对保萨尼亚斯心怀不满，设计让保萨尼亚斯惨遭轮奸。[7] 在即将率军出征的紧要关头，腓力二世拒绝惩罚阿塔罗斯。愤怒的保萨尼亚斯因此杀了国王。阿塔罗斯是奥林匹娅斯和亚历山大死敌的事实，使局势更加混乱。有人说奥林匹娅斯怂恿保萨尼亚斯去复仇，这种说法似乎也不无道理。

无论如何，腓力二世死后，马其顿王权和东征任务都落在了其子亚历山大三世的肩上，而后者很快就以"大帝"的称

---

① 人们通常将希腊人在 1830 年独立战争中战胜奥斯曼帝国并建立希腊王国视作当代希腊历史的开始。——译者注

号为人所知。公元前 334 年，亚历山大跨过赫勒斯滂海峡
（Hellespont，即今达达尼尔海峡）进入亚洲。他的第一个行动
就是把长矛插入土地：亚洲即将成为"用长矛赢得的土地"，
他将征服这块土地。经过一系列令人叹为观止的激烈战斗，亚
历山大击溃了波斯人，控制了波斯帝国。

公元前 334 年，小亚细亚的波斯军队在格拉尼库斯河
（Granicus River）战役中战败：四名总督（省长）、三名王室
成员，以及希腊雇佣军指挥官在战斗中阵亡。波斯国王的西部
残军奉命退回巴比伦尼亚（Babylonia），并在此重整旗鼓。公
元前 333 年，在距离奇里乞亚和叙利亚边境不远的伊苏斯
（Issus），亚历山大彻底击败波斯人。这是一场历史上著名的
胜利：不仅波斯损失惨重，而且大流士（Darius）的八千名雇
佣兵在战斗结束后绝望地逃走，波斯国王的直系亲属被俘，亚
历山大利用波斯国王的战争金库充实了自己。

亚历山大返回腓尼基（Phoenicia），并在公元前 332 年占
领了埃及以保护自己的后方。当亚历山大从埃及返回，再次向
东进军时，花了近两年时间重整旗鼓的大流士已枕戈待旦。公
元前 331 年 10 月 1 日，战斗在底格里斯河附近的高加米拉地
区打响。[①] 与往常一样，除了强大的马其顿战斗机器外，亚历
山大还拥有运气和技高一筹的战术，尽管波斯军队人数远超对
手，但最终还是溃不成军。这是波斯帝国的末日，该帝国已被
阿契美尼德王朝统治了长达两百多年。波斯国王逃往米底
（Media）王国的都城埃克巴坦那（Ecbatana）；至此，亚历山

6

————

① 即高加米拉战役（battle of Gaugamela），又译作高加麦拉战役、高加美拉
战役，或称高加米拉会战，双方皆投入巨大兵力，马其顿帝国倾尽麾下
四万余部队，波斯帝国更是动用了全国十余万兵力。——译者注

大取代大流士，宣布自己为"亚洲之王"。巴比伦和苏萨（Susa）都不战而降，在亚历山大不可阻挡的力量面前，波斯帝国的其余领地纷纷放弃抵抗。在波斯波利斯（Persepolis）附近，亚历山大的军队小遇挫折，但这几乎没有阻碍他占领地处波斯心脏地带的旧都波斯波利斯。公元前330年夏，亚历山大向埃克巴坦那进军。大流士在逃跑前实施了焦土政策，却命丧自己的总督和侍臣之手。

反叛者们继续战斗，在一场血腥且最终徒劳的战争后，落脚于远东的巴克特里亚（Bactria）总督辖地。到公元前325年，亚历山大已平定了巴克特里亚，并将帝国扩张到如今的巴基斯坦，但他的军队疲于征战，亚历山大被迫西撤。一次骇人且鲁莽的沙漠行军令其声望大损，他试图与当地上层精英分享权力的举措进一步削弱了他的声望。在公元前324年4月的苏萨，亚历山大让其扈从中地位较高的马其顿人和希腊人全都娶东方女子为妻。亚历山大此前已经娶了一位名叫罗克珊娜（Rhoxane）的巴克特里亚公主，此时又娶了最后两位波斯国王的女儿为妻。但对许多马其顿人和希腊人来说，所有的非希腊人都是低等种族。

亚历山大去世时，他的帝国大约有500万平方公里，从多瑙河不规则地延伸到尼罗河、印度河一线。从现代地理名词中，我们可以看到亚历山大所取得的非凡成就：帝国合并了希腊、保加利亚、土耳其大部、黎巴嫩、叙利亚、以色列/巴勒斯坦、埃及、伊拉克、科威特、伊朗、阿富汗、巴基斯坦西部和土库曼斯坦部分地区、塔吉克斯坦以及乌兹别克斯坦，此外，帝国内外的不少国王和酋长已经表示愿意归顺。

亚历山大帝国的疆域是如此广袤，以至于想到这个帝国时不得不借助一些主要领土板块，即不仅依靠构成边界的山脉或大海等地理特征来区分，还要意识到某一板块内发生的事件并不一定会影响到邻近区域。欧洲领土马其顿、希腊以及色雷斯组成此类板块，通过狭窄而地处要冲的赫勒斯滂海峡与亚洲分离。小亚细亚是另一板块，以东部和东南部雄伟耸立的山脉为界。凭借沙漠和海洋的天然防御屏障，埃及一直认为自己是一个独立存在，即便在阿契美尼德王朝统治下也经常争取独立。幼发拉底河以西的叙利亚被夹在亚洲和埃及之间，长期以来一直是争夺的焦点。最后，幼发拉底河以东的东方总督辖区一直延伸到巴基斯坦境内的印度河流域。[8]

神圣的王权

在历次战役中爆发出的惊人能量完全归功于亚历山大的性格。他是一个发愤图强的人，而征服世界是他的目标。在征服世界的道路上，他屠杀了成千上万阻挡其前进的人。与自己关系最亲密的人稍有谋反嫌疑，或在重大决策上与其意见不一，他就会出手打压。有一次他酒醉狂怒，拿着长矛刺死昔日的密友。他不顾一切地多次置身险境，并非刻意以此来赢得部下的忠诚（尽管实际上起到了这样的效果），而是因为他确信命运——众神之王宙斯会保护他，直到自己完成使命。这样就不难理解他的军队于公元前325年在印度半岛兵变时，他会那样愤怒，因为他的意志遭受了一次重大挫败。

这种愤怒不管是不是假装的，都是亚历山大新面貌的一部分。在公元前331年高加米拉战役中取得胜利后不久，亚历山大就宣布自己为"亚洲之王"，但这并不意味着他取代了阿契美尼德王朝，因为那样做将是不明智且拙劣的宣传，何况他已然消灭了令人深恶痛绝的波斯统治者，而不是取代他们。事实上，自封为"亚洲之王"或"亚洲之主"的亚历山大和阿契美尼德王朝划清了界限，因为阿契美尼德王朝国王的头衔是"波斯之王"。出于同样的原因，他此刻采用了普通的带状头饰而非波斯的直立冠状头饰，作为王权的象征。

除了这些表面上的不同外，亚历山大还切实采取了某些举措将自己塑造成一个不同的君主，而非完全的波斯式或马其顿式国王。他采用了某些阿契美尼德王朝的皇家服饰，也吸纳了一些其他的波斯王权实践，如限制属臣靠近，让朝臣们行额手礼或跪拜，在朝堂上端坐于黄金王座（这一点与马其顿传统截然不同）。这些举措可谓用心良苦。为了赢得新臣民的民心，亚历山大采纳了很多波斯习俗（这些措施很有效，至少作为一种权宜之计，他允许一些波斯人在宫廷中享有特权）。同时，这些举措也向马其顿人发出明确的信息：他现在不单是马其顿国王了。他们只能把他看作东方的君主——一个专制君主——而这正是亚历山大所期望的。在展示自我和臣民表现方面，他有意将马其顿王权引向更专制的轨道。[9]

我们不禁会得出这样的结论：权力和成功已经冲昏了亚历山大的头脑，他开始自诩为马其顿阿吉德家族（the Argeads）的共同祖先赫拉克勒斯（Heracles），并像其母亲所说的阿喀琉斯（Achilles）的后代一般行事。这两位传说中的英雄都曾在亚洲创造神迹，亚历山大还把自己看作酒神狄俄尼索斯（Dionysus）的化身，据说狄俄尼索斯单枪匹马就征服了印度。亚历山大允许人们称他为宙斯之子，奥林匹娅斯在他很小的时候就鼓励他把宙斯而不是凡人腓力当作真正的父亲，这样他就可以和传说中的赫拉克勒斯一样，拥有凡人和神祇的双重出身。毫无疑问，亚历山大出于政治目的将自身神化，但他无疑也认为这一做法本身就很有吸引力。

马其顿和希腊朝臣对跪拜礼尤为不满。因为除了众神之外，马其顿人和希腊人从不向任何人行跪拜礼——但这就是问题的关键：亚历山大现在觉得自己是神了。称亚历山大卓尔不群，是在陈述显而易见的事实，但他打破了人性和情感的界限，因为他坚信自己肩负着神祇赋予的使命。他的许多臣民也愿意视其为神明，不仅是他们有把国王当作神明或神的化身的传统，更是因为亚历山大的伟绩简直令人难以置信，而令人难以置信的伟绩恰恰表明了他的神奇。希腊邦国囿于手绢般大小的领土以及"我们的海"（爱琴海）的狭隘世界观，被彻底颠覆。亚历山大给他们开辟了全新的世界，拆除了藩篱。希腊人拥有无限的机遇，去改善其贫苦的生活。

世界已经完全改变，这种彻底的转变理所当然地被认为是神的杰作——这不仅体现在亚历山大身上，我们将看到，他的继业者也是如此。诸神带来了好处，例如亚历山大将小亚细亚沿岸的希腊城市从波斯人统治的威胁或现实中解放出来，因此亚洲的希腊人首先将他敬为救世主。亚历山大死前不久，巴尔干半岛的希腊城市、雅典和其他地方也纷纷归顺。亚历山大的伟绩让关于他的一切都产生了魔力。从某些方面看，接下来的三四十年是受亚历山大影响的历史，也是他的幽灵挥之不去的历史。

王位继承的难题

马其顿的王位继承通常伴随着腥风血雨，少不了政变和死亡。但即便按照马其顿的标准，这次的王位争夺也足够惊心动魄。继承权取决于王室出身、先王（在世的话）提名、国王核心圈子或议会的同意，以及公民或军方会议的批准。

首先，没有众望所归的继承人来继承王位。如果新国王不是阿吉德家族男性的话，那将是不可想象的，因为该家族已统治马其顿三百多年，但实际上几乎没有什么候选人，因为亚历山大几乎没有留下任何活着的对手。亚历山大有一个同父异母的兄弟阿里达乌斯（Arrhidaeus），此人年龄和亚历山大差不多，是腓力二世某个妻子所生，但阿里达乌斯精神上有问题——虽然仍有一定的行为能力，但会在公众场合做出令人尴尬的事情。[10] 我们永远不会知道所有的具体细节，但正是因为阿里达乌斯有精神缺陷，所以亚历山大才让他活着——这确实是事实。虽然阿里达乌斯是一个成年人，但关于他的王位继承问题总是伴随着谁应该成为其"保护者"的争论。阿里达乌斯似乎从来无法独立行事，总是受身边的人指使。

此外，还有一个四岁的男孩叫赫拉克勒斯（又译海格力斯），他取了个很有阿吉德风格的名字，因为传说中的赫拉克勒斯是他们所谓的远祖。男孩的母亲是亚历山大的情妇巴耳馨（Barsin）。没有人怀疑赫拉克勒斯是亚历山大的儿子，但是亚历山大从未娶过巴耳馨，也从未正式承认过这个孩子是自己的，所以他不太可能成为候选人。此外，这个男孩的母亲有一半波斯血统，因此他就有一个抹不去的缺陷：不是纯正的马其顿人。亚历山大的三个妻子中，罗克珊娜已怀孕，几个月后就要生产。如果罗克珊娜顺利生产（她已经流产过一次），并且生下男孩的话，那么这个男孩将会成为王位的有力争夺者，尽管他仍将是一个混血儿。

其次，亚历山大没有留下遗嘱，或者说没有将他的遗嘱公

10

之于众。虽然亚历山大去世几年后出现过一份遗嘱，但它明显是为了宣传而被人伪造的。[11] 在亚历山大自知时日不多的那些日子里，他为何不写一封遗嘱呢？要么是他身体太弱（他似乎已经无法说话，但正如前面提到的，他还能向他的手下做手势），要么就是被身边的阴谋家所阻挠，或者是他根本不负责任，不想留下遗嘱。但亚历山大在临终前，默默地把自己的图章戒指交给身边的副手佩尔狄卡斯（Perdiccas），似乎表明今后要让佩尔狄卡斯主事。

最后，危机爆发于巴比伦，但巴比伦只是三个权力中心之一。在群山耸立、矿产丰富的奇里乞亚和马其顿境内，马其顿军队的人数和巴比伦驻军不相上下。奇里乞亚的克拉特鲁斯手下的一万多人久经沙场，装备精良，这支军队是亚历山大生前为其下一个征服世界的计划而打造的。克拉特鲁斯还掌握了帝国国库的财政资源，财物都被保存在基因达（Cyinda）的山间城堡中（具体地点不明）。另外，安提帕特统治着自然资源可媲美巴比伦的马其顿本土。无论如何，王位继承必须考虑到各方的不同利益诉求。

混乱的威胁

聚集在巴比伦的高官和朝臣亟须解决继承王位的当务之急，但还存在更为宏观的问题。亚历山大的"帝国"是一个不稳定、未成形的实体。事实上，这一帝国是由阿契美尼德帝国二十个总督辖区（自身规模通常相当于国家的大小）和众多小公国、部落联盟、邦联、城邦等组成的集合体，它们与中央政权的关系不尽相同。如果要保持帝国不解体，则急需将它们组织起来，或至少要有官方对现状的认可和维系，但亚历山大把注意力集中于征战和征服，在维系政权上仅进行了小修小补。例如，接管波斯帝国总督辖区后，他从军事角度对各总督辖区进行了划分，以便各辖区可以相互监督，并且每个辖区内至少有一个马其顿上司。但总的来说，亚历山大帝国没有超越军事占领阶段：帝国没有首都，几乎没有行政机构，除了指挥官在继续作战时用于保护后方安全的应急举措之外，也几乎没有管理部门。

然而，亚历山大确实有一个忠实而又聪慧的书记官，即欧迈尼斯。在腓力二世在位的最后七年里，这个希腊人也以同样的身份为国王效力。帝国的所有官方公函都要经过他的官邸传送。除紧急情况外，他一般可以维持帝国的运转，但无法做出需要国王关注的关键决定。亚历山大还创建了一个中央财务部门，由深受信任的朋友哈帕拉斯（Harpalus，又译哈帕鲁斯）负责管理。但当亚历山大从东方归来时，哈帕拉斯狼狈潜逃。哈帕拉斯在巴比伦几乎自封为王，那些被亚历山大认定心怀不轨的人最终是何下场，他心知肚明。逃走时，哈帕拉斯带走了5000塔兰特（talent）（约30亿美元的购买力）[12]和6000名雇佣兵。更糟糕的是，哈帕拉斯还带走了他宝贵的专业知识。因此，无论出于何种动机和企图，除了国王本人的意志外，亚历山大的帝国不存在任何行政管理。正如后世一位专制君主所宣称的"朕即国家"（L'état, c'est moi）那样，亚历山大就代表着政府，但现在他已经死了。

亚历山大死后不久，欧迈尼斯把亚历山大的"最终计划"给了佩尔狄卡斯，这些计划是亚历山大在过去几个月里拟定的——应该是在他知道自己时日不多之前，因为所有的计划都由他本人亲自负责。[13]就军事和政治层面而言，唯一重要的是征服整个北非的计划，包括征服腓尼基人建立的繁荣的迦太基城（Carthage），然后挥师西班牙、西西里和意大利南部。这不仅涉及集结一支庞大军队和解决军队的补给问题，而且还涉及在奇里乞亚和腓尼基建造一支一千艘战舰组成的庞大舰队，以及沿北部海岸打造一条从埃及到迦太基甚至更远的横跨非洲的道路。其他的计划聚焦于虔诚之举：建造宏伟的庙宇，为纪念赫费斯提翁修建巨大的火葬坛，为纪念腓力二世建造金字塔。最后一系列计划涉及打造更多的城市。亚历山大生前建立了不少城市——最重要的是埃及的亚历山大城（Alexandria），但在东方各行省也有其他城市[14]——但这次的计划完全不同：任何帝国西部的新城市都要吸纳一部分东方人口，反之亦然，这是为了鼓励东西方融合和通婚，还可能是为了分化潜在的不安定族群。

　　在亚历山大的所有计划中，看不到有关帝国稳定的因素。相反，上述计划最引人注目之处就在于其将给帝国造成的动荡。当亚历山大在千里之外征服西地中海时，他会采取什么措施来管理以反叛著称的东方总督们呢？他将如何说服人们背井离乡，迁移到新地方呢？迁移本地人口无疑需要军事力量或军事高压手段，就像阿道夫·希特勒（Adolf Hitler）的"生存空间理论"那样，德国人迫使东欧当地人口迁移，为德国人腾出居住地，其依靠的也是军事优势。亚历山大似乎选择了征服世界，而不是巩固自己脆弱的战果。

　　公元前334年，年轻有为的亚历山大出兵征服东方，如我们所见，他采纳了一种更为专制的波斯式王权，新独裁统治中最具破坏性的举措可能就是所谓的"流亡者归国令"（Exiles Decree，又译"放逐者赦免令"）了。[15]公元前338年，腓力二世建立了希腊城邦联盟。很难说这是一个平等的联盟，因为腓力二世本人是盟主，且独自安排政务以贯彻其意志。不过，这一制度规定每个邦国都有发言权，在联盟例会上协商一致才能做出决策。这种形式很有可能是装模作样，但各方对此都不持异议。不过，公元前 324 年初，亚历山大的独断之举将严重影响一些希腊邦国。

所有希腊邦国都要召回其流亡者。这至少会造成行政和司法混乱，甚至可能是政治动乱，因为许多流亡者是出于政治原因而被放逐的。在国外的许多流亡者都是职业军人。而且，亚历山大威胁使用军事手段对付那些阳奉阴违的邦国："我们已经指示安提帕特，如果有邦国拒绝服从，就使用武力。"[16]亚历山大表现得像个暴君，而正是为了这些城邦的利益，他宣称要征服东方；对于联盟的制度，他也毫不顾忌。他的归国令旨在解决一个真正的问题：大批四处漂泊的流浪者，威胁着整个希腊世界。归国令将确保所有希腊城邦都收留流亡者，这些人有理由对亚历山大心存感激。

亚历山大无疑预见到会有麻烦。问题不仅在于他以高压手段发布了法令，而且事实上至少有两个邦国因此大受冲击：埃托利亚人强占了原本属于邻国阿卡纳尼亚的奥涅阿德港（Oeniadeae），驱散了当地居民，让己方居民定居于此；此前雅典人在三十多年里以同样方式对待萨摩斯岛（Samos）居民。失去土地的两个邦国不但要想办法安置归民，而且将失去重要收益。哈帕拉斯逃跑途中到了雅典（他是雅典荣誉市民），此时归国令已引发了各邦国的不满，叛乱时机已经成熟，哈帕拉斯立即向叛乱者提供经费资助。

此时麻烦正一步步逼近希腊。事实上，亚历山大对安提帕特不满很有可能是出于以下原因：法令颁布九个月后，安提帕特对落实流亡者归国令没有表现出多大兴趣。安提帕特是一位强硬的希腊统治者，偏爱以寡头制治理希腊城邦，并在必要时以驻军为后盾。从某种意义上来说，归国令削弱了安提帕特的统治，因为许多归乡的流亡者，恰恰是那些被他的傀儡驱逐的人。克拉特鲁斯一旦取代安提帕特，就要执行一项任务，即确保希腊人的自由：不干涉政策意味着克拉特鲁斯将袖手旁观，坐视派系争斗和部族世仇导致城邦四分五裂。

但希腊的问题可能只是管窥一斑。亚历山大的独裁专制导致其死后爆发了残酷而绵延的战争。按照马其顿的传统，对绝对王权的主要制约来自国王身边的同伴（也就是后来国王口中的"朋友"），这些同伴主要是出身高贵或被授予爵位的马其顿人和少数希腊人；亚历山大后来增加了一些东方人。同伴们充当国王的顾问，履行被赋予的政务职责：战时充当参谋，也担任大使、省长或宗教节日代表等。换句话说，他们对马其顿来说不可或缺。人们至少指望着亚历山大让同伴们结成了一个组织紧密且关系和谐的内阁，但事与愿违的是，他却散播了不和。

另一个问题在于，独断专行的亚历山大没有让同伴们承担多少责任，而且开始把奉承而非友谊作为进入王廷核心圈的标准。在宫廷中，任何决定都会有人支持，也有人反对。最具争议的问题是亚历山大愈加专权，包括克拉特鲁斯在内的许多人都同意卡山德的观点，认为亚历山大不应要求马其顿人和希腊人行屈辱的跪拜礼，虽然其东方臣民对此并无异议。更多人对亚历山大神化自身的露骨主张感到颇为不安。

随之而来的是帝国内部大清洗。在帝国的二十个总督中，

14

亚历山大杀了六个，几个月内又换了两个。四人幸运地死于伤病，又有两个省的总督被莫名其妙地更换。而那些接替死去或被废除的总督的人，往往是拍马屁的应声虫。

大清洗结束时，只有埃及、吕底亚（Lydia）和弗里吉亚（Phrygia）三地的总督没有变化。亚历山大于公元前331年让经验丰富的瑙克拉提斯（Naucratis）的克里昂米尼（Cleomenes，又译克里奥门尼斯）统辖埃及行省，而克里昂米尼擅长搜刮钱财。公元前334年，在东征途中，亚历山大将弗里吉亚和保护返回马其顿的后方路线的任务交给了安提柯。因战伤而失去一只眼睛的"独眼"安提柯六十多岁，是腓力二世生前好友。安提柯为亚历山大尽心效力，在亚历山大东征时有力地保护了后方，最重要的是击退了波斯人在伊苏斯平原战役之后的反攻。随着时间的推移，统辖弗里吉亚的安提柯已经将整个小亚细亚收入囊中。但如果马其顿的安提帕特可以被取代的话，那么无论是克里昂米尼，还是安提柯和吕底亚的米南德（Menander），都不能确保自身地位无虞。亚历山大成功地让帝国里的每个掌权者彼此戒惧，嫉妒他人的成功。亚历山大死时，一些新老总督或者身在巴比伦，或者应亚历山大的传召赶往巴比伦，以补充新军或仲裁安提帕特一事。

像所有专制君主一样，亚历山大也对颇具影响力的手下心存忌惮，担心他们会造反。虽然经过大清洗和连年征战，但亚历山大身边仍有许多忠心耿耿的追随者。这再正常不过了，因为其中很多人从东征开始就与亚历山大并肩作战，一起经历了征服东方，还有不少人从小就伴他左右。其中大多数人已经变得非常富有，很多人已经有了自己的府邸和侍从。他们既不想失去财富，也不想丢权，逐渐习惯了互相竞争来获得权力。

"此前，无论马其顿还是其他国家，从未如此人才济济。这些人才先后经过腓力二世、亚历山大的精心选拔，似乎注定要成为王位继承人，而非军中战友。"[17] 他们中的许多人从小就熟识，在枪林弹雨中结下了友谊，但这种感情会被个人野心所粉碎。

　　因此，亚历山大埋下了他死后内战的种子。后来，谣言四起，说他临终前留下了通过死斗将帝国留给"最强者"的遗言，还一语双关地引用了举行体育比赛纪念伟人的传统说："我预见我死后会有一场葬礼竞技会。"虽然把握到了马其顿的尚武精神，这个故事却不大可能是真的。但此事的记录者清楚地看到，是亚历山大撒开了此后战争的缰绳。[18]

第二章　巴比伦会议

亚历山大死后不久，敛尸官们忙于处理他的尸体时，高级将领们在巴比伦会面，开始为将来做准备了。一场权力竞逐业已拉开大幕。帝国的统帅们各有其死党，到处都是钩心斗角。权力之争充满风险，如同危机四伏的帝国将分崩离析一样，它很可能以暴力和死亡告终。

马其顿国王受到军中专职部门的保护，但作为对国王密臣和保护者的一种奖励，也存在"护卫官"这一荣誉职位。就像他的父亲一样，亚历山大把护卫官人数限定为七人，一旦出现空缺立即填补。不过，朴塞斯塔斯（Peucestas，又译佩乌塞斯塔斯）因为在印度半岛救了亚历山大的命而成为荣誉护卫官；而且不像其他护卫官，朴塞斯塔斯还被授予总督辖地。当时总共有八名护卫官，但公元前 324 年赫费斯提翁意外身亡后，他在核心圈里的位置一直无人能填补。谁敢向悲痛欲绝的亚历山大推荐护卫官人选呢？朴塞斯塔斯和其他总督一样，应召从辖地带来了新军，亚历山大的所有护卫官此刻齐聚巴比伦：阿瑞斯托诺斯（Aristonous）、列昂纳托斯（Leonnatus）、利西马科斯（Lysimachus）、培松（Peithon）、佩尔狄卡斯、朴塞斯塔斯、托勒密。他们都和亚历山大年龄相仿，正值壮年。其中五人将凭借自身实力竞逐称王，两人会成功，但最终只有一人建立了王朝。

国王应该对他们最亲密的王伴慷慨大方，这是马其顿和波斯共有的传统；同时，这也是一种展示和确认权力的方式，有助于维护有价值的关系。[1]亚历山大非常需要有这么一批人在身边，他们在战争中表现出的勇敢和忠诚使他们获得了财富和权力。国王的这些亲密王伴已经习惯了享受特权。

不管怎样，他们长期以来已深谙财富和权力之道：列昂纳托斯和佩尔狄卡斯来自上马其顿的贵族府邸，他们本身就是王室成员；托勒密从小就在腓力二世的宫廷里，与王位继承人一起长大；佩尔狄卡斯在赫费斯提翁死后，一直是亚历山大的副指挥官和骑兵队长。亚历山大身边的这些护卫官都来自马其顿社会的最高阶层。由于被亚历山大提拔，他们每个人都是各自部族的首领，有潜力建立王朝。对亚历山大的忠诚压制了护卫官们的个人野心，但亚历山大死后这种限制就不复存在了。此刻，考虑到王位继承势必不会一帆风顺，护卫官们必须决定自己和下属效忠于谁，或是否亲身参与权力角逐。

当然，在场的高官里还有一些人并非护卫官。如塞琉古，他在过去的七年里一直担任着三千名训练有素、手执盾牌的精锐步兵的指挥官。还有两个希腊人，卡迪亚的欧迈尼斯是亚历山大的秘书兼书记官，克里特岛的尼阿库斯（Nearchus）统领着总部位于巴比伦的亚历山大印度舰队。核心圈里不只有马其顿人和希腊人，作为一项政策（主要是保险政策），亚历山大也吸纳了一些东方人进入宫廷最高层的圈子。但这些东方人在接下来的斗争中扮演的角色微乎其微——很明显，这种角色是如此不起眼，以至于除了亚历山大外，几乎所有人都认为他们无外乎是装点门面的。亚历山大死后，这些东方人根本不会成为竞争者，所有主要的资源都掌握在新征服者手中。

一些举足轻重的人物并不在巴比伦。除了身在摩洛希亚蓄势待发的奥林匹娅斯之外，另外两位不在场但令人不敢稍忘的主角是安提帕特和克拉特鲁斯。高居摄政之位的安提帕特，是帝国中仅次于亚历山大的最有权势之人——或至少在亚历山大下令替换他之前是这样。我们已经知道，克拉特鲁斯被赋予两项特殊的任务：他要把久经沙场的一万名马其顿步兵和一千五百名骑兵带回家乡，接替安提帕特出任欧洲总督和科林斯联盟的首领。与此同时，安提帕特将把马其顿新军带到东部，以取代那些被克拉特鲁斯遣返的军队。

但亚历山大死后，几个月前就被派遣上路的克拉特鲁斯还在回乡途中拖延徘徊，驻足于奇里乞亚。这是为何呢？史料的匮乏催生了某些别有用心的答案，但事实的真相可能没那么博人眼球。首先，克拉特鲁斯启程去马其顿时病得很重，以至于有人怀疑他能否顺利到达目的地，因此他很有可能休养了一段时间。不管怎么说，他肯定恢复得不错，不然此后根本无法发挥出举足轻重的作用。如果克拉特鲁斯死了，另一名奉旨回国的高级将领波利伯孔（Polyperchon）将接替他。

其次，奇里乞亚是亚历山大计划征服西地中海的大本营，但这个地方并不能完全让人高枕无忧。例如，叛徒哈帕拉斯最近将塔尔苏斯（Tarsus）当作了老巢。而克拉特鲁斯一直忙于确保该地区的稳定，以及对征服西地中海的备战工作进行督导。但即使这是克拉特鲁斯拖延的主要原因，也不排除他不愿意执行此项任务。毕竟安提帕特依靠其深厚的权势，很可能拒绝就范；那样的话，克拉特鲁斯的到来可能会在他的家乡引发内战。

所以大家都惦记着安提帕特和克拉特鲁斯。安提帕特现在怎么样了？克拉特鲁斯对亚历山大的死讯会做出何种反应？他们会觊觎权力吗？安提帕特有马其顿军队和征召雇佣兵的钱；在奇里乞亚，克拉特鲁斯有人手、金钱和武器，以及一些经验丰富的将领，他们肯定会站在他这边，还有克利图斯（Cleitus）指挥的奇里乞亚舰队。而且，克拉特鲁斯在马其顿军队中非常受欢迎。

当时，在巴步伦驻扎着一万到一万五千人的马其顿军队。此外，还有数以千计的当地军队和雇佣兵（以及分散在亚洲和小亚细亚的数万卫戍部队），但真正能左右乾坤的是马其顿人，以及受过马其顿式战术训练的士兵们。马其顿军队不仅代表着当时世界上最强大的战斗力，以及对野心家来说最重要的资源，而且还是马其顿王位继承的最终胜负手。通常情况下，即将离任的国王通过口头或契约的形式提名继承人，王伴核心圈成员随后进行辩论和争吵，最终达成共识。因为王伴们控制着马其顿全部或大部分地方，并且军队忠于他们，因此他们的决定实际上就是最终结果，但这一决策最终会被提交大会，在会上，被匆忙召集的众多平民、地主和马其顿公民将齐声拥戴新国王。

从理论上讲，两个因素会影响到王位继承——王伴们的同意和大会的拥戴。如果因不满足上述条件而发生流血冲突的话，那多半也是因为贵族王伴们的否决，而非大会不拥戴新王。但理论上大会也有权反对，尽管公元前323年6月在巴比伦的马其顿军队，实际上就是被召集的马其顿民众。而且，随着东征结束，马其顿军队表现得也越来越像雇佣兵了。在王位继承一事上，军事实力和获取财富的能力等因素，可能和纯正马其顿血统或国王及王伴们的认可一样重要。如果亚历

19

山大的继业者想要成功，他们就需要具备获取和维持军力的财富和军事魅力，以及无情地使用武力来对付马其顿同胞的铁腕手段。

会议桌上的对抗

亚历山大去世的当晚，马其顿人和波斯人都在哀悼中度过。所有火都被仪式性地扑灭，以纪念他们去世的国王。[2] 翌日清晨，护卫官和王伴们在王宫里会面，可能多达五十人。整个场面显得很忙乱。有些人，如国王戒指的持有人佩尔狄卡斯，急于讨论王位继承一事，既没有等待克拉特鲁斯和波利伯孔返回巴比伦参会，也不关心年迈的安提帕特能否从马其顿长途跋涉而来与会。当他们听到亚历山大的死讯时，巴比伦会议上关于王位继承的决定将成为现实。

佩尔狄卡斯担心的是军队还能忍受这种无序状态多久。军人们远离家乡，顶着烈日，群龙无首，整日无所事事。佩尔狄卡斯也有理由说，国王所在之处就是行政中心，因此他们有权举行会议并做出单方面的决策，尽管这将极大地影响到其他人的安危。

这本应是一次要员协商的私人会议，而非一般性的全体大会，而且按照典型的马其顿传统，接下来将召开一次全军大会。高级将领将对继承问题做出决定，并将其提交大会通过。但大批中下级军官和普通士兵也挤进了宫殿，他们对发生的巨大变故感到不安、悲伤和麻木。士兵们的呼喊声无疑提醒着宫廷里的人，他们的决定可能会带来平静，也可能造成动荡；宫里正在发生的一切也会逐渐传到宫外为民众所知，而暴民的意见也能影响到宫内举行的会议。[3]

佩尔狄卡斯以一种隆重的仪式主持了这次会议。权贵们将对着亚历山大的空王座思考，王座上装饰着国王穿过的长袍和盔甲，以及亚历山大眼中代表王权的样式朴素的发带。会议在佩尔狄卡斯的沉默中开始，他还向与会者展示了亚历山大临死前亲手交给他的图章戒指。[4] 对王权象征的尊重是马其顿的传统。这是一个庄严的时刻，但权贵们不得不将这种情感撇在一边，着手非常艰难的谈判。

这次会议的主要任务是在可预见的将来，如何保有亚历山大所征服的所有领土；进一步说，他们应统一帝国内那些还没有被有效控制的地区，应确保边界和其他动乱地区安全无虞。这些工作需要完成，但也要建立一个以亚历山大继承人为首的等级制度。现有的行政制度注定要进行改组，那些在权力博弈中表现出色的人将会得到肥差，但前提是他们必须首先确定这是谁的地盘。

佩尔狄卡斯依仗其德高望重坚持认为，所有人都应该等待，看看罗克珊娜即将出生的孩子是不是男孩，如果是的话，就立他为王。她将在几个月后足月生产，佩尔狄卡斯希望自己不仅在孩子出生前执掌大权，而且在即将出生的"男孩"继位后担任摄政，直到他成年——如果这个即将出生的"男孩"能够活到成年的话。毫无疑问，佩尔狄卡斯记得腓力二世先担任摄政，后得到马其顿王位的先例；也难怪他希望罗克珊娜生下女孩，这样权力就更容易保持在自己手中。

尼阿库斯的表态表明，佩尔狄卡斯无法在每件事上都随心所欲，也揭示了会议上剑拔弩张的气氛。尼阿库斯承认，除了有阿吉德家族血统的男孩外，其他任何人都不能成为合法继承人。但他同样指出，当下的局势过于紧张，无法等到罗克珊娜

21

分娩，哪怕只有几个星期。尼阿库斯随之提议让赫拉克勒斯当国王。尼阿库斯希望以此来竞逐权力，因为在前一年苏萨的婚礼上，他娶了赫拉克勒斯同母异父的姐妹为妻。欧迈尼斯娶了赫拉克勒斯的姨妈，对此沉默不语：他是佩尔狄卡斯的人，至少是阿吉德家族的忠实拥护者，本应倾向于拥戴罗克珊娜的子嗣。尼阿库斯的建议未被采纳，理由是亚历山大本人从未承认赫拉克勒斯是自己亲生的，因此赫拉克勒斯也不可能成为继承人。

托勒密指出，赫拉克勒斯、罗克珊娜未出生的儿子都不是纯正血统的马其顿人，因此选他们为继承人在各方面都不能被接受。有些人会想，如果一个东方人获得王位，那征服东方还有什么意义呢？托勒密提出了一个折中的解决方案。他希望看到作为亚历山大智囊的核心圈改组为将领委员会，这些将领曾是亚历山大平战时期的顾问班子，因此他们应继续在亚历山大著名的王座前会晤，一如既往地为帝国商议和发布法令。托勒密的这一提议，旨在为自身和他的盟友（主要是培松和列昂纳托斯）争取至少与他所提议的委员会的其他成员同等的权力。否则，自己只能被边缘化，特别是考虑到他和佩尔狄卡斯关系不睦。他的提案事实上并不像看上去那样民主，具体来讲，这意味着亚历山大的护卫官和高级王伴们将被授予总督职位和其他特权。如此一来，其中最有权势之人至少将成为独立王国的君主，但当整个帝国需要做出决策时，他们就一起开会讨论。

托勒密的不切实际的解决方案，着实令佩尔狄卡斯恼火，但该方案颇受青睐，大概是因为在场的很多人认为自己可以借此分一杯羹。高级将领间的互不信任，很快造成了僵局。阿瑞斯托诺斯试图扭转局势，让事态有利于佩尔狄卡斯。他建议，佩尔狄卡斯可以继承王位，以避免任何国无国君的违宪乱象。这一想法也颇受欢迎，也许这就是亚历山大亲手把戒指交给佩尔狄卡斯的原因，毕竟佩尔狄卡斯本身就是王室成员，虽然没有阿吉德家族的血统。 22

　　佩尔狄卡斯有些心动，但他明智地意识到如果他继承王位的话，冲突将不可避免。有许多人忠于阿吉德家族，罗克珊娜的孩子一旦出生，就很容易有人挑战他的王位继承权。与此同时，如果他杀害罗克珊娜和她未出生的孩子，那将招致极大的不满。所以，他不可能成为国王，似乎也无法成为未出生孩子的摄政，因为任何空窗期都是不可接受和难以运转的。佩尔狄卡斯显得略有迟疑、拿不定主意，受人尊敬的步兵将领墨勒阿革洛斯（Meleager）跳出来反对佩尔狄卡斯或任何其他人单独担任摄政，理由是那样的话将出现非阿吉德家族的王权。

　　到目前为止，各种混乱的信息让我们至少看出了些端倪，但亚历山大同父异母的兄弟阿里达乌斯还未被提名为王位候选人。阿里达乌斯可以说是步兵的吉祥物，也会代表王室出席宗教仪式。对于王宫里的人来说，事情越来越明朗，即王宫外的人希望看到阿里达乌斯坐上王座：他是一个成年人，拥有纯正的阿吉德家族的血统，而且此刻身处巴比伦。他甚至已被亚历山大封为巴比伦王。[5] 现在有阿里达乌斯在，不需要什么王位空窗期。

　　然而，培松代表很多人指出，一个智力有障碍的人不应占据马其顿王座。他以一种略显温和的方式打破了僵局，承认了他的朋友列昂纳托斯的地位：佩尔狄卡斯和列昂纳托斯两人被公认威望最高，应在亚洲为罗克珊娜即将生下的幼主担任摄政；而安提帕特和克拉特鲁斯则负责守护王国的欧洲领地。经过一阵争论后，培松的提议最终成为首次会议所确定的立场。

佩尔狄卡斯的机会

人们常说"人多口杂，各怀鬼胎"；确实，亚历山大的王伴们自酿了苦果。如果有人停下来想一想，显然会发现，在接下来的约十八年里，四位摄政（当年迈的安提帕特去世后就是三位）的存在并未带来和平。尽管佩尔狄卡斯在会议上的游说收效明显，除阿瑞斯托诺斯和欧迈尼斯外，他还得到几位德高望重的高级将领的支持，其中包括他的弟弟阿尔塞塔斯（Alcetas）和塞琉古——但会议的结果不可能让他满意。佩尔狄卡斯曾觊觎并希望独揽大权，却遭到否决。简而言之，第一次会议的结果看起来似乎是权宜之计。毫无疑问，尔虞我诈的伎俩仍在幕后继续上演。

然而，亚历山大的王伴们看起来似乎已找到了解决办法。选出来的代表们向骑兵和步兵通报会议的决定。骑兵们没有提出异议，但步兵们被激怒了。以墨勒阿革洛斯和颇有声望的高级军官阿塔罗斯为首的将领，奉命去争取步兵们的支持，却听到了让阿里达乌斯成为国王的强烈呼声。马其顿步兵对王室的忠诚令人印象深刻，骑兵们打算服从会议决定的事实几乎不会对他们产生什么影响。每一位古代指挥官都不得不接受这样的事实，即其治下的军队由两个永久分裂的群体组成：骑兵和所有的高级军官都来自最高的社会阶层，而步兵则由农民组成。这两类人并不总是意见一致，有时甚至要在强制要求下才能并肩作战。

墨勒阿革洛斯和阿塔罗斯看到了自己的机会。从目前情况来看，他们两人不会是新的权力分配的主要受益者，但也许步兵的激情可以让他们获得权力。他们不仅未向部队通报会议的决定以获得支持，反而把自己的命运交给了步兵。没过多久，墨勒阿革洛斯和阿塔罗斯就率领武装民众返回王宫，呼吁立阿里达乌斯为王；并为阿里达乌斯选择了"腓力"这一名字，将其重塑成他父亲那样的英雄形象，让他成为马其顿的国王腓力三世。墨勒阿革洛斯高调地将阿里达乌斯带在身边，把他打扮成亚历山大的样子，而他自己则戴着护卫官徽章来保护新国王。令人不安的是，步兵已经篡夺了权贵的地位，在马其顿历史上首次成为拥立国王的势力。步兵们有权拥戴国王，但此前他们从未真正指定过国王。亚历山大之死动摇了王国的基本政治架构。

但骑兵们仍然忠于他们的将领，拒绝接受步兵指定的王位人选。骑兵们仍忠于罗克珊娜即将出生的孩子。骑兵和步兵之间即将爆发内战，正如两年前在印度半岛因亚历山大之死的传言险些爆发内战一样。在亚历山大死后一两天内，拥立不同王位继承人的两股势力准备大打出手，一群暴民正在拥立一个不能完全胜任王位的人。这些都不是什么好兆头。

佩尔狄卡斯和其他一些人躲进了这座有数百个房间的巨大宫殿避难，但墨勒阿革洛斯的军队毫不费力就闯了进去。佩尔狄卡斯不可能赢得这场对抗，所以他投降了。列昂纳托斯带领骑兵部队和战象离开了城市。佩尔狄卡斯留下来试图修补关系，但担心待在墨勒阿革洛斯控制下的巴比伦会丢掉性命，所以很快就来到了列昂纳托斯在城外的营地。

墨勒阿革洛斯短暂的辉煌时刻到来了。他是国王的左膀右臂，控制着巴比伦，并占据着亚历山大那好似拥有魔力的遗

24

体。但这些不过是昙花一现罢了。列昂纳托斯带着骑兵出走，不仅是为了避免马其顿人相互杀戮，而且也是一种战术行动。列昂纳托斯凭借骑兵部队的机动性，实际上已经包围了这座城市。

然而，欧迈尼斯留在了巴比伦。作为一名希腊人，他能在对立的马其顿势力中把准航向。墨勒阿革洛斯发现，对城市的封锁很快就会损害其地位，而且并非所有的步兵都赞成内战。所以，几天后，墨勒阿革洛斯同意了欧迈尼斯提出的妥协方案，这一方案同时也得到了佩尔狄卡斯的赞同：阿里达乌斯和罗克珊娜的孩子（如果是男孩）都应成为国王；而墨勒阿革洛斯将成为佩尔狄卡斯的副手；安提帕特原地待命，继续保有"欧洲王室将军"的头衔；而墨勒阿革洛斯那位在军中人气颇高的友人克拉特鲁斯，将被任命为"王国的守护者"；或许暴发户哈帕拉斯将担任帝国的财务官。[6] 这一妥协方案平息了事态，佩尔狄卡斯回到了巴比伦，协议在亚历山大的遗体前得到正式批准，"这样国王陛下就可以见证他们的决定"。[7]

事后看来，佩尔狄卡斯从未打算遵守这个协议。[8] 他此刻的让步只是为了缓解危机，为自己争取时间。他还说服列昂纳托斯让步，不顾第一次会议许诺的让其在亚洲拥有和佩尔狄卡斯同样的权力，告诉他："给我一些时间，我能让你重新返回舞台中央。"无论如何，如果墨勒阿革洛斯觉得高枕无忧的话，那他就大错特错了。打着推进和解的幌子，佩尔狄卡斯把女儿嫁给了阿塔罗斯，墨勒阿革洛斯失去了最重要的盟友，被孤立了。

佩尔狄卡斯采取了一种极具戏剧性的方式进行反击。为了和解和正式承认阿里达乌斯为腓力三世国王，他安排了一次全军检阅和清洗，佩尔狄卡斯还劝说墨勒阿革洛斯利用这个机会铲除步兵中最后潜在的叛变者。检阅军队时，闹事者被召集起来——他们都是墨勒阿革洛斯的支持者。有三百人被扔给了战象，被战象活活踩死——这是希腊世界首次使用如此可怕的手段来惩戒步兵。墨勒阿革洛斯多活了一两天，后来奉召去见佩尔狄卡斯，最终死于"拒捕"。墨勒阿革洛斯是第一个试图在亚历山大之死所造成的乱局中夺权的人。那些怀有类似野心的人对此事冷眼旁观。佩尔狄卡斯的残忍让他们明白：强权才是硬道理。

当护卫官和其他高级将领们再次会面时，佩尔狄卡斯的无上地位得到了认可，会议没有再受到干扰。在最后的会议上，佩尔狄卡斯被任命为摄政及"国王守护者"（一个国王还未出生，另一个国王没有能力完全胜任）；从理论上讲，此时帝国所有的地方长官都要听命于佩尔狄卡斯。他任命塞琉古为自己的副手，填补死去的墨勒阿革洛斯留下的空缺。同时，佩尔狄卡斯还任命塞琉古为王伴精锐骑兵部队（马其顿军队的主力）的指挥官。

独揽大权的佩尔狄卡斯觉得可以随意侮辱列昂纳托斯，而在最初的会议上，列昂纳托斯曾被许诺可以参与共治。但此次会议上列昂纳托斯并未如愿。佩尔狄卡斯很可能和他吵过架，两人不欢而散。不过，此刻的佩尔狄卡斯觉得没有必要去安抚他。

安提帕特继续担任马其顿摄政，但佩尔狄卡斯不会像亚历山大希望的那样将其召回。佩尔狄卡斯很聪明，因为安提帕特可能服从亚历山大的命令，却不大可能听命于他。至于克拉特鲁斯，他"王国守护者"的名号——这是一个听起来很宏大，但可能并无实权的虚名——没有了下文，佩尔狄卡斯及其追随者此前暂时承认克拉特鲁斯的这一头衔，是为了消灭墨勒阿革洛斯和收服步兵。克拉特鲁斯与安提帕特联合统领欧洲一事也未明确。按照亚历山大的命令，克拉特鲁斯可以独揽欧洲的一切权力。但克拉特鲁斯也许很快就会如愿，因为安提帕特年事已高。无论如何，克拉特鲁斯远在奇里乞亚，对于巴比伦发生的一切，他又能如何呢？

后果

于是，在权力之树的顶端，巴比伦会议催生了由佩尔狄卡斯、安提帕特和克拉特鲁斯组成的不平等的三头同盟。佩尔狄卡斯把整个亚洲据为己有；安提帕特和克拉特鲁斯被限制在欧洲，而佩尔狄卡斯希望二人能携手合作，或坐等安提帕特死掉。不过，没过多久，安提帕特和佩尔狄卡斯之间达成了和解。除了让安提帕特这位老总督官复原职外，佩尔狄卡斯还提出要娶他的女儿妮卡亚（Nicaea）为妻。安提帕特的儿子卡山德也被任命为执盾手（Shield-bearers）指挥官，填补塞琉古晋升后留下的空缺。

既然王位继承问题已解决，该考虑如何维系帝国了。佩尔狄卡斯在自己身边留下了一些支持者，却赏赐了其他人一些辖地。佩尔狄卡斯和同僚们刻意避免考虑如何长久治理帝国。他们暂时保留了现有结构，接受了稍显自由放任的旧有波斯制度，在这种制度下，所有的总督都对国王负责，有义务上缴辖地的税收，并维持内部和边境的和平——只要这些总督不引起别人的不安，辖地内的一切事务几乎完全由自己做主。总督们可以让自己及手下的红人腰包满满，凭自己的能力过上国王般的生活。唯一不同的是这一次总督们不向任何国王负责，而是向国王的代表佩尔狄卡斯负责。佩尔狄卡斯没有被分配任何特定的领土，却占据着过去只有波斯国王或亚历山大才享有的地位。

因此，佩尔狄卡斯以腓力三世的名义，为所有辖区都做了安排，亚历山大时期的总督都被替换或重新认定。最重要的举措如下。[9] 本有可能成为摄政的列昂纳托斯先后因墨勒阿革洛斯的升迁和佩尔狄卡斯的操弄而失势，只得到了赫勒斯滂-弗里吉亚（Hellespontine Phrygia）这一富裕辖区，该辖区对黑海和爱琴海之间的海上航线拥有至关重要的控制权。雪上加霜的是，列昂纳托斯的领土缩小了；帕夫拉戈尼亚（Paphlagonia）曾附属于该辖区，现在却归欧迈尼斯所有。但帕夫拉戈尼亚的大部分地区或多或少都有一定的独立性，就像邻近的比提尼亚（Bithynia）一样。欧迈尼斯拿到手的是烫手山芋。

欧迈尼斯获得了包括帕夫拉戈尼亚和卡帕多西亚（Cappadocia）在内的小亚细亚大片领土。这些地区民风彪悍，东征时亚历山大为了不影响东进速度，在此采取了安抚策略。列昂纳托斯和安提柯奉命利用其所辖军队为欧迈尼斯征服该地区；另外，此举还能开辟"皇家大道"——从萨第斯（Sardis，又译萨迪斯、萨地斯）到美索不达米亚的交通要道。欧迈尼斯并非书呆子，在过去一年内曾指挥一支精锐的皇家骑兵卫队。但欧迈尼斯需要帮助，因为他的军队不足以对抗数量庞大的敌军，而且他从未独自指挥过一整支军队。

托勒密得到了埃及。亚历山大的总督、瑙克拉提斯的克里昂米尼将被降职，成为托勒密的左膀右臂。托勒密一定很高兴，因为埃及人口众多，城防坚不可摧，而且极其富庶。除此

27

之外，亚历山大还在那里留下了一笔战争资金，精明的克里昂米尼将这笔专款增至 8000 塔兰特（约 50 亿美元），利用这笔钱，托勒密可以立即开始征募军队。此外，亚历山大死前已开始在此练兵，所以托勒密能够继承当地的军队，这些军队已经或即将形成战斗力。对一个雄心勃勃的人来说，这将是一个很好的大本营。

安提柯将驻留在安纳托利亚（Anatolia）西部［包括弗里吉亚、吕西亚（Lycia）和潘菲利亚（Pamphylia），以及附属地西部皮西迪亚（Pisidia）和吕考尼雅（Lycaonia）］。安提柯没有被视作威胁，所以没有得到升迁或贬谪。由于没有与其他人一起参加过东征，安提柯是个未知数。米南德继续在吕底亚任职，从公元前 331 年起，他就一直是这里的总督。朴塞斯塔斯留在了波斯，毕竟他曾不厌其烦地学习波斯语，而且学得不错。培松得到了富裕的米底。

利西马科斯得到了色雷斯，并奉命把难以驾驭的北方部落拒之门外。利西马科斯不仅以勇气过人而闻名，而且还能够安抚好战又极端独立的色雷斯人。虽然他的任命看起来好像是对安提帕特的冷落，因为这项任命剥夺了安提帕特的一些领土，但实际上帮助了安提帕特：从短期来看，安提帕特似乎全神贯注于控制不守规矩的南方希腊人；但从长期来看，色雷斯无论如何也不会真的俯首称臣。尽管面临挑战，利西马科斯也欣然接受。色雷斯是亚欧之间的战略缓冲区。因此，他即便今后无力或不愿全力参与权力竞逐，也还是能够为某个盟友经过其领土提供通道。虽然名义上是安提帕特的下属，但利西马科斯从来不会为别人火中取栗。他与安提帕特以及后来的继承人之间的友谊甚至都是自私的：西部边境无忧，他可以在其他地方搞点名堂。

上述安排并不一定全都符合佩尔狄卡斯的利益，但总体上已呈现出一种分治模式。亚历山大死时，七名护卫官都在巴比伦；而现在只有佩尔狄卡斯和他唯唯诺诺的"应声虫"阿瑞斯托诺斯在巴比伦握有实权。领地的分配方式让怀有野心的人能相互牵制。无论如何，在可预见的未来里，某些竞争者的部队将疲于应付其领土内的叛乱或进行必要的军事冒险。眼下的风暴已经过去，佩尔狄卡斯至少给自己争取了巩固地位的时间。

佩尔狄卡斯还取消了亚历山大的"最后计划"——或者更确切地说，让军队通过投票的方式废除了计划。士兵们已经受够了征服世界，而且亚历山大征服东西方的计划过于不切实际。佩尔狄卡斯认为，当务之急是巩固既有成果，而不是扩张，他欲将卡帕多西亚纳入帝国版图的想法也证明了这一点。但巩固也有风险：不安于现状的高级将领们没有外部发泄渠道，内斗将不可避免。

亚历山大征服计划的取消，也让奇里乞亚的克拉特鲁斯无事可做，好似提醒着他早该回欧洲了。已经统领新舰队的尼阿库斯此刻同样无事可干，加入了好友安提柯麾下。"最后计划"促进了东西方之间的通婚；但随着征服计划的取消，亚历山大的高级将领们认为没有任何理由继续保留他们的东方妻子。公元前324年4月在苏萨的集体婚礼上，亚历山大安排这些女子和他的手下们成婚。现在这些女子大多被抛弃在一旁，这无疑使她们感到欣慰，因为这些婚姻是被强制安排的，只不过是马其顿人比波斯人优越的一种展示罢了。亚历山大的继业者更感兴趣的是控制东方，而不是促进东西方融合。除非迫不得已，否则这些征服者中很少有人愿意与当地人分享权力。

最后，是有关亚历山大的后事。送葬队伍护送着存放经过防腐处理的亚历山大遗体的灵柩从巴比伦出发，缓缓地走向位于马其顿埃盖（Aegae）的历代先王的陵墓，仪式十分隆重。[10]继承人监督已故国王的葬礼是马其顿的传统，因此这个任务落到了腓力三世头上，而摄政佩尔狄卡斯肯定想在国王和送葬队伍的簇拥下进入马其顿。这将是一个令人难忘的场面。佩尔狄卡斯已经与安提帕特和解，此举无疑是为了在一定程度上减轻年迈的总督安提帕特面对这种紧张和微妙的局面所产生的本能的忧虑。

公元前 323 年 8～9 月，也就是 6 月令人紧张的那一两周过后不久，罗克珊娜生了一个男孩，并以他父亲亚历山大的名字为他命名。等待结束了，但现在亚历山大的继承人们面临着一国二主的尴尬局面。佩尔狄卡斯是年幼的亚历山大四世的摄政，同时也是腓力三世的监护人。与此同时，在佩尔狄卡斯的支持下，罗克珊娜除掉了波斯王室仅存的女性成员，包括亚历山大的两个波斯妻子。没有证据表明这两个波斯女子中有人怀孕，但罗克珊娜借此明确表示，未来的王权出自她的血脉，与这两人无关。无论如何，眼下已成定局：这将是一场通过控制两位国王，进而掌控整个帝国的争斗。可怜的母子，他们深知自己只是这场重大权力博弈的棋子，而且也知道马其顿和波斯都有除对手而后快的传统。正如历史学家伊丽莎白·卡尼（Elizabeth Carney）提醒我们的那样，"马其顿幼主从未拥有过王位"。[11]

第三章　叛　乱

卡帕多西亚蠢蠢欲动；色雷斯公然反叛；印度各省如此不安定，以至于人们怀疑这些省份还是不是帝国的一部分。罗得岛人趁乱赶走了马其顿驻军。我们可以猜想，其他地方的人也纷纷起事，尽管他们的斗争没有留下史料记载。但亚历山大死后，希腊人发动的两次最为惊心动魄的叛乱，一度让整个世界都屏住了呼吸。

希腊人在东方的叛乱

亚历山大在阿富汗留下了要塞和驻军，以确保该地区安全。事实证明，征服巴克特里亚相对容易，而征服奥克苏斯河（Oxus）① 对岸的索格底亚那（Sogdiana）则是另外一回事。亚历山大花了近两年的宝贵时间也未能征服该地，还遭受了职业生涯中最严重的军事失败：他手下一位将军率领的两千人的军队，在泽拉夫尚（Zeravshan）山谷的一次伏击中全军覆没。亚历山大不指望这个地区会风平浪静，因此才部署了堡垒和守军。

巴克特里亚素来容易引发纷争。早在一百五十年前，据著名的戴瓦碑文（Daiva Inscription）所述，很有可能在波斯薛西斯一世（Xerxes Ⅰ）眼中，这个国家就经常造反。[1] 在整个希

---

① 阿姆河的旧称，又译乌浒河，在中国史料中被称为妫水。——编者注

腊化时代早期也一直如此，直至大约公元前 3 世纪中叶，巴克特里亚才作为一个独立的希腊王国出现，疆域从阿富汗延伸至与今巴基斯坦接壤的地区，享国一百五十年之久。欧洲人在该地发展壮大的传奇一直流传至近代，比如鲁德亚德·吉卜林（Rudyard Kipling）1888 年就此写出了名为《国王迷》（"The Man Who Would Be King"，1975 年被拍摄成电影）的短篇小说。

亚历山大的军队恨透了巴克特里亚：除了泽拉夫尚山谷惨案外，还有数百人死于最初穿越兴都库什山脉（Hindu Kush）进入巴克特里亚时的恶劣天气。不满大多来自希腊雇佣军。亚历山大向印度半岛进军时，将数千名雇佣军留在此地驻防，以示惩戒。但当时的巴克特里亚是蛮荒之地，当地居民此前从未与希腊人打过交道，而新定居者们住在简陋的堡垒和哨所中，条件很艰苦。尽管这片土地曾因肥沃（以及令人惊叹的山脉）而闻名，而且是古代中国、印度和西方贸易路线的要道，但外来的希腊雇佣军对当时的恶劣条件感到不满再正常不过了。公元前 325 年，听到亚历山大死于印度半岛的谣言后，数千名曾是雇佣兵的希腊定居者离开了定居点，开始返乡。如果后世记载的一些人成功返乡的情况属实，[2] 那色诺芬《远征记》（Anabasis）中的事迹与之相比，简直就是小巫见大巫了。

公元前 323 年，亚历山大死后不久，当地希腊人爆发了一次更大规模的起义，遭到了严厉的弹压。"怀念希腊风俗和生活方式"[3] 的雇佣兵们自发组织起来，并任命了一名将军，准备踏上漫长的返乡征途。他们有两万多人，将沿着奥克苏斯河向西进发，然后踏上通往美索不达米亚的"丝绸之路"。归乡路上自由散漫的雇佣兵们步步艰辛：除了平安地衣锦还乡外，他们别无他求。

公元前 323 年 12 月，新上任的米底总督、亚历山大前护卫官培松率大军东进处理此事。佩尔狄卡斯亲自借给培松三千多名马其顿士兵。培松奉旨严惩叛乱分子。在佩尔狄卡斯看来，那些正在返乡的希腊人不过是逃兵。然而，在击败这些返乡士兵后，培松却将他们遣返回巴克特里亚的家中。后世认为此举是培松首次尝试竞逐权力：他愿意与希腊雇佣军保持良好的关系，以便将他们纳入自己的军队，在东方为自己打造一个独立王国。但佩尔狄卡斯对此早有所料，事前已告诉马其顿军队如何应对。马其顿军队立即屠杀了数以千计的返乡希腊人。佩尔狄卡斯任命的培松，被允许回到他的领地。如果说培松此前尚不打算自立为王的话，那么此后他不会再安于现状了。

人口流动性和希腊文化的传播

尽管希腊人和波斯人长期敌对，但希腊人在阿契美尼德帝国中也扮演了和平的角色。作为雇佣兵、商人、艺术家、工匠、医生、秘书、工程师、使节、艺人、探险家和翻译家的希腊人，曾途经或定居于波斯帝国的领土，有时甚至在居鲁士大帝的王宫里任职。但希腊人和波斯人早期交流的规模，与亚历山大征服后希腊和马其顿移民大量涌入时的交流规模相比，简直微不足道。从东方希腊人的叛乱中就能看出，连遥远的巴克特里亚都已经至少有两万希腊移民，而且还是在没有永久或大规模定居点的情况下。[4]

在亚历山大征服后，主要的移民浪潮只持续了不到三代人的时间，[5] 并分为两个阶段。在第一阶段，需要在短期内保障领土安全，所以第一批定居者通常是雇佣兵，他们被派去驻守占领的城镇或堡寨。在第二阶段，这些雇佣兵获得大片土地（本人或其子嗣仍要服兵役），一些堡寨发展成为希腊风格的城市，吸引了更多的移民。因此，亚历山大本人并未打造出多少城市，却建立了很多堡寨。城市增长的速度逐步加快，在第二代诸王时达到了顶峰，此时具备民用手艺的移民和士兵一样抢手。亚洲出现了许多这样的城市。例如，在阿富汗发现了一座宏伟的希腊风格的古城。这座古城的原名我们不得而知，但阿伊哈努姆（Ai Khanum）可能最初是亚历山大所建的一座平常堡寨，后发展成为一座重要的希腊城市，兴盛了百余年。[6]

在阿伊哈努姆古城，考古人员惊讶地发现了一段铭文，据铭文所述，一位哲学家从希腊中部德尔斐（Delphi）的阿波罗神殿中誊抄了著名的道德箴言，并把抄本带到了5000公里外的东方，作为新城的奠基文献。[7]这个故事说明了两件事：首先，哲学家的旅途集中体现了那个时代人口流动的普遍性；其次，类似于"认识你自己""适可而止"这样的德尔斐箴言，构成了希腊公德的核心。因此，即便阿伊哈努姆坐落于奥克苏斯河岸，它也是一个纯粹的希腊城市。我认为，从文化角度来讲，甚至连马其顿人也是希腊人，因为两百多年来，马其顿的国王和贵族们接受并珍视着南方邻国的文化，而马其顿人的母语很可能是一种晦涩的希腊方言。

事实上，这些城市作为希腊文化的绿洲而建立，这也意味着这一时期的人口流动在很大程度上是希腊人的流动。例如，每个城市都少不了剧院，于是狄俄尼索斯会馆（Guild of Dionysus，在雅典首创）应运而生，开始为全球表演提供所需演员和专业知识。[8]除了剧院，每座新城市都建有体育馆、运动场、希腊风格的庙宇和环阿果拉（集城市广场、集市、行政和宗教中心于一体的建筑）而建的门廊。法典、公民宪法和公共娱乐等都具有明显的希腊特色。餐具虽是当地制造的，但也带有希腊风格，珠宝、绘画、建筑等亦然。仅在阿伊哈努姆古城，考古学家们就挖掘出土了"马其顿风格的宫殿、罗得岛式门廊、科斯岛式葬礼纪念碑、雅典卫城式山门、提洛式房屋、迈加拉大酒杯、科林斯瓦和地中海式双耳细颈瓶"。[9]悲剧诗人索福克勒斯（Sophocles）的作品在苏萨上演，荷马的作品在赫拉特（Herat）① 传诵——不过以阿里斯托芬（Aristophanes）为代表的诗人就没那么受欢迎了，其作品主要流传于特定的时间和地点（公元前5世纪晚期的雅典）。来自世界各地的希腊人上演了一场宏大的文化融合戏剧。只有那些对所有新移民来说都司空见惯的希腊文化元素，才能历经变迁而不衰。在继业者时代，已开始涌现出更普遍的新希腊文化。

　　希腊文化在整个新世界体现出高度的同质性。从表面上看，人们可能会认为阿富汗的希腊文学艺术与埃及的不同，但事实并非如此。正如艺术史学家马丁·罗伯特森（Martin Robertson）所说："受东方影响进行的吸纳或修正……是希腊艺术中微不足道的边缘元素。"[10]长期以来，希腊人一直认为其文化比世界上其他民族的文化都要优越，而新城市则被其居民视作荒漠中的希腊文化绿洲，这些地区此前基本上属于文化真空地带。统治者和臣民的二元化在埃及尤为明显，亚历山大城及其他飞地的希腊人和各处的埃及人各自代表的艺术传统并行不悖，二者之间几乎没有文化交流或融合。

　　除了保卫领土的作用之外，新的移民定居点还促进了贸易

34

① 今阿富汗西北部城市。——译者注

发展，这是另一种人口流动的主要形式。在军事因素的驱动下，希腊移民控制着道路、河流和海岸线，并因此发挥了重要的商业作用。古代贸易受到诸多因素限制，其中最主要的是缺乏先进技术（由可用劳动力的廉价导致）、壁垒过多、路况糟糕和海盗猖獗——但是东方商道的开辟使古代贸易得以扩大。商人们走得更远，建立了新市场，交易新产品（尤其是奢侈品）。亚历山大无疑看到了这方面的潜力，所以他统一了整个帝国的币制和金银价值。但这需要时间。在亚历山大死后的头几年里，只有少数几个地区的贸易没有受到影响。事实上，激烈竞逐的继业者的目标之一就是控制那些可以提供关键商品（比如木材、矿产和粮食）的地区——试图垄断这些市场，不让竞争对手染指。

此外，出于商业和军事因素，边界持续向外拓展。商业和军事上的驱动力都鼓励探索未知。在希腊化时代早期，马萨利亚（Massalia）的古希腊地理学家皮西亚斯（Pytheas）从西班牙南部起航，环绕不列颠群岛，到过波罗的海的琥珀海岸；与此同时，军事探险前所未有地深入亚洲的未知地区，逾越了帝国的官方边界。[11] 已知世界的拓展一如既往地引发了对远方知识的渴求。希腊人麦加斯梯尼（Megasthenes）著有《印度志》，尼阿库斯记载了其从印度半岛回到阿拉伯半岛的航行，而以麦西尼（Messene）的欧伊迈罗斯（Euhemerus）为代表的乌托邦作家，也把神话情节设定在充满异国情调的地方。随着航海技术的发展（以及人们对占星术和历法系统愈加感兴趣），以皮坦尼（Pitane）的奥托利科斯（Autolycus）为代表的天文学家，发明出了更精确的模型来描述天体运动。公元前3世纪前后，亚里士多德的学生、墨西拿（Messana）的狄凯阿克斯（Dicaearchus），绘制了第一幅已知世界的地图，上面显示的一些方位线就是经纬线的前身。

跨越地理边界的人口流动，也影响到社会层面。在希腊文化东渐的过程中，一些传统习俗消亡，社会流动性增强了。最高社会阶层并未创造财富，财富是由其他人甚至是奴隶创造的，而只有极少数人能攀至社会顶层，他们无一例外都是贵族，都是国王的正式朋友。奴隶的解放变得更加普遍，获封圣誉的平民越来越多，人性和神性之间的壁垒似乎不再那么不可逾越。

人口流动侵蚀了以家庭为中心的旧体系，这不仅体现在家人移民海外寻找机遇造成的表面上的家庭解体，更重要的是移民们还因此疏离了祖先和族群，即所谓的家族荣光和宗教信仰。因此，在这些遥远偏僻的城市，运动场和社交俱乐部变得愈加重要：它们取代了原有的大家庭。在继业者时代，移民者通常都是单身男性，但也有一些寡妇（还包括一些未婚女性）为了帮子女寻找更好的机会而移民。离开了男人的女人获准管理自己的资产，而这本来是传统中最亲近的男性亲属的工作，因此女性逐渐赢得了更大的自由，能够对自身事务负责。但她们从未获得任何重要的政治地位。

这些新的定居点在加强安全、促进贸易和其他形式的人员流动的同时，还产生了一个意外的结果。由于希腊人是统治精英，所以相当数量的原住民开始穿戴一些带有希腊文化特色的服饰，以此来分享某些权力。然而，希腊人除了让那些受雇于政府的人学习希腊语外，在教育当地人方面所作甚少。各地的官方语言都一样，是一种名为科伊内（koinē）的雅典通用语。这种语言由腓力二世引入宫廷，后由亚历山大的军队传播到世界各地。[12]

新移民来此不是为了教化当地人，而是为了发家致富。他们不认为自己肩负着教化蛮夷的所谓"白人的负担"，也不谎称自己带来了自由和自由贸易（这是近代欧洲帝国主义者打的幌子）。他们举家迁徙，远离家乡数百甚至上千英里，是为了致富。世界大同的理想——一个不同文化相互融合、不分贵贱的世界，不过是哲学家的梦想，与希腊人和马其顿人的态度和政策无关。无论离家多远，新移民都带着其文化优于所有异族的定式来到新的定居地，享受着希腊文化带来的好处。移民们无不渴望故土，希望生活在熟悉的文化氛围中。尽管如此，对当地人来说，成为运动场或希腊俱乐部的成员，或在希腊神庙中祭拜，都成了一种尊贵的象征。随着时间推移，希腊文化对统治精英的影响逐渐扩大，并向社会底层渗透。从一开始，就有一些受过教育的本地人懂得希腊语——公元前285年前后，埃及历史学家曼涅托（Manetho）用希腊语写了一部埃及历史；一二十年后，巴比伦占星家贝罗索斯（Berossus）也用希腊语书写了巴比伦的历史。随着时间推移，这种文化渗透的速度在加快。[13]

当然，这种涓涓细流般的文化渗透成效有限，因为它主要局限于城市，以及城市中的精英阶层。占总人口80%或90%的是农民，他们的生活基本没有受到政权更迭和国际市场的影响。这些农民仍然在本地销售产品，主要是通过物物交换，不懂希腊语是农民们无法逾越的障碍。如果说他们的生活改变了，那也主要是税收的变化、货币化程度的提高，以及希腊家畜和养殖方法的引进所造成的。

尽管如此，希腊文化还是有一定的传播，虽然很有限。随着时间的推移，"希腊的"一词不再指代血缘，而是指教育和世界观。建立诸如阿伊哈努姆这样的新城的初衷本是守住这片土地，却带来了始料未及的结果，即促进了希腊文化在全世界的传播。事实证明，亚历山大死后的四十年中，继业者所有的精力都投入创建一个希腊化世界，从而实现亚历山大的未竟之志。

希腊人在西方的叛乱

当东部的同胞被佩尔狄卡斯下令屠杀时，巴尔干半岛的希腊人也正在准备起义。正如我们所见，亚历山大的流亡者归国令引发了他们的不满，对损失尤甚的埃托利亚人和雅典人来说更是如此。无论是已遭受太多苦难的族群（公元前331年被安提帕特打败的斯巴达人），还是受益最多的人（公元前335年亚历山大摧毁了底比斯城，彼奥提亚人因此摆脱了底比斯人的霸权），都对希腊的事业袖手旁观，但对其他人来说，这是争取自治的最后一搏。因此，希腊人把这场战争称为"希腊之战"，即为希腊争取自由的战争，但此战更为人所熟知的称谓还是"拉米亚战争"。[14]在雅典人和埃托利亚人的鼓舞下，许多希腊城市抓住了亚历山大之死带来的机会，加入了起义。除了对流亡者归国令的不满外，整个希腊本土一直饱受粮食严重短缺之苦，并且对亚历山大拒绝向他们提供粮食却将大量粮食送往东方以支持东征一事深恶痛绝。此时的希腊人还没有准备好面对新世界的经济现状。

精通战法的利奥斯典纳斯（Leosthenes）被任命为联军统帅。借助哈帕拉斯的部分资金（被雅典人趁机充公），利奥斯典纳斯招募了一支人数可观的军队，其中大部分是雇佣兵，他

37

们是从几个月前亚历山大下令解散的总督私人军队中招募而来的。雅典和埃托利亚也提供了大量兵源，而其他城市也尽其所能。一支由二万五千多人组成的强大军队向北进发，挑战安提帕特。与此同时，奥林匹娅斯也竭尽所能，让她的同胞伊庇鲁斯人从西部入侵马其顿，援助希腊人的叛乱。[15]

安提帕特缺乏击败希腊人的绝对力量，还有些军队不得不留下来保卫马其顿本土的安全。所以安提帕特首先召见了克拉特鲁斯和列昂纳托斯，答应了两人娶自己两个女儿为妻的请求。这样一来，向姻亲提供军援也就理所当然了。这次联盟的直接诱因是对付希腊人的叛乱，但三人都对佩尔狄卡斯在巴比伦会议上的最终权力分配心怀不满，而且毫无疑问，与当前希腊的叛乱相比，三人结成的联盟才是心腹大患。意识到这一点后，佩尔狄卡斯与埃托利亚人和雅典人建立了联盟，对抗安提帕特正在组织的反对自己的联盟。至此，各方都对马其顿可能爆发的内战做好了准备。

对于安提帕特来说，克拉特鲁斯显然是最佳选择。因为无论如何，克拉特鲁斯都要带领麾下一万一千五百名马其顿老兵回国；但几个月来他一直按兵不动。他是在生闷气，还是出于谨慎？或者，他已经准备好了，只是因为现在是冬天，翻越小亚细亚东南部的金牛座山脉（Taurus Mountains，又译托罗斯山脉）困难重重？

公元前 322 年春天，克拉特鲁斯终于动身前往希腊——即便如此，他似乎也是被他事所迫而行动：佩尔狄卡斯正前往小亚细亚的卡帕多西亚任命欧迈尼斯，这意味着他要穿过奇里乞亚。克拉特鲁斯不希望其军队被打着王命旗号的佩尔狄卡斯征募。与此同时，克拉特鲁斯派克利图斯率马其顿的主力舰队到了爱琴海——因为有雅典人的参与，所以肯定少不了海战。因此克拉特鲁斯带了大约六千名士兵去帮助安提帕特。他们是久经沙场的战士，从一开始就效力于亚历山大，其中很多人已经五十多岁，有些人甚至已经年过六旬，但他们仍然是战场上优秀的战士。在古代的战斗中，经验和训练往往比年轻更重要。

列昂纳托斯从弗里吉亚归来，在进军卡帕多西亚之前，奉佩尔狄卡斯之命与欧迈尼斯会合。一方面，佩尔狄卡斯在巴比伦的运谋惹恼了列昂纳托斯，主要是因为他未能得偿所愿；另一方面，欧迈尼斯告诉他，亚历山大的妹妹克里奥佩特拉准备嫁给他。这无疑是奥林匹娅斯的主意：站在叛军一边的奥林匹娅斯需要让安提帕特离开马其顿，否则将面临他的报复。克里奥佩特拉的殷勤打动了列昂纳托斯，所以他拒绝了与安提帕特女儿的婚约。与其说列昂纳托斯是安提帕特的盟友，不如说他是潜在的马其顿王位争夺人。因为列昂纳托斯已经与马其顿王室家族结有姻亲，他将与亚历山大的亲姊妹结婚，并得到了亚历山大母亲奥林匹娅斯的支持。长期以来，列昂纳托斯一直在装腔作势，摆出一副自命不凡的样子。[16] 准备去希腊时，他探了探欧迈尼斯的口风，建议欧迈尼斯和他一起夺取马其顿王位。欧迈尼斯与奥林匹娅斯和克里奥佩特拉关系密切，但忠于佩尔狄卡斯，他无疑是列昂纳托斯想要拉拢的对象。但欧迈尼斯不仅拒绝了列昂纳托斯的提议，还亲自前往巴比伦，把列昂纳托斯的阴谋告诉了佩尔狄卡斯。

然而与此同时，在列昂纳托斯或克拉特鲁斯到来之前，安提帕特已经率兵南下，将色萨利人可能发动的叛乱扼杀于萌芽时期。利奥斯典纳斯稳步向北推进，轻而易举地打败了彼奥提亚人，占领了重要关口温泉关（陆军从北方进入希腊中部的

39　唯一关口）。两军在温泉关以北不远的地方相遇，利奥斯典纳斯在战斗中击败了安提帕特——这是三十年来马其顿军队的首次失败——安提帕特的军队被困在了拉米亚。胜果进一步扩大：一些色萨利人从安提帕特军中逃离，归入利奥斯典纳斯麾下，另一些人则封锁了安提帕特逃往北方的路线。马其顿本身很脆弱——但利奥斯典纳斯无法攻破拉米亚城。安提帕特守住了这座城市，但在公元前323年至前322年的冬天，他的军队一直忍饥挨饿。然而，利奥斯典纳斯却死于城外一次遭遇战。雅典为利奥斯典纳斯和其他早期罹难者举行了盛大的葬礼，当时最著名的演说家之一希佩里德斯发表了精彩的葬礼演说。这是雅典人民主和独立的最后绝唱。[17]

希腊联军的新统帅没有利奥斯典纳斯的雄才大略，埃托利亚人在面临入侵的威胁下被迫返回家园。其他希腊人仍很乐观，但在公元前322年夏初，列昂纳托斯带着大批增援部队来到了希腊。希腊人在列昂纳托斯和安提帕特在拉米亚会合前发动了进攻。双方步兵势均力敌，但色萨利人的骑兵击溃了列昂纳托斯的骑兵，杀死了列昂纳托斯。列昂纳托斯终究还是没有成为王位觊觎者的命。但第二天，列昂纳托斯的步兵杀入拉米亚，安提帕特得救了。考虑到列昂纳托斯的野心，安提帕特在另一种意义上也被拯救了。马其顿军队立即带着获救的摄政安提帕特向北撤退，希腊中部和南部一度短暂脱离马其顿的控制。对希腊自由的拥护者来说，这是一个令人兴奋无比但又焦虑不安的时刻。

与此同时，海战主要在赫勒斯滂海峡展开。雅典人的舰队打算保卫通往黑海的粮食通道，并尽量阻止克拉特鲁斯来自亚洲的增援。雅典人派出一支庞大的舰队，去摧毁安提帕特的赫勒斯滂舰队。但克利图斯已从奇里乞亚赶来，他的舰队与安提帕特会合了。公元前322年6月，两人的联合舰队在赫勒斯滂海峡的阿卑多斯（Abydus）及爱琴海的阿莫尔戈斯岛（Amorgos）连续两次击败雅典人。

海战的胜利使克拉特鲁斯顺利完成了长途跋涉，他圆滑地打出了为安提帕特效力的旗号。这些马其顿的老兵终于回家了。在8月的酷热中，人数上已占明显优势的马其顿联军，在色萨利的克拉农（Crannon）与希腊人开战。安提帕特已经贿赂了一些希腊城市，让这些希腊人从反安提帕联盟中撤军。这不是一场大屠杀，但希腊人输了，战争结束了。安提帕特迅速平息了色萨利人的叛乱，然后把注意力转向惩罚和安抚希腊诸邦国。随即，安提帕特向南进军雅典。

40

许多雅典人以为自己的城市将被夷为平地，就像亚历山大在公元前335年对待反叛的底比斯城一样。经过激烈的谈判后，它的境遇也没有好到哪去：雅典将成为一个二等城市。雅典人将废除他们著名的民主宪法，保有有限的参政权，允许马其顿在比雷埃夫斯港（Piraeus）驻军（马其顿将通过控制海上生命线来控制雅典），不许重建战舰，并支付大量赔款。雅典人还失去了一些有争议的土地，将这些土地让给了北方邻国的彼奥提亚人。最突出的反马其顿人士自然要被处死，其中包括雄辩家德摩斯梯尼（Demosthenes，又译狄摩西尼）。德摩斯梯尼近三十年来在一系列慷慨激昂的演讲中屡屡告诫他的同胞们要警惕马其顿的威胁。德摩斯梯尼逃出了雅典，但终究是死路一条。不愿落入安提帕特之手的德摩斯梯尼自杀身亡。过了一段时间，雅典人为了纪念他立了一座青铜雕像，上面的铭文写道：[18]

德摩斯梯尼，如果你智勇双全的话，

希腊就绝不会落入马其顿军阀之手。

几个月后，雅典人发现，他们希望萨摩斯岛被排除在亚历山大流亡者归国令之外的请求也未能如愿：佩尔狄卡斯命令雅典定居者离开萨摩斯岛。成千上万的雅典人被强制驱逐至已被马其顿人殖民的色雷斯。不过，其中很多人可能很高兴，因为他们由此摆脱了返乡的萨米亚雅典人造成的人口过密，以及巨额赔款带来的贫穷。

在比雷埃夫斯港和雅典这样的小地方，驻军可以在一定程度上刺激当地经济，但总的来说，驻军是令人厌恶的负担和屈从于外国势力的耻辱象征。那些受雇于驻防部队的雇佣兵，往往比"杀人犯、破坏者、小偷和强盗"好不了多少。[19] 雅典出土了一块铅制咒符，其年代可追溯到公元前 4 世纪末期或前 3 世纪初，它最初是被放在坟墓里的。咒符旨在利用坟墓中阴间鬼魂之力使诅咒生效。这一诅咒针对的是比雷埃夫斯的驻军和四名有代表性的马其顿高官，咒文写的是："诅咒那些该死的马其顿人！"[20]

元气大伤的不仅是雅典。腓力二世此前将科林斯同盟打造成了名义上的自由城邦同盟。但拉米亚战争结束后，该同盟瓦解，取而代之的是更直接的控制手段。安提帕特在所有重要城市都留有驻军，确立了亲马其顿的寡头或专制统治。马其顿对希腊南部的统治，比腓力二世或亚历山大时期要糟糕得多，这是拉米亚战争造成的主要后果之一。由于许多希腊城邦公然拒绝接受马其顿的统治，安提帕特别无选择，只能诉诸武力。埃托利亚人认识到这一点，拒绝妥协；不幸的是，他们不得不忍受马其顿人的入侵。埃托利亚人令人惊讶地挺了过来，但仅仅是因为入侵者安提帕特和克拉特鲁斯有更紧迫的亚洲事务要处理。

克拉特鲁斯和安提帕特的女儿菲拉（Phila）的婚姻，确定了他们的新联盟。对佩尔狄卡斯没有好感的托勒密（此前的巴比伦会议证明了这一点），接纳了安提帕特的另一个女儿欧律狄刻（Eurydice），也与其结成了联盟。通过常为一夫多妻制的首次王朝联姻，继业者之间的姻亲关系形成了一种复杂的网络。这不仅是被冠以"家庭外交"的一种联盟形式，还排除了异族，确保马其顿人仍是所知世界的统治阶层（这有点像现代早期欧洲，彼时几乎所有的统治家族都渊源颇深）。马其顿的贵族们一直都是同族通婚，这种本能在大规模领土扩张中得以延续。这种通婚方式创造了多种关联，起初通常是受一些眼前利益所驱动。可以说，即使翁婿开战，这种婚姻通常也会持续下去。一夫多妻制是那个时代不稳定的一个标志，几乎可以说，在希腊化时代早期，一个国王拥有的妻子越多，他就越觉得自己的地位不稳固。在亚历山大的继业者之后，一夫多妻制就越来越少了。[21]

与在奇里乞亚时相比，克拉特鲁斯现在强势了不少。被明令不许染指欧洲的克拉特鲁斯，希望借安提帕特之力回到亚洲。克拉特鲁斯与安提帕特共拥兵两万余人，而且有足够的金钱招募雇佣兵，但他们可能仍希望和平解决分歧。如果安提帕特统御欧洲，克拉特鲁斯负责亚洲，佩尔狄卡斯就可以继续不受地理限制地担任摄政，最初在巴比伦会议上设计的三人执政团将继续存在，尽管局面会更有利于克拉特鲁斯。但这不过是南柯一梦罢了。

42

第四章 佩尔狄卡斯、托勒密 和亚历山大的遗骸

　　巴比伦会议上，所有人都自以为他们提出的方案会给亚历山大的帝国带来和平与稳定，因为他们曾平定了一些叛乱，安抚了一些动荡地区。但经历三年的对立、钩心斗角和内战之后，需要再度召开会议进行一次全新的权力分配。和上次会议一样，继业者还是惺惺作态。

　　帝国的基业很快开始摇摇欲坠。在巴比伦，大家已达成共识，一旦列昂纳托斯和安提柯为欧迈尼斯征服卡帕多西亚，欧迈尼斯就接任该地总督。卡帕多西亚大部分地区仍被掌握在最后一批波斯死士的手中，这些人从未完全承认马其顿的统治。但愿意帮助欧迈尼斯的列昂纳托斯战死在希腊，他的军队也落入安提帕特和克拉特鲁斯手中；而安提柯干脆拒绝帮忙。除了对佩尔狄卡斯专横的态度感到不满外，安提柯可能并不喜欢独自挑战卡帕多西亚的强大敌军。无论如何，各方已明显形成了针锋相对的阵营，安提柯不会站在佩尔狄卡斯一边。佩尔狄卡斯分治策略的弱点在于，被他分化的一些人，可能会联合起来反对他。

　　公元前 322 年春，一身王室派头的佩尔狄卡斯，率领一支庞大的军队离开巴比伦，于初夏到达了小亚细亚。由于列昂纳托斯已战死，安提柯又拒绝帮助欧迈尼斯，佩尔狄卡斯只好亲

征卡帕多西亚；无论如何，他需要在小亚细亚展示自己的实力，作为对安提帕特在欧洲集结军队的回应。正如我们所看到的一样，佩尔狄卡斯此举导致克拉特鲁斯离开奇里乞亚，加入了希腊的安提帕特阵营。

公元前 322 年夏，佩尔狄卡斯率领王室军队入侵卡帕多西亚。经过两场战斗，马其顿人最终取得了胜利。反叛的波斯统治者被俘，遭穿刺残杀，并惨遭灭门。波斯帝国常用此法惩罚反叛者，[1] 现在执法者换成了佩尔狄卡斯，此前对墨勒阿革洛斯一伙和巴克特里亚叛乱的高压惩戒，同样凸显了佩尔狄卡斯的残忍和无情。他的敌人注意到了这一点。

欧迈尼斯开始统辖卡帕多西亚，但此地并不太平，而佩尔狄卡斯也停军在附近。佩尔狄卡斯首先通过征服卡帕多西亚打通了"皇家大道"，接下来，为开辟通往叙利亚的南部大动脉，他又采取了行动。这条要道通过干旱且满是游牧民的吕考尼雅。这又是一场残酷的战役，此役中一城人宁愿集体自杀，也不愿被集体处决。佩尔狄卡斯此后率军南下，在奇里乞亚的冬季大本营休整。翌年年初，他开始平定亚历山大东征时避开的皮西迪亚东部。但亚美尼亚仍麻烦不断：卡帕多西亚叛军的残余势力在此集结，佩尔狄卡斯派往该省的涅俄普托勒摩斯（Neoptolemus）行事风格越来越像总督，而非将军。涅俄普托勒摩斯毕竟是摩洛希亚王室的骄傲。佩尔狄卡斯指示欧迈尼斯，要他助涅俄普托勒摩斯平定亚美尼亚，同时抑制其野心。佩尔狄卡斯没有理由怀疑这样做不太明智，但不出一年，他的两个副手之间的个人仇恨将结出苦果。尽管如此，佩尔狄卡斯对欧迈尼斯的工作还是很满意的：至公元前 321 年夏，小亚细亚比以往更加安定有序了。

然而，主要竞争者之间的关系却每况愈下。佩尔狄卡斯与安提柯和克拉特鲁斯的怨隙已几乎无法填补，只有与妮卡亚结婚才能挽回局面。过去几个月里，埃及的事态发展令人不安。托勒密奉命官复原职，出任总督，作为其副手的克里昂米尼却被托勒密以贪污罪处死。通过处决严酷和令人厌恶的统治者，托勒密给自己的新臣民呈现了一种清明吏治。这完全是一种舆论宣传，因为托勒密私吞了克里昂米尼搜刮到的所有钱财，对埃及的资源同样是盘剥无度。问题的关键在于，托勒密怀疑克里昂米尼一直与佩尔狄卡斯有联系，意欲独占埃及，或者至少是"佩尔狄卡斯的朋友，而非他的朋友"。[2]

此外，公元前322年，托勒密为了控制非洲内陆的商队贸易，吞并了昔兰尼加（Cyrenaica，现利比亚东北部）的五个城市，将其建立为埃及的一个省，特别是还垄断了该地区特有植物串叶松香草（Silphium，现已灭绝）的出口。这种植物当时在地中海地区广泛用于烹饪和药用，尤其是妇女避孕。城邦的宪法被修改，以驻军和军政长官为支柱的亲托勒密寡头政治已经确立。[3] 托勒密的这些举动激怒了佩尔狄卡斯。首先，佩尔狄卡斯放弃了亚历山大的"最后计划"，把重点放在巩固而非扩张上，但托勒密反其道而行之。其次，托勒密在攻击邻国前，没有征得任何人的许可，但他以受城市寡头集团之邀为借口，我行我素。总督们希望自己的边境不受侵犯。如果追问托勒密，他会辩称自己的所作所为正是在保护总督们的边境。但托勒密看起来更像是在炫耀武力，好像自己与佩尔狄卡斯平起平坐，而不是其下属。

佩尔狄卡斯的抉择

　　安提帕特仍是奥林匹娅斯的心腹之患。他一旦解决了希腊南部的事务，一定会惩罚奥林匹娅斯，因为她支持了希腊叛乱。奥林匹娅斯决定走一步险棋。她明知妮卡亚已经和佩尔狄卡斯订婚，此刻正赶往皮西迪亚完婚，却不失时机地派克里奥佩特拉去了萨第斯，还写信暗示欧迈尼斯，称佩尔狄卡斯可能要娶她的女儿。她需要佩尔狄卡斯成为安提帕特的敌人，而不是女婿。她希望安提帕特深陷亚洲的战事，无暇顾及伊庇鲁斯。她的计划进行得很顺利。

　　此后几年里，奥林匹娅斯的宏愿无非是看到孙子亚历山大四世获得马其顿王位，虽然他赢得众望的机会非常渺茫。把克里奥佩特拉献给佩尔狄卡斯是她计划中的重要一步。奥林匹娅斯想看到与亚历山大的妹妹结婚的佩尔狄卡斯，带着两个国王和众人簇拥的亚历山大灵柩来到马其顿，统领着亚历山大征服东方时的这支军队，而自己作为亚历山大的母亲亲迎。在这种情况下，安提帕特是没有前途的。除非发生不可预见的变故，否则在亚历山大四世成年前，佩尔狄卡斯将是帝国唯一的统治者，而且亚历山大四世将在奥林匹娅斯的陪伴下长大成人。

　　面对这一诱惑，佩尔狄卡斯动心了：与克里奥佩特拉结婚将加速他实现自己的愿望。他的兄弟阿尔塞塔斯主张他娶妮卡亚为妻，但欧迈尼斯指出了娶克里奥佩特拉的好处。佩尔狄卡斯与妮卡亚的婚礼照常进行，二人举行了隆重的仪式。但婚后不久，佩尔狄卡斯就派欧迈尼斯去萨第斯见克里奥佩特拉，呈上了自己的礼物，并向其求婚。他似乎准备马上把新娘子抛在一边。很明显，佩尔狄卡斯对自己充满信心，并坚信自己能操

46

纵所有对手。这是他做出此举的唯一缘由。与妮卡亚的婚姻，是佩尔狄卡斯向安提帕特示好的一次机会。他不可能同时与妮卡亚和克里奥佩特拉结婚：二者是相互冲突的。与妮卡亚结婚将使佩尔狄卡斯与安提帕特平起平坐，娶克里奥佩特拉表明他意欲染指马其顿王位。佩尔狄卡斯不仅要统治亚洲，还要统治欧洲，以及整个亚历山大帝国。佩尔狄卡斯终于不再掩饰自己的野心。阿尔塞塔斯可能会说，他之所以能平安地回到佩拉，是因为佩尔狄卡斯与安提帕特关系和睦，而欧迈尼斯的路线意味着战争，但佩尔狄卡斯已不在乎，或已做好准备冒这个险。

然而，一件令人困惑的事件表明，军队对佩尔狄卡斯的忠诚似乎并不牢靠。两名令人生畏的马其顿女性在其中发挥了作用。阿明塔斯（Amyntas，又译阿敏塔斯）的遗孀库娜涅（Cynnane）是亚历山大大帝同父异母的妹妹，她的丈夫阿明塔斯是亚历山大的潜在对手，被其下令暗杀。库娜涅和安提帕特不睦，她决定带着女儿投奔在小亚细亚的佩尔狄卡斯。安提帕特自然不希望看到另一名王室成员增强佩尔狄卡斯的势力，试图使用武力阻止库娜涅离开，但没有成功。

于是，库娜涅带着女儿阿狄亚（Adea）和一支强大的护卫队来到了小亚细亚。佩尔狄卡斯非但不欢迎她，反而派阿尔塞塔斯去劝阻她。此事大概发生在佩尔狄卡斯与妮卡亚婚后不久，此时他还不想触怒安提帕特。即便他已对迎娶克里奥佩特拉一事有了打算，但还不准备大张旗鼓。出人意料的是，库娜涅的护卫官们和阿尔塞塔斯发生了冲突，库娜涅不幸死于纷争。[4]

佩尔狄卡斯的马其顿军队仍忠于王室，他们因库娜涅之死群情激愤。库娜涅原本打算让阿狄亚嫁给腓力三世。此时，佩尔狄卡斯唯有让这桩婚姻进行下去，才能平息事态。情况非常危急，佩尔狄卡斯不得不同意。他知道，虽然阿狄亚还是个十几岁的孩子，但她（在婚后取名欧律狄刻）不容小觑。阿狄亚和母亲都受过军事训练。"女战士和白痴"的结合，[5] 毫无疑问会削弱佩尔狄卡斯对国王的控制，但至少短期内他借此恢复了军中的秩序。

与此同时，佩尔狄卡斯与妮卡亚的婚姻为世界提供了远离战争的喘息空间。但这种平静被证明是短暂的。公元前 321 年秋，佩尔狄卡斯结束战事后返回萨第斯，立即传召安提柯，打算质问他为何没能支持欧迈尼斯征服卡帕西多亚。但佩尔狄卡斯鲁莽地羞辱了吕底亚总督米南德，而吕底亚的首府恰恰就是萨第斯。克里奥佩特拉掌权已久：丈夫死后，作为王后的克里奥佩特拉统治了摩洛希亚多年。为了讨好克里奥佩特拉，佩尔狄卡斯让她掌管该省，将米南德降职为其副手——掌管军队但不负责行政。

米南德游说安提柯，指出佩尔狄卡斯和安提帕特的和解不会持久——佩尔狄卡斯认为战争不可避免，正在积极地向克里奥佩特拉求爱。安提柯已经决定，如果战争爆发，自己不会站在佩尔狄卡斯一边。因此，安提柯没有理会佩尔狄卡斯的传召（这样做可能会招来杀身之祸），放弃了总督领地，逃往希腊。到希腊后，安提柯发现安提帕特和克拉特鲁斯正在进行埃托利亚战役。

安提柯带来了库娜涅死亡和佩尔狄卡斯向克里奥佩特拉求婚的消息，安提帕特和克拉特鲁斯闻讯后，立即与埃托利亚人达成停战协议，返回马其顿准备与佩尔狄卡斯进行战争。他们做的第一件事就是写信给托勒密，看看他的立场。他们得到的答复无疑是令人鼓舞的。这样一来，他们将迫使佩尔狄卡斯两线作战。但埃托利亚人没有被一劳永逸地征服，后世的马其顿国王无疑会感到遗憾：对马其顿统治者而言，埃托利亚人根深蒂固的敌意，加上他们在希腊中部的统治地位，始终是一个隐患。

最后一根稻草

48　　帝国内部于是出现了两个派系，双方都装备精良。一边是佩尔狄卡斯及其追随者，他们拥有两个国王和亚洲王室国库的所有资源；另一边是安提帕特和克拉特鲁斯，以及他们的盟友。安提帕特和克拉特鲁斯都没有出席巴比伦会议，二者都觉得自己的地位没有得到应有的尊重。此外，佩尔狄卡斯似乎想要战争——奥林匹娅斯想让他迎娶克里奥佩特拉时，战争已经一触即发了。现在的问题只是等待战争爆发的导火索罢了。

亚历山大死后，马其顿显要阿里达乌斯负责筹备送葬事宜。亚历山大的遗体本来在巴比伦，计划被运送到马其顿。然而，托勒密另有打算，他早就下定决心，要将亚历山大埋葬在其心仪的锡瓦（Siwah）绿洲。这块绿洲在埃及偏僻的西北部（亚历山大城西南约 450 公里处）。亚历山大此前征服埃及时在此请求了阿蒙神谕，确信其父就是宙斯。[6]

阿里达乌斯花了近两年来准备棺木和灵柩台，这些器物精致昂贵，极尽奢华。在一具金色棺木里，经过防腐处理的遗体躺在珍贵的香料上，棺木上覆盖着一层绣金的紫色棺罩。棺木被置于一座小小的金色神庙之中，入口由金狮把守。爱奥尼亚式廊柱上缠着攀爬植物的浮雕，上面是装饰着宝石的筒形金鳞屋顶；屋顶上有一金色橄榄花环。屋顶每个角落都立有一个举着战利品的胜利女神。微型神殿的飞檐上雕着野山羊头像，每个山羊头都挂着五彩花环。花环的流苏末端挂着铃铛，随着灵车行进叮当作响。在庙宇每一面的飞檐下，都有雕刻着图画的横楣。第一幅画中，亚历山大驾驶着庄严的战车，手中握着权杖，周围是马其顿和波斯的护卫官；第二幅画展示了印度战象的游行；第三幅画描绘了马其顿骑兵的战斗队形；第四幅画则描绘了一支舰队。柱子之间的空隙处挂着给灵柩遮阳的金网，但旁观者也可透过金网一瞥其中。灵柩车由六十四匹骡子拉着，每匹骡子头上都戴着镀金头饰，头两侧各有一个金铃，项圈上镶着宝石。[7]

公元前321年晚春，灵柩在阿里达乌斯的指挥下向巴比伦出发，亚历山大的遗体开始了它从容不迫、辉煌华丽的旅程，其间伴随着金玉器物互相碰撞发出的叮当声。佩尔狄卡斯派出大量骑兵护送，劳工先行以备修路，马车上还装了减震器这一新发明。[8]成千上万的人站在道路两旁，瞻仰这座装有轮子的神庙，这座神的圣殿。队伍于7月抵达叙利亚南部时，遇到了托勒密的一支人马，他们赶走了佩尔狄卡斯的护卫，劫走了灵柩。托勒密决定把埃及作为亚历山大遗体的最后安息之地。他明白合法性问题对自己和对手们的重要性。谁埋葬了先王，谁就能成为名正言顺的继承人。此外，据说出席巴比伦会议的一位贵族曾在会上预言："拥有亚历山大遗体的那片土地，将永受庇佑。"[9]

抢夺亚历山大遗体的举动基本上算是战争行为了。除挪用埃及国库（严格来说，国库属国王所有，因此应由摄政佩尔狄卡斯掌管）和吞并昔兰尼加外，这是托勒密的又一严重挑衅。当然，佩尔狄卡斯（当时仍在皮西迪亚）派了一支军队

49

试图夺回遗体，但为时已晚。托勒密因此成了佩尔狄卡斯的首要敌人：如果战争爆发，佩尔狄卡斯会首先进攻埃及。

托勒密可能从未打算将亚历山大的遗体安放在遥远的锡瓦，而是想把它放在身边。规划中的埃及首都亚历山大城此刻仍在建造，因此托勒密首先把遗体保存在旧都孟菲斯，几年后当亚历山大城的宫殿完工时，再把遗体移走。为庆祝遗体驾临孟菲斯，托勒密还组织了体育比赛，并鼓动人们将亚历山大视为亚历山大城的创始人进行崇拜。几乎同时，托勒密也开始发行带有亚历山大头像的钱币，他是继业者当中第一个这样做的。

当亚历山大的遗体最终迁至亚历山大城时，神化亚历山大的国家崇拜开始了。在宫殿附近，托勒密建造了一座兼具墓穴和神庙风格的建筑——这是一种极不符合马其顿传统的舶来品，也是托勒密为了强调其统治得到的庇佑所创。从此以后，亚历山大城而不是孟菲斯，不仅将成为托勒密王朝的都城，而且无疑也将成为亚历山大所建帝国的中心。

随着时间的流逝，亚历山大城因四尊著名的亚历山大雕像和几幅壁画而名声大振，四尊雕像是：祭礼雕像、城市创始人亚历山大的骑马雕像、裸体雕塑（希腊化时代国王最常见的雕像），以及安放在命运圣殿的雕像群（展现了大地之神为亚历山大加冕，命运之神为大地之神加冕，命运之神两侧立有两座胜利女神雕像的场景）。[10] 亚历山大城的希腊人和马其顿人将不会忘记托勒密家族是亚历山大的继承人。命运之神曾保佑亚历山大，现在又赐福于托勒密家族。拥有亚历山大遗体的托勒密家族想让世界知道，他们与亚历山大是密不可分的。

合法性

诸位继业者都竭尽所能地利用亚历山大的名望来为其权力之争正名。托勒密劫走亚历山大的遗体，随后用已逝城市建立者的雕像装点亚历山大的城市，是其中最为明目张胆和骇人听闻之举。[11]正如我们所见，佩尔狄卡斯宁愿在亚历山大的王座前，也不愿以己之名召开巴比伦会议。不久之后，我们会发现欧迈尼斯也别无二致。欧迈尼斯称亚历山大托梦于他。塞琉古也声称亚历山大出现在其梦中，并预言了未来的辉煌。众所周知，奥林匹娅斯称其和宙斯孕育了亚历山大，所以塞琉古也效仿称自己的生父是太阳神阿波罗。[12]

继业者都尽其所能，与马其顿王室成员结成紧密的同盟；他们都想竭力宣传自己在亚历山大东征战役中扮演的重要角色。托勒密甚至写了一篇战役记述，强调了自己所发挥的作用。[13]后来，托勒密本人或其宫廷里的某人散布了一条消息，说托勒密实际上是腓力二世的私生子，是亚历山大同父异母的兄弟。在德尔斐，克拉特鲁斯让当时最优秀的艺术家雕刻了大型纪念碑，纪念拉米亚战争的结束。纪念碑上展示了克拉特鲁斯在一次狩猎中救了亚历山大一命的场景，而其穿着和亚历山大类似。列昂纳托斯的穿着服饰和发型也像亚历山大一样。卡山德托人制作了一幅巨画，展现了战场上的亚历山大和大流士。这幅画可能是陈列在那不勒斯的考古博物馆里著名的亚历山大马赛克镶嵌画的原型。阿尔塞塔斯的墓碑上也装饰着亚历山大的图案。[14]所有王国的开国君主，都建立了以亚历山大命名的城市，并铸造了正面印有亚历山大头像的钱币，借此向其臣民和整个世界宣扬他们对亚历山大的怀念，以及亚历山大在

51 天之灵的庇护。当君主们把自己的头像印在钱币上时，仍摆脱不掉亚历山大的影子——他那特有的刮光胡须的脸、高昂的头颅及长发，都让他看起来不同凡响。

很容易看出这些举动背后的动机：赢得现实或潜在臣民的支持。同样，美国总统候选人常效仿肯尼迪或里根。亚历山大之所以被视为护身符，首先是因为参与者都为自己能与一个取得如此巨大成就的人扯上关系而感到无比自豪。亚历山大的巨大成就及死后被封神一事，令他的一切都具有特殊魔力。继业者并未发明什么宣传手段，但他们在西方历史上史无前例地开展了大范围宣传。对亚历山大精神的唤醒是一个重要因素。[15]

个人主义思潮

亚历山大死后影响的另一方面就更为隐晦了。这一影响并非源自各种各样将其称作"幽灵"的说辞（千百年来，罗马和拜占庭的掌权者一直秉持这种做法），而是体现在他给世界带来的变化。与早期社会相比，希腊化时代最引人注目的一个方面是对人类个体的关注。社会历史学家对哲学、艺术和文学研究者将这种现象归于时代特征的观点表示赞同。然而，这种现象发生的原因却很少受人关注。腓力二世及亚历山大征服希腊和东方，并将小亚细亚所有希腊城邦并入帝国——在由此形成的绝对统治时代，才产生了这一变化。

尽管看起来很奇怪，但在古典时代，即亚历山大征服结束的时代，一个希腊城邦公民要理解个人主义的价值还是很困难的。我们使用术语来描述各种政治形态，包括绝对个人主义（或无政府主义）和绝对集体主义（或许是共产主义）两种极端。与死气沉沉、无名无脸的国家机器相比，我们自认为是有

血有肉的个体。但古典希腊城邦并非死气沉沉的，城邦公民令 52
其生机勃勃，它是极富个性的。

古希腊"polis"一词最准确但略显尴尬的译法是"公民
国家"，这是因为城邦公民通过直接参与的方式管理国家。无
论城邦的宪法如何，这都是事实；与斯巴达那样的寡头政体相
比，在民主政体雅典，有更多的人参与国家治理。但无论是在
斯巴达还是雅典，以及所有中间状态下，公民都被定义为国家
管理者，只是雅典享有公民权的公民比斯巴达的要多。没有凌
驾于公民之上的所谓"国家"权力，公民就是国家。这一体
制将公民的精力引导到造福国家上，让城市繁荣发展，但其代
价是我们当今大多数人无法接受的高度集体主义。[16] 相比之下，
我们越能避开或忽视国家机器并维持个人私生活，我们就越认
为自己是自由的。古希腊城邦公民对隐私的认知有限得多。公
民所做的几乎每一件事，包括生儿育女和崇拜神灵，都是为了
国家利益，也就是造福自己的同胞。

然而，马其顿帝国改变了规则。尽管城邦依旧生机勃勃，
但面临着一个不可避免的事实：这些城市已变成某个大系统中
或大或小的"齿轮"。城市仍由市民组成的民主政体或寡头政
体统治——在这一意义上并未有任何改变——但地方行政机构
相对来说却没有什么权力。例如，所有重大的外交决策都不被
掌控在地方行政机构手中。城邦中大量的政治运作仅仅是
"礼仪性和重复性的"。[17] 他们仍坚守自治理念，一些城市试图
通过武装叛乱重获自由，但随着时间流逝，此起彼伏的叛乱遭
到镇压，这一理想变得渺茫起来。理论上所有城邦公民人人平
等的薄饼模式，不可避免地被金字塔模式所取代。在这一模式
中，国王处在权力顶层，地方巨头统治最底层的公民群体。

作为政治代理人的公民的权力相对丧失，使他们在更宏大事业的参与者之外，更好地看清了自身的个体价值。当然，过去人们可以选择不参与城市的公共生活——希腊语中将这类人称为"idiōtai"，这正是英语中"idiot"（白痴）一词的起源。但随着希腊化的普及，在城市政治生活中发挥重要作用的公民越来越少，越来越多的人开始过上了私人生活，这可能让个人价值所依存的环境得到了认同。

因此，犬儒哲学家们在这一时期活跃起来也就不足为奇了。他们相信，只有摒弃礼法和财物，人类才能获得幸福，这些人过着流浪的生活，宣称只有通过禁欲主义，才能实现道德上的纯洁。流浪的乞丐布道者遍布帝国各地，这也是当时人口流动的一个重要部分。希腊人有赞美贫穷的悠久传统，但第一批真正的犬儒哲学家出现在公元前4世纪中叶。其中最著名的是受亚历山大大帝敬仰的锡诺帕（Sinope）的第欧根尼（据说住在一个大木桶里）。[18] 底比斯的克拉底（Crates）与继业者生活在同一时代，他描述了一幅犬儒乌托邦的场景，在那里没有必要从事工作或开展政治活动，因为土地已经提供了简单生活所需的一切。[19] 最早的享乐主义者和"白痴"没什么两样，因为他们生活在远离社会的公社里，而伊壁鸠鲁学派建议人们避免喧嚣的公共生活，认为其有损内心的安宁。[20]

倡导个人价值新观的哲学家，无疑是这一时代最受欢迎的。宗教也是如此：人们对宗教神秘感的兴趣剧增。这不是什么新鲜事，这种对宗教的狂热已持续了数百年。但此时醉心于宗教的人史无前例地增长，因为据说皈依这些宗教产生的深刻情感体验能够带来个人救赎。除了大规模的信教市民外，小规模、更个性化的敬神方式也日益兴盛。

就历史事实而言，学者们有理由回顾过去，在古典时代和希腊化时代找到一个相当清晰的分界线，而亚历山大征服东方和继业者的斗争恰恰就是分水岭。但如果试图在文学、艺术、宗教或哲学中找到同样的分界线，那就不客观了。因为上述领域并未发生突然的革命，我们谈论的是在希腊化时代变得更加明显的一种趋势。

这种趋势在艺术、哲学和宗教领域同样明显。早在公元前4世纪初，雕刻家们就已经开始对只为名流创作或一味地将其描绘成公民道德的承载者失去了兴趣，但这一趋势此时势头更盛。其最引人注目之处在于肖像画——艺术家们开始迎合希腊化时代早已流行的私人市场，很快就在表达人物性格和感情方面表现不俗，个性化十足的平民百姓激发了他们的创作兴趣。这样的肖像画简直就是迷你传记，而传记文体在此时兴起也就不足为奇了。准确描绘个体的做法富有现代色彩，足以让人们产生联想，将公元前4世纪中期到前3世纪中叶的一百年视作我们所理解的艺术的诞生期。

肖像画开始变得充满巴洛克色彩。除了发现独具一格的美之外，艺术家们也开始沉迷于一些怪诞的体验和意识状态，比如恐惧、性冲动和醉酒。大大小小的雕像都摆出夸张的姿势，表达着强烈的情感。公元前3世纪上半叶，佩拉的波斯迪普斯（Posidippus）在一首短诗中，明确地将雕塑与科斯岛的菲勒塔斯（Philitas，托勒密二世的老师）的诗歌相提并论，认为两者能同样精确地刻画人物性格。[21] 讽喻诗是在希腊化时代逐渐成熟的一种诗体，它对普通民众及其情感的描写入木三分：

黎明时分，尼可马琪英年早逝，

她的心爱之物，她的小饰品，她在梭子旁

和闺蜜们的萨福密语统统被带走。

整个阿尔戈斯城

都为这个可怜的姑娘大声哭泣，

她是天后赫拉怀里的嫩枝。

唉，曾仰慕她的才俊们的床榻早已冰冷。[22]

和意在抒情的雕塑作品一样，讽喻作家也用这种诗体来抒发情感。在下面这首诗中，萨摩斯岛的阿斯克莱皮亚德斯（Asclepiades，又译阿斯克勒庇阿德斯，活跃于公元前 4 世纪末），将爱神厄洛斯视为自身欲望的化身：

还不到二十二岁的我已经厌倦了生活。

爱神，为何要虐待我？为何要折磨我？

如果我死了，你会怎么做？

你显然还会漫不经心地玩弄我于股掌之间。[23]

这一时期对平民和普通情感的强调，与早期希腊诗歌、绘画和雕塑的宏伟庄严形成了鲜明对比。很难想象古典艺术家会竭力描绘诸如劳动者和奴隶、妇女和儿童这样的社会弱势群体，甚至动物；但上述创作主题在希腊化时代早期和晚期占有相当大的比例。同样很难想象，带回金羊毛的英雄伊阿宋（Jason），会在罗得岛的阿波罗尼乌斯（Apollonius，约生于公元前 295 年）所写的《阿尔戈斯英雄记》里被戏谑般地描绘成一个团队建设者，而非强大的战士。在希腊化时代的诗歌中，英雄和诸神已经和普通人并无二致。

日益增强的个人价值感也会产生社会反响。首先，它减轻了社会制度对妇女的压迫。正如在米南德（公元前 342～前 291 年）轻喜剧中所反映的那样，男性开始思考能否为爱情而结婚，而不仅仅是出于功利目的。将妻子视为个体而欣赏，而不仅仅是下一代公民的养育者，这使人们总体上更懂得欣赏女性，至少对女性的看法比过去更加理性了。此时，学校开始为女孩提供教育，更多的女性作家开始涌现。

定居于托勒密王朝时期的亚历山大城的希腊诗人忒奥克里托斯（Theocritus，活跃于公元前 3 世纪上半叶）和海罗达思（Herodas，创作年代比前者晚一二十年），在诗中描写了充满魅力的日常生活。他们的作品展示了女性参加节日庆典、在庙宇悬挂纪念牌匾、穿过拥挤的街道、购物、访友的场景——简而言之，女性过着普通生活，不再过度局限于家庭。此时，女性坟墓里的陪葬物品在价值和种类上开始与男性的接近，表明两性之间更趋于平等。[24] 随着时间的推移，我们发现妇女已开始享有古典时代不可想象的权利，包括以自己的名义向城市捐款，担任公职，签署自己的婚姻契约（此前是女性的丈夫和父亲签署此类契约）。[25] 这并不是说大多数妇女的生活不再受限，法律上不再依赖于男性户主，但此时已有例外，而且女性的处境总体上已有所改善。

每个政府都必须在公民个人需求和国家整体需求之间找到平衡，以实现大多数人的利益最大化。否则，个人可能会选择既无吸引力也无建设性的方式来表达他们的自我价值感。继业者不受任何国家机器的限制，因为他们就是国家机器。希腊语中有"pleonexia"（贪婪）一词，意思是说"攫取超出一个人应得的份额"或"追逐私利"。在古典时代，这种个人主义的贪婪被认为是极具破坏性和反社会的恶习，上帝会惩罚这种行为，抑或它会引起他人的强烈反对。例如，历史学家修昔底德（Thucydides）就认为，雅典人的过度扩张是致使其在伯罗奔尼撒战争中被击败的主要原因之一。[26] 继业者打破了这种观点。对继业者以及后来所有的希腊化国王来说，贪婪是件好事。个人主义和利己主义如影相随。

第五章　第一次继业者战争

继业者之间即将爆发战争，没人会感到意外，这场特别的继承人危机几乎注定要通过流血来解决。但在亚历山大帝国完全分崩离析之前，也许没有人能预见斗争惨烈到何种程度。从公元前321年到前301年的二十年间，发生了四场残酷的战争。或者更确切地说，这段时间里战事不断，每回开战都是旧怨生新恨所致。这是一场马其顿人的内战，但战争规模之大确实称得上是一场世界大战。首先，战场遍布已知世界各地，在希腊本土和岛屿、北非、小亚细亚、中东和伊朗等地间转移。西地中海虽免遭战火，但同样深受其害。[1]其次，一些参与者的目标是统治世界。成千上万的人命丧沙场，虽史料匮乏，但我们仍可想见平民所受苦难与伤亡。继业者无情的野心，带来了人类历史上最野蛮的时代之一。

小亚细亚

战争第一阶段的起因是多方面的，包括奥林匹娅斯撺掇，佩尔狄卡斯操弄巴比伦会议、寻求号令天下，以及托勒密劫走亚历山大遗骸。佩尔狄卡斯已决定进攻埃及，他知道安提帕特和克拉特鲁斯会试图入侵亚洲。他们俩已接洽过利西马科斯，将能顺利通过色雷斯，这样他们就可从赫勒斯滂这一最容易通过的地点进入亚洲。佩尔狄卡斯派克利图斯率领一支舰队到赫勒斯滂海峡去封锁他们的通道，控制赫勒斯滂周边的城市，并调拨两万人的陆军给欧迈尼斯去保护小亚细亚。佩尔狄卡斯还命阿尔塞塔斯和涅俄普托勒摩斯两人率军，听命于欧迈尼斯。

保王派出师不利。长期以来熟悉小亚细亚的安提柯，奉命去离间一些忠于佩尔狄卡斯的总督，很快就摆平了卡里亚（Caria）和吕底亚两地。卡里亚的总督阿桑德（Asander）是安提柯的老盟友了，至于吕底亚的米南德，如我们已经看到的，他觉得自己受到了佩尔狄卡斯的轻视。叛变令人措手不及，以至于安提柯在萨第斯附近差点诱捕到欧迈尼斯。但克里奥佩特拉提醒了欧迈尼斯，他逃掉了。

反叛者因此在小亚细亚西部取得了重要的桥头堡。如果他们不能从色雷斯获得捷径渡海的话，亦可在此登陆。与此同时，安提帕特成功收买了不少佩尔狄卡斯的手下。欧迈尼斯仍很忠诚，但克利图斯很快改变了立场，涅俄普托勒摩斯也开始和安提帕特暗通款曲。此外，阿尔塞塔斯宣称他不会支持欧迈尼斯，也就是说不会带兵与克拉特鲁斯作战。这并非由于阿尔塞塔斯对克拉特鲁斯有什么感情，而是因为考虑到克拉特鲁斯在马其顿军中很受欢迎，他担心自己的士兵会拒绝参战。因此，阿尔塞塔斯待在皮西迪亚，静待事态发展。保王派的小亚细亚保卫战尚未开始就已危机四伏，现在要看实战经验不足的欧迈尼斯的了。

随着小亚细亚西部的门户大开，欧迈尼斯不得不向卡帕多西亚边境撤退。与此同时，佩尔狄卡斯带着整个宫廷南下，这样做是因为无可靠之处安置国王，而且带上国王也会让他出师有名。佩尔狄卡斯首先来到奇里乞亚，由于此地的总督素来和克拉特鲁斯关系不错，佩尔狄卡斯便将他罢免。与此同时，他手下一位大将也前往巴比伦清除异己。巴比伦总督与托勒密关系密切，有可能参与了托勒密抢夺亚历山大遗骸一事；无论如何，佩尔狄卡斯不希望南下埃及时，自己的左翼出现任何意外。

佩尔狄卡斯在奇里乞亚集结了一支舰队，并把它一分为二。一部分由阿塔罗斯指挥，随陆军前往埃及；另一部分由阿瑞斯托诺斯统领，前往塞浦路斯。塞浦路斯因其战略位置突出（其军港是优良的海军基地）、居民擅长海事、自然资源丰富（特别是矿产和木材）而显得十分重要，但是由与托勒密签有条约、可能效忠于他的小王公们统治。

同时，由于克利图斯的叛变，安提帕特和克拉特鲁斯顺利地渡过赫勒斯滂海峡。他们兵分两路：安提帕特剑指奇里乞亚，克拉特鲁斯和欧迈尼斯会战。他们的计划如下：克拉特鲁斯消灭欧迈尼斯，而安提帕特全力占领奇里乞亚。随后克拉特鲁斯将与安提帕特会合，一起南下。他们将与托勒密合力包围佩尔狄卡斯。安提柯被派去对付塞浦路斯的阿瑞斯托诺斯。

随着克拉特鲁斯的推进，涅俄普托勒摩斯打算与他会面——不是作为敌人，而是作为朋友。涅俄普托勒摩斯最终决定倒戈，但欧迈尼斯发现了端倪，两人兵戎相见。公元前320年5月下旬，这场战斗在本应是友人的两人间打响，拉开了持续四十年的内战的序幕。涅俄普托勒摩斯战败，并带领一小支骑兵投奔敌军。欧迈尼斯夺取了涅俄普托勒摩斯所部的辎重，并以此作为交易筹码，说服他麾下剩余的士兵加入自己的阵营。从人数上看，欧迈尼斯有足够的兵力对付克拉特鲁斯，但他对士兵们的士气心里没底。

发生在卡帕多西亚边境的这场战役的准确地点已不可考，

59

但此战的结果对欧迈尼斯来说是一场辉煌的胜利。向克拉特鲁斯进攻时，欧迈尼斯煞费苦心地向手下（尤其是马其顿士兵）隐瞒对手的身份。他告诉士兵们敌军指挥官是涅俄普托勒摩斯这个摩洛希亚人，而且还说亚历山大在梦中向他许诺，他会赢得胜利。

欧迈尼斯知道自己处于不利地位，所以竭力鼓舞部下的士气。战局走向一旦进入步兵方阵对战的话，他的那些马其顿士兵就会逃跑，因为其中大多数人是在涅俄普托勒摩斯败阵后才投奔自己的。但欧迈尼斯拥有巨大的骑兵优势。在步兵方阵完全展开战斗队形之前，欧迈尼斯就派出卡帕多西亚骑兵展开进攻，把敌人的骑兵赶出了战场。在双方混战中，克拉特鲁斯的马被绊倒，这位本来极具帝王之相的亚洲统治者被踩死在乱军之中。另一边，欧迈尼斯在肉搏战中杀死了涅俄普托勒摩斯。希腊历史学家普鲁塔克讲述了这两个彼此厌恶之人的最后搏斗，两人在马背上扭打，然后滚落到地面，欧迈尼斯最终解决了对手。然而，就在欧迈尼斯以为对手已死，正要剥去其铠甲时，尚未断气的涅俄普托勒摩斯还进行了最后一次挣扎。[2]

两名敌军指挥官的阵亡，让欧迈尼斯有了结束战斗的机会。他派一名参谋给克拉特鲁斯的方阵步兵送信，告诉对方："你如罢兵，我即休战。"敌军步兵最终投降，并同意加入欧迈尼斯的部队。但没过多久，这些降卒就趁夜色逃走，加入安提帕特阵营。尽管欧迈尼斯取得了成功，但想拿下小亚细亚并非易事。克拉特鲁斯已死，阿尔塞塔斯已没有什么理由不支持欧迈尼斯。欧迈尼斯打算在阿尔塞塔斯的帮助下平定动乱地区，直至佩尔狄卡斯在埃及击败托勒密。在那之后，他就可以盼着剩下的对手投降，或者通过陆海两栖的大规模进攻来对付他们。

陆　战

在希腊化时代早期，陆军由骑兵和步兵两个兵种组成，两者都有轻重装备两种形式。战象算是可遇不可求了。军队的核心是重装步兵方阵，在任何一场激战中，重装步兵方阵都会首当其冲。该方阵的核心是经腓力二世改革的马其顿方阵（这些战士要么是真正的马其顿人，要么是接受过马其顿式训练和武装的士兵）。[3] 在罗马军团出现前，马其顿方阵拥有坚不可摧的防御力和令人恐惧的攻击力。方阵呈纵深队形，前排士兵每人手持长约 5 米的坚固长矛，末端的枪尾钉可将长矛钉在地上来抵御敌人冲锋，也可在进攻中发挥作用。为了直接近身肉搏，方阵士兵还会携带短剑和轻型盾牌。位列马其顿方阵后的是人数更众的希腊雇佣兵重装方阵，装备着更重的盾牌、锋利的刺矛和剑。

只要方阵保持稳固，就几乎无懈可击。即使是重装骑兵的直接进攻也很少奏效：方阵士兵们知道战马不愿向一大群人猛冲过去，所以他们纹丝不动地站着。战象偶尔会冲散方阵，但使用它们风险很大：战象一旦受伤，可能会在己方阵营狂奔，不分敌我地疯狂踩踏。人们更常坚持使用的战术是设法包抄敌军方阵，因此骑兵在战时总是被部署在侧翼。

一般来说，骑兵的任务分为两种：一种是从侧翼包抄敌军方阵，另一种是防御敌军骑兵从侧翼包抄己方方阵。方阵步兵通常面朝前方，但在遭遇包围时，方阵步兵可迅速将阵型调整为正方形。方阵人数众多，由较小的战术单元组成，每个作战单元都有自己的指挥官，能够在紧急情况下迅速做出反应并独立行动。方阵的主要缺陷在于，一旦由于士兵纪律涣散、缺乏

61

胆识，或地形不平而失去应有队形的话，方阵将变得极易受攻击。一名优秀将领应具备在敌我对峙中利用地形给己方创造优势的能力。

　　轻装步兵一般由雇佣兵和本地部队组成，常在战斗开始时被部署在步兵和骑兵方阵的最前列。如果有战象的话，它们在方阵中的位置也和轻装步兵一样。轻装步兵的任务是掩护主力部队的部署，尽量杀伤敌军，然后再从其防线撤离至后方。如果他们还有投掷物的话，也可作为预备队，应付敌人的包围或侧翼包抄——至此，轻装步兵的任务就算完成了。他们还可开展袭击，或袭扰重装部队的逃兵。但只有在地势崎岖的地方，他们才会成为主攻力量。如果大象也参与战斗的话，那么在战斗伊始，机动部队的任务就是削弱敌方象群，同时保护己方战象。

　　轻骑兵、弓箭手和长枪手，主要用作侦察、突击和打扫战场。而重装骑兵通常从头至脚全副装甲，手持长枪。马其顿和色萨利的骑兵通常被认为是突击部队，但在继业者时代，强大的地方武装也加入了这一行列。在阅兵式或正式战斗中，重骑兵会大张旗鼓地列队，彰显其财富和社会地位。古往今来，骑兵部队都是由社会精英组成（如雅典骑士阶层 hippeis、罗马骑士阶层 equites 和中世纪欧洲骑士 chevaliers），因为传统上，一名骑兵需看护其名下的马匹，而养马代价不菲。只有富人才能奢侈到去牧场学习马术，尤其是在马镫和马鞍发明之前。骑兵通常会以中队的形式进行战斗，这些中队可能由五十或一百匹马组成，以半独立编组作战。

　　这一时期的军队都带有大量非战斗人员：奴隶、妻妾、军妓、医生、翻译、神职员人、哲学家［如陪伴亚历山大的怀疑主义哲学鼻祖——伊利亚（Elis）的庇罗（Pyrrho）］，还有达官贵人、外交人员、铸币者、商人、奴隶贩子、银行家、演员，木匠、铁匠等各种工匠，占卜者、抄写员和其他差役人员，以及工程师和工兵。此外，还有各类运输车辆，主要运送食物和酒，草料，弩炮和攻城器械，武器和盔甲，伤病员，用来安营扎寨的大捆帆布，烹调设备和大量其他器皿，备用木材，皮革带，以及希腊化时代早期一支军队所需的其他物品。

腓力二世最重要的军事创新在于，他削减了非战斗人员和马车的数量，从而减少了单兵负担，增强了部队的机动能力。但是军中仍有大量勤杂人员和牲畜（如马、拉车的骡子、大象、抢来的家畜），后勤问题仍很突出：每人日均消耗1.25公斤食物；每匹骡子或马每天需约9公斤饲料；每头大象每天的饲料可达200公斤。一般来说，军队带的水很少（虽然有大量的酒），因此选择的营地多是靠近水源和饲料充足的地方。

通常，辎重部队会驻扎在离战场一定距离的地方。"辎重"一词，可能不足以说明其所包括的内容。对于像马其顿人和雇佣兵这样的职业军人而言，他们的辎重就是所拥有的一切：女人、家人和所有财产。在欧迈尼斯和其他将领军中，有些马其顿人已连续二十年在外征战，他们的一切都与"辎重"密不可分。而且，在古代战争中，夺取敌方的辎重并将其作为后续谈判的筹码是一种常见的战术。欧迈尼斯此前对付涅俄普托勒摩斯时就用了这招。

接战时部队通常一线排开。重步兵方阵占据中心，骑兵分在两翼，轻步兵和战象位于最前列。如果某翼骑兵的阵脚被打乱，机动步兵可能会填补骑兵的空缺。轻步兵扔完投掷物后，一翼或两翼骑兵将发起总攻，要么是直线推进，要么是迂回前

63　　进，侧重左翼或右翼。通常情况下，右翼会部署更多的突击兵力，并带头发动进攻。对马其顿人和希腊人来说，右翼是国王或统帅坚守的荣誉之地。在古代，将军们总是身先士卒。

　　这种程式化布阵意味着，只要人数相近，各个兵种战时都将棋逢对手：骑兵相互对抗，重步兵方阵彼此交战。通常来说，只有在取胜或战败，或遭遇伏击时，双方才会发生不同兵种的混战。一般情况下，战场统帅一次性投入全部或绝大多数兵力作战，很少预留后备力量。这一时期的一项基本战术原则是，骑兵尽量不要远离战场，以便能够及时返回支援步兵方阵。

　　在希腊化时代早期，大象首次出现在希腊或马其顿战场。亚历山大东征时，在与波斯人和印度人的战斗中遇到大象，首次引起西方人对大象的关注。这些大象对军队来说非常重要，但也同样不可靠，就像第一次世界大战的新装甲坦克一样。除了强力展示战争统帅的力量，以及通过与这些令人生畏的野兽相伴来提高士兵士气外，大象还有以下两个军事用途：防御上，大象的气味和庞大身躯会惊扰战马，从而挫败骑兵的进攻；进攻上，大象可通过踩踏或吓退敌人来破坏敌方防线，而坐在象夫后的弓箭手会趁机向敌人放箭。如果双方都有大象，那就会出现某位古代史学家所目睹的可怕场景："互相争斗的大象象牙缠在一起，用力推挤着对方，都试图占据主动，最终一方占得先机，拨开了对手的象鼻，让其露出了软肋。较强壮的大象然后就像用牛角搏斗的公牛一样，用獠牙刺穿对手。"[4]

　　激烈的战斗往往是决定性的，有时军队会在全面交战前进行数天或数周的调度部署，因为他们知道战争的结果和国家的未来很可能取决于此。战斗通常会在几小时内结束。溃败会导致惊人的伤亡；但在继业者时代，大规模投降屡见不鲜，战败的一方很可能会干脆加入敌军。毕竟对方主帅已通过胜利证明，与他们的前任统帅相比，他才是更有潜力的"金主"。　　64

入侵埃及

欧迈尼斯已经赢得了一场引人注目的胜利，但这一消息并没有及时传到埃及。因此，佩尔狄卡斯的日子不好过。他从未赢得部下的信任，此次远征也因逃兵问题而饱受困扰。毫无疑问，托勒密在佩尔狄卡斯军中成功安插了内应，许多军官和普通士兵都认为进攻托勒密是不智之举，也不该打内战。但佩尔狄卡斯固执己见，公元前 320 年 5~6 月，大军已兵临埃及首都孟菲斯附近。然而，一场灾难降临了。

孟菲斯位于尼罗河西岸，佩尔狄卡斯设法找到了一个无人防守的渡河点。事实证明，此处不设防是有原因的：这里并非真正的渡口。许多士兵穿过齐胸高的河水，而佩尔狄卡斯自作聪明地把大象部署到上游，以减少湍急河水的冲击力，但大象渡河时破坏了沙质河床，河水变深了，导致其余人无法通过。成功过河的人太少了，不敢冒险进攻孟菲斯。所以，佩尔狄卡斯又让他们渡河返回，但在途中有数百人被尼罗河水冲走或淹死。

历史上，尼罗河被强渡的次数屈指可数；佩尔狄卡斯似乎并未深思熟虑就仓促上阵。渡河的失败让将士们怨声载道。失利的马其顿战争统帅总是令人担忧，以培松和安提贞尼斯（Antigenes，佩尔狄卡斯在奇里乞亚招募的亚历山大老兵团的指挥官）为首的一群高级军官，在绝望中铤而走险。他们以公务为由，进入佩尔狄卡斯的帐篷，将他杀死。佩尔狄卡斯代表着法统，是亚历山大的第一顺位继承人，他的死对时局影响极大。

托勒密无疑事先知道此事，并怂恿了这一行为，因为事件发生几个小时后，他就骑马进入了敌军营地与高级将领们会面。托勒密受到了欢迎。他们决定召开会议向大家说明情况。这场大会实际上是托勒密的作秀之举。大会判定托勒密无罪，也就是说佩尔狄卡斯没有理由入侵埃及，谋杀他的行为也是正当的。托勒密答应向佩尔狄卡斯的部队提供补给，并亲自送他们上路，他的举动赢得了军队士兵的爱戴。

谁将成为新的摄政？现在这一职位被送到了托勒密手上。他德高望重，常伴亚历山大左右，功勋卓著，还是亚历山大的儿时伙伴。但在被委以这一重任时，托勒密拒绝了。这是为何？随后发生的事情表明，他并不缺乏雄心壮志，也许只是觉得时机还不成熟，局势过于复杂，尚不明朗。最主要的原因可能是，他不想与安提帕特和克拉特鲁斯闹翻（当时他还不知道克拉特鲁斯已经死了），相比而言，他最想要的还是独霸埃及。他不想成为众矢之的，想把埃及打造成一个强大的大本营，惠及自身及子孙后代。他是对的，但要实现这样的愿景，还有很长的路要走。但至少他已有足够的底气来应付任何想要挑战其埃及统治权的人：他的统治不仅得到了委员会的认可，而且是靠征服赢得的。埃及是他"用长矛赢得的土地"。但除了要塞防御外，几乎没有什么像样的战斗，这就几乎等于托勒密承认了他是佩尔狄卡斯之死的幕后推手。[5]

由于托勒密无意，在达成新的解决方案前，培松和阿里达乌斯便代替佩尔狄卡斯成为临时监国，负责保护国王和宫廷。几天后，当埃及远征军听闻克拉特鲁斯的死讯后，将领们又进行了一场形式化的公审。在公审中，欧迈尼斯、阿尔塞塔斯、阿塔罗斯和其他五十多人作为叛徒被判死刑。此举意味着战争，而非和解。忠于佩尔狄卡斯的势力遭到了清洗，甚至连他的姊妹、阿塔罗斯的妻子也被杀害。此事看似虽小，却昭示了血腥的未来。

仅仅一周前，欧迈尼斯和其他人还站在王室一边，受到正统摄政佩尔狄卡斯的保护；现在保王派却成了叛徒。阿塔罗斯带着舰队回到了腓尼基的提尔城，佩尔狄卡斯在那里留下了800塔兰特的战时专款，现在这座城市变成了保王派幸存者的避难所。数千人聚集于此，再加上小亚细亚的欧迈尼斯和阿尔塞塔斯，佩尔狄卡斯的人马仍是一支不可忽视的力量。然而，阿瑞斯托诺斯在塞浦路斯与敌人和解，保住了性命。他回到了马其顿，暂时退出历史舞台，在贵族领地安享晚年。

特里帕拉迪苏斯会议

亚历山大死后不到三年，继业者三巨头中的两人已经身故。巴比伦协议显然已经失效，现在需要进行新的权力分配。公元前320年夏末，反佩尔狄卡斯同盟在叙利亚特里帕拉迪苏斯（Triparadeisus，又译特里帕拉德伊苏斯，今巴勒贝克）召开了一次会议。[6] 帕拉迪苏斯（paradeisos，意为天堂）曾是波斯富人的乐园，在这一大片封闭区域内建有绿地、果园和狩猎场——它被称作"天堂"真是实至名归。顾名思义，在特里帕拉迪苏斯（有"三重天堂"之意）举行此类峰会再适合不过了。在塞琉古的统领下，佩尔狄卡斯旧部带着两位国王、一位王后，以及两位摄政，从孟菲斯向北行进。经过巴勒斯坦和腓尼基，一行人到达了"三重天堂"特里帕拉迪苏斯。没过多久，安提帕特、安提柯就分别从奇里乞亚和塞浦路斯赶来。

此时，年仅十六岁的阿狄亚·欧律狄刻显然觉得可借佩尔狄卡斯身死之际，为自己争取更大的权力。她对摄政体制表示认可，但想和摄政平起平坐，为唯一的成年君主代言。她较为轻松地实现了部分目标：培松和阿里达乌斯无法驾驭她，于是放弃了摄政的位置，转而支持尚未到场的安提帕特。安提帕特到来前的数日里，阿狄亚占尽了先机。这位年轻的战士女王在军中很受欢迎，亚历山大的一些老兵要求得到许诺给他们的丰厚报酬，阿狄亚大肆炒作此事。这些人是安提贞尼斯手下的三千老兵，在佩尔狄卡斯经过奇里乞亚时加入了他的部队。克拉特鲁斯回到马其顿和安提帕特会合后，给手下将士发放了薪水，而安提贞尼斯的手下对迟迟领不到薪水感到愤怒。佩尔狄卡斯此前也许已经答应向他们支付报酬，用一种和平的方式来说服他们远征埃及。

阿狄亚接下来的行为表明其志不小：她邀请阿塔罗斯这一官方指名道姓的叛徒来给军队讲话。很多将士（即便不是大多数）本应无法忍受阿塔罗斯的现身，但现在他来去自如，这说明军内已混乱不堪，各派别群龙无首，各自行事。对提尔国库的控制，让阿塔罗斯成了一个有力的盟友。他和阿狄亚可能想劝说士兵们改换门庭。阿狄亚似乎打算让丈夫腓力三世重投佩尔狄卡斯派系。后者将借此重获急需的正统性，而阿狄亚也将获得她渴望的权力。[7]

当安提帕特两手空空地到来时，他感受到了某种令人不安的气氛。但由于阿塔罗斯掌控着提尔和那里的国库，钱的事暂时没有着落，安提帕特只得含糊其词。老兵们愤怒了，阿狄亚继续煽风点火，群情激愤的老兵们差点用私刑处死老总督。不过，安提柯和塞琉古设法平息了事态。他们肯定答应了给钱，但冲突仍有可能爆发，因为军中其他人联合起来反对讨薪老兵。为避免流血冲突，确保自身安全，阿狄亚做出了让步，事态得以平息。

安提帕特理所当然地被拥戴为摄政。他主持了随后的会议，并带来了预期中的新官上任三把火。[8]空缺的职位得到填补，忠诚得到了回报，他的女儿们也到了出嫁的年龄。最后，托勒密娶了欧律狄刻为妻，利西马科斯娶了刚成为佩尔狄卡斯遗孀的妮卡亚，安提柯十七岁的儿子德米特里娶了克拉特鲁斯的遗孀、最少长他十岁的菲拉。

托勒密自然保住了埃及，但作为时势所造之英雄，他还获准"用武力夺取埃及以西的任何土地"。[9]这既是对他已将昔兰尼加据为己有的承认，也表明继业者希望他更多地参与迦太基和西地中海事务，而不是向东发展。众所周知，托勒密将巴勒斯坦和腓尼基视作其已拥有土地的自然延伸。而且历史对他更有利：腓尼基在阿契美尼德人到来之前，就早已被埃及人统治了两个世纪。

由于在刺杀佩尔狄卡斯时表现出色，培松在米底的统治得到了确认，还获得了东部省份的全面监督权；安提柯得到了苏锡安那（Susiana）；塞琉古得到了巴比伦尼亚，尽管他首先要用武力驱逐盘踞于此的佩尔狄卡斯余党。阿里达乌斯得到了关键的欧亚要冲赫勒斯滂-弗里吉亚。阿桑德保住了麻烦不断的卡里亚，但奇怪的是，同样对佩尔狄卡斯不忠的米南德却丧失了吕底亚的领地，吕底亚被交给了克利图斯，而正是克利图斯的反水缓解了进军亚洲的压力。米南德本人则被配属至安提柯麾下，也许这样他更如鱼得水。欧迈尼斯的领地卡帕多西亚被划给了安提帕特的小儿子尼卡诺尔（Nicanor）。其他人则被任命为两位国王的护卫官。护卫官还是传统上的七个人，但现在他们要服侍两位国王：四人效力于腓力三世，三人听命于亚历山大四世。

会议最大的赢家是在场的两位最年长者：当然是安提帕特，还有"独眼"安提柯。安提帕特其实不想染指亚洲，乐于接受克拉特鲁斯占领亚洲、自己掌管欧洲的安排。现在克拉特鲁斯已死，安提帕特用安提柯取而代之。除了保有故地弗里吉亚及其属地外（尽管这些领土尚在欧迈尼斯手中），安提柯还被授予"亚洲将军"的头衔，与身为"欧洲将军"的安提帕特并驾齐驱。这一任命也许是临时的，因为会议还赋予了他处理敌军残部的任务。

埃及远征军对在世的佩尔狄卡斯派领袖的自发声讨，现在得到了认可。安提柯现在拥有合法权力，这种"挟天子以令诸侯"的权力几周前还在佩尔狄卡斯手上。长久以来一直远离权力中心的安提柯，现在终于跻身舞台中央。在我们许多人都打算退休的年纪，安提柯却怀着统治世界的梦想。清理佩尔狄卡斯派余党，不过是他实现目标的工具罢了。

安提柯收编了佩尔狄卡斯的大部分旧部，但不包括三千名不守规矩的老兵。这些差点以私刑处死安提帕特的人仿佛受到惩罚般被遣往苏萨，依旧在安提贞尼斯的指挥下，将储存于此的金块往西护送至奇里乞亚的基因达。安提帕特的儿子卡山德成为安提柯的副手。卡山德反对这项任命，理由是自己和安提柯合不来。而且，父亲的身体每况愈下，卡山德也不想离开权力中心。但安提帕特并不理会。他已做好准备，在弗里吉亚的安提柯身边安插了忠于自己的人，但仍觉得安提柯的智囊团中该有一个可靠的自己人。世界上最有权势的两个人——安提帕特与安提柯之间的关系建立在互不信任的基础上。

到目前为止，两位国王都还安然无虞。特里帕拉迪苏斯会议的出席者小心翼翼地维持了单一帝国的假象，即名义上只有腓力三世和亚历山大四世的帝国。但在表象之下，会议也基本承认了托勒密在埃及的独立地位，暂时把整个亚洲给了安提柯。"三重天堂"会议的结果，为未来的三分天下埋下了伏笔。

第六章　波利伯孔的上位

各方在巴比伦达成妥协的好景不长，内战接踵而至。特里帕拉迪苏斯协议也注定不会带来和平，新当局眼下就要应付很多棘手之事。公元前 320 年夏天，欧迈尼斯凭借手中久经沙场的一支大军，控制着小亚细亚东部和中部。阿尔塞塔斯盘踞在皮西迪亚南部金牛座山脉一侧。阿塔罗斯在提尔掌握着规模可观的一支舰队和数千人马。如果佩尔狄卡斯派团结起来，他们可能是不可阻挡的。欧迈尼斯写信给其他人，敦促他们共同反对新政权，并坚称他们而非安提帕特才是正统。但这样一来，他们就不得不为夺回国王而战，即便这意味着要把战火烧到马其顿。

也许是为了回应欧迈尼斯的请求，但更可能是考虑到托勒密即将入侵，阿塔罗斯在夏末带着全部兵力离开了提尔，试图夺取战略要地罗得岛，该岛控制着爱琴海和东地中海的海上航线。该计划旨在将罗得岛打造成佩尔狄卡斯部的据点和基地，再图进取。但阿塔罗斯在海上被经验丰富的罗得岛海军击败。他撤至皮西迪亚，投奔阿尔塞塔斯。

虽然并非所有人都带来了像阿塔罗斯的海陆兵力那样有价值的援军，但和佩尔狄卡斯余部抱团的阿尔塞塔斯还是很难对付。和他齐聚皮西迪亚的人中包括叙利亚总督拉俄墨冬（Laomedon），他一直在庇护阿塔罗斯。公元前 320 年秋，托

勒密在时局动荡之际，仰仗其借佩尔狄卡斯之死所获的豁免　　70
权，占领了巴勒斯坦和腓尼基的沿海城镇。托勒密心心念念的
就是打造一个大埃及，为心脏地带建立缓冲区。他所拥有的腓
尼基港口，让他获得了建立当时先进舰队所需的原材料和专业
知识。他还在该地区招募雇佣兵，重点在巴勒斯坦的犹太人中
网罗愿赴亚历山大城定居的人。

托勒密的行为是一种公然的侵略，违反了特里帕拉迪苏斯
会议禁止他采取此类行动的规定。拉俄墨冬在巴比伦会议上被
任命为总督，特里帕拉迪苏斯会议对此进行了确认。托勒密的
入侵没有任何正当的理由，但他显然认为这次行动给他带来的
好处超过了可能招致的昔日盟友的敌意。事实证明，在长达五
年的时间里，托勒密的占领并未受人关注。

佩尔狄卡斯余部占据的两个据点中，皮西迪亚似乎更为坚
固。公元前 320 年夏末，特里帕拉迪苏斯会议结束后，安提帕
特准备离开叙利亚前往小亚细亚，他让去卡里亚就任总督的阿
桑德试探一下阿尔塞塔斯的火力。进攻被击退了，初战告捷的
佩尔狄卡斯余部能否继续前进呢？

欧迈尼斯一直在努力赢得下属的忠诚，在他杀死了军中人
气颇高的克拉特鲁斯后，这一任务变得尤为紧迫。首先，他坦
然面对事实，即新的权力分配导致他们不再是保王派，而是叛
乱者。他甚至允许那些萌生退意的手下离开。其次，他善待了
克拉特鲁斯的遗体，并最终将其尸骨交还给菲拉。再次，他试
图让朋友克里奥佩特拉以阿吉德家族的名义保佑他的事业。但
克里奥佩特拉身在敌营萨第斯，因而对此几乎无能为力。安提
帕特到了萨第斯后，因她结交了不得体的朋友而狠狠地斥责了
她一顿，但克里奥佩特拉似乎并不在意。

最后，也是最重要的，欧迈尼斯继续展示出他作为一名军事统帅的能力。在古代，将军应该能给手下的士兵们带来荣华富贵，武将们无不将此视为大事，因为这显然能让手下对其死心塌地。欧迈尼斯甚至把安提柯的弗里吉亚总督辖区分成许多块，作为战利品拍卖给他的高级军官们。因此，欧迈尼斯的地位较为稳固，虽然敌方高价悬赏他的人头，手下却没有人背叛他——尽管如此，为了以防万一，他还是加强了护卫官力量。欧迈尼斯也许能给手下带来荣华富贵，但总有人会出价更高。

在战事开局阶段，新当局力求用诈术来击败欧迈尼斯。除了阿桑德对阿尔塞塔斯进攻未果外，就没有再采取任何军事行动了。这一定程度上是由于准备充分的欧迈尼斯擅于突袭，但保王派内部也遇到了麻烦。很多保王派士兵（主要是马其顿老兵）一度在吕考尼雅占山为王，官军花了好大力气才将其驯服并遣返回马其顿。

安提柯的任务就是对付佩尔狄卡斯余部。公元前 319 年春，安提帕特随国王回到马其顿。他的健康每况愈下，但仍觉得马其顿是中心，国王该待在这里。这一时期，他很可能还把亚历山大的波斯情妇巴耳馨母子接入了宫廷；卡山德提醒父亲安提帕特，不要让国王和其他王室成员在安提柯身边久留。很明显，卡山德和安提柯根本无法好好相处，所以安提帕特就把儿子从安提柯身边召回，带回了马其顿。临终前，安提帕特希望儿子在他身边。在卡山德看来，这似乎表明自己是法定继承人，但他很快就明白这是不切实际的想法了。

佩尔狄卡斯部的失败

安提帕特将其军队主力都留给了安提柯，带回马其顿的主要是待遣返的一些老兵。兵强马壮的安提柯对即将到来的冲突做好了准备，而且叛军阵营的不团结也帮了他大忙。在今后的每一场战役中，这一问题都像瘟疫一样困扰着欧迈尼斯：他的领导地位面临挑战。身为希腊人的欧迈尼斯，在马其顿军中并无优势。阿尔塞塔斯认为自己是哥哥佩尔狄卡斯衣钵的自然继承人，而且拥有更多的兵将（尽管他的地位也颇受手下马其顿高级幕僚们的争议），但佩尔狄卡斯生前已指派欧迈尼斯守护小亚细亚，而且明令弟弟阿尔塞塔斯听命于欧迈尼斯。双方都不准备将叛军总指挥权拱手让给对方。这样一来，安提柯就可以各个击破。

安提柯决定先对付已撤至卡帕多西亚的欧迈尼斯。他这样做是有理由的，因为欧迈尼斯又由于领导权问题而处于不利地位。他手下一位马其顿高级将领带走了三千人，自立门户。欧迈尼斯平息了兵变，惩罚了主谋，但安提柯觉察到欧迈尼斯的困境。因此，他在备战中开始接触欧迈尼斯更多的高级军官，直到欧迈尼斯的一名骑兵将领同意倒戈后，他才发动了攻势。由于欧迈尼斯严重依赖骑兵，并以骑兵作战为出发点选择战场，所以这次阵前倒戈让安提柯轻松获胜。

欧迈尼斯向亚美尼亚撤退，以图在那里找到友军，但安提柯的骑兵挡住了他的退路。欧迈尼斯一度试图通过游击战术在卡帕多西亚山区求存，但他发现手下的士兵越来越少。他遣散了大部分部下，于公元前319年晚春，带着数百名手下和王伴骑兵，避难于坚固的山顶城塞诺拉（Nora，位于卡帕多西亚，确切位置不详）。他遣散了多数士兵，此举至少让其中一些人将来还会继续忠于他，同时也减轻了诺拉非常有限的空间和资源所承受的压力。诺拉的空间是如此局促，以至于欧迈尼斯强

72

令士兵们健走，并把马匹吊在半空，用鞭子抽打马腿，让马匹保持健康。[1]

安提柯留下一支军队围困诺拉，把注意力转向阿尔塞塔斯。他率军来到皮西迪亚，却发现阿尔塞塔斯早有准备，在他的必经之地、克列托波利斯（Cretopolis）镇附近的一处山谷严阵以待。但即便如此，反叛者还是一败涂地。阿尔塞塔斯从战场上逃走后自杀，其余的佩尔狄卡斯旧部高层都遭囚禁。几年后，这些人控制了关押他们的监狱，以一种令好莱坞越狱片编剧赞叹的方式实施了越狱：他们贿赂了门卫，从军械库抢了武器，把残暴的看守从护墙抛下摔死，并放火烧了监狱。但他们还是没有逃掉，最终被同伙出卖，在关押他们的监狱中力战至死。[2]

第一次继业者战争就这样结束了。公元前319年秋，安提柯的地位如日中天：他控制了小亚细亚大部；他收编了欧迈尼斯和阿尔塞塔斯的余部，军力扩充至七万人，力量非常强大；而且作为王权托付者，他可以保有这支军队，并从以前无法染指的王家国库中提取军饷。才几个月，安提柯就从一名总督跃升至亚历山大至高权力的竞逐者，毫无疑问，这正是他求之不得的。

波利伯孔的摄政

八十岁高龄的安提帕特回到马其顿时，已经病入膏肓，时日不多，根本无力报复奥林匹娅斯，尽管她支持安提帕特的敌人，还散布谣言说他要为亚历山大的死负责。公元前319年春末，安提帕特去世，局面再次陷入混乱。临终前，安提帕特任命波利伯孔为欧洲摄政，他的儿子卡山德成了波利伯孔的副手。

从表面上看，这两项决定令人费解。为什么经常做父亲助手的卡山德没有成为欧洲摄政？亚历山大此前派克拉特鲁斯西去接替安提帕特时，也派出了波利伯孔，好让他在克拉特鲁斯万一身故的情况下接替安提帕特。克拉特鲁斯的确死了，尽管是以一种亚历山大想不到的死法。因此，安提帕特任命波利伯孔为摄政，实际上是在执行亚历山大的命令，并力图以此在这个多事之秋为波利伯孔的统治正名。不管怎么说，波利伯孔都有无可挑剔的纯正血统：他出身于上马其顿王室，在腓力二世和亚历山大麾下如鱼得水。公元前 320 年，当安提帕特在亚洲征战和谈判时，波利伯孔一直负责统御欧洲。他勇于接受挑战，镇压了色萨利的叛乱，致使佩尔狄卡斯试图在希腊开辟第二战场的努力无果而终。

卡山德之所以未能如愿，是因为安提帕特不想给人留下自己试图建立安提帕特王朝的印象。但马其顿的贵族们是不会接受这种结果的。被怨恨吞噬的卡山德，在波利伯孔上位的最初几周试图发动政变，但因为没能获得足够的内部支持而失败。卡山德还开始寻求外援，首先接触的自然是那些通过与自家联姻而成为父亲盟友的人。但他的姻亲托勒密和利西马科斯无暇他顾，只能默默祝他好运，二人并不想派兵干预。但安提柯就殷勤得多了。公元前 319 年秋，卡山德离开马其顿，找到了身在切兰纳（Celaenae）的安提柯。安提柯和卡山德不计前嫌，展开了一场反波利伯孔的宣传攻势，声称安提帕特无权擅自任命继承人。

几个月的短暂"和平"后，战争再度爆发。安提柯着手消灭潜在敌人，特别是安提帕特一年前在特里帕拉迪苏斯会议上指定的总督，来巩固他在小亚细亚的地位。安提柯的领地实际上被夹在了中间。在赫勒斯滂–弗里吉亚，阿里达乌斯听到了风声，试图武力占领独立城邦基齐库斯（Cyzicus）作为藏身之地。阿里达乌斯未能如愿，解救被困诺拉的欧迈尼斯的努力同样告吹，但这给安提柯提供了派兵讨伐的口实。安提柯把阿里达乌斯逼到赛厄斯（Cius）城内［该城是基齐库斯以东、普罗庞蒂斯（Propontis，又译普罗波思蒂斯）的一座独立城邦］，随后向吕底亚的克利图斯进军。克利图斯在各重镇增派了守军，然后逃到了马其顿。克利图斯带来的消息，让波利伯孔知道了安提柯意欲何为。

此时，安提帕特的儿子尼卡诺尔也逃至马其顿。尼卡诺尔知道自己作为卡帕多西亚总督的日子屈指可数了。公元前318年春，安提柯结束了与欧迈尼斯的谈判。协议规定，如果欧迈尼斯同意为他效力，安提柯将结束对诺拉的围困，欧迈尼斯重新出任总督，并获得额外的领土。因此，在安提柯的小亚细亚，尼卡诺尔就变得多余了。众所周知，安提柯已与波利伯孔决裂，那他自然应该对老朋友欧迈尼斯宽宏大量，以尽可能孤立对手。欧迈尼斯同意与安提柯合作，并为此起誓。安提柯把他留在了卡帕多西亚，欧迈尼斯在此召集了旧部，让他们随时准备听令于安提柯。

在吕底亚，安提柯占领了以弗所（Ephesus）。没过多久，一支载有600塔兰特金银的船队驶进了港口，这些钱是波利伯孔打算从奇里乞亚运到马其顿的。安提柯将这些价值数亿美元的钱财据为己有，此举就是宣战。卡山德和安提柯合作的目的非常明确：他打算借助安提柯的财富和力量把波利伯孔赶出佩拉，并以摄政的身份统治马其顿。因此，余烟尚未散尽，第二次继业者战争就于公元前318年爆发了。

波利伯孔的应对

安提柯、卡山德和欧迈尼斯都是波利伯孔的劲敌，利西马 75
科斯和托勒密也有可能反对他。波利伯孔得到了流离失所的总
督们的支持，仍忠于国王、此前被迫归隐的阿瑞斯托诺斯也挺
身而出，但波利伯孔仍远不及对手。

波利伯孔的马其顿战略直击要害：他写信给伊庇鲁斯的奥
林匹娅斯，邀请她回马其顿，出任其孙亚历山大四世的摄政。
只要她站在波利伯孔一边，波利伯孔的势力就会大增。重回马
其顿是奥林匹娅斯多年来的夙愿，但这次她犹豫了。她就此致
信欧迈尼斯（"她最真诚的朋友"），欧迈尼斯回信建议她保
持观望，看看战局的走势如何。此刻，马其顿恐怕也将受战火
波及。[3]

波利伯孔的另一当务之急是找到一个盟友，在亚洲分散安
提柯的注意力，阻止安提柯进军马其顿，任命卡山德为摄政。
波利伯孔知道欧迈尼斯曾是保王派，他与安提柯的约定很可能
是逢场作戏，于是便与欧迈尼斯进行了接触，许诺给予他
"亚洲将军"的头衔以取代安提柯。欧迈尼斯有权即刻从奇里
乞亚的基因达国库中提取 500 塔兰特，而且必要时还可提取更
多。从理论上讲，所有亚洲总督都将听令于欧迈尼斯。波利伯
孔还命令安提贞尼斯将三千老兵交给欧迈尼斯指挥。这些老兵
是安提帕特派往苏萨的，任务是保护从苏萨运往奇里乞亚的大
量金银。财力充足的欧迈尼斯已经有能力打造一支强大的军队
了。欧迈尼斯立即背弃了与安提柯达成的协议，接受了波利伯
孔的提议。消息传出后，安提柯派了一支军队去追赶他，但欧
迈尼斯已经越过金牛座山脉，去和奇里乞亚的安提贞尼斯会

合了。

波利伯孔的外交手腕很见效果，但他仍需确保希腊本土的安全。安提帕特在许多希腊城邦都设有行政区和驻军，这些人很可能效忠于卡山德。事实上，卡山德已致信父亲的所有驻军，命令他们交出军队供自己指挥，因为他而非波利伯孔才是父亲的合法继承人。卡山德早期最重要的斩获是雅典港口比雷埃夫斯港。拉米亚战争结束时，安提帕特委派卡山德的挚友尼卡诺尔（与安提帕特的儿子同名）驻守此地。

和此前接触欧迈尼斯一样，波利伯孔对卡山德的攻势同样进行了大胆的回击。波利伯孔以国王的名义给所有希腊城邦写了一封公开信。在这封信中，他敦促希腊人重新为自由而战，推翻安提帕特建立的寡头政府，赶走当地的驻军。为了帮助城邦内的民主派系，波利伯孔下令大赦所有拉米亚战争结束后被流放的人，让其重回故里。希腊人必须和平相处，这样就可以团结在波利伯孔身边，对抗被描绘成暴君的敌人。这封信，或者可被称为法令，以常用的威胁口吻结尾："抗命不遵者不可容忍。"[4]

这是一种高明的手法，但也存在风险：在过去，恰恰是希腊城邦的民主分子倾向于反对马其顿的统治。波利伯孔此举的首要困难在于，安提帕特派政治寡头大多不可能为了更民主的宪法而自行解散。他们将拭目以待，看卡山德能否让他们继续掌权。希腊很有可能成为下一个战场。

希腊城邦的自由

波利伯孔的信首开先河，此后继业者先后发布了一些类似的声明，以此来凸显他们对希腊自由的支持。在继业者看来，希腊城邦总是显得与众不同。一方面，城邦在许多方面明显受制于统治者；另一方面，他们又不是继业者王国的有机组成部分，理论上讲，他们是明显不同的独立实体。[5]

在波利伯孔看来，"自由"意味着"民主"，但安提柯后来提出了普遍自治这一更激进的主张，即希腊享有不受军事管辖和自由追求政治道路的权利。但每一次声明都只不过是虚妄的宣传罢了。对希腊城邦的所有自由或自治承诺，实际上都可以被解读为马其顿统治者的一种含蓄威胁，提醒他们认识到自己的自由被掌握在统治者手中。这些希腊城邦缺乏资源，不足以对统治者发起严峻挑战。这正应了德摩斯梯尼长期以来对雅典的噩梦般的预言：马其顿人控制着这座城邦的命运。因此，我们可以看到，波利伯孔等人所做之表态，恰逢一些马其顿强人急需平息王国内希腊城邦动乱，或至少需要其默不作声和袖手旁观之际。

继业者对城邦的承诺往往是空洞的。上百年后，富有洞见的希腊历史学家波利比乌斯就此指出："在统治初期，国王们无不就自由夸夸其谈，并把那些支持他们事业的人描述为自己的朋友和盟友，但一旦实现了目的，很快就像对待奴隶一样对待那些相信他们的人，根本没把他们当作盟友。"[6] 即使撇开这些功利的理由不谈，要保证地处要冲的城邦不受军事管辖也是不现实的。虽然城邦可以免除定期缴纳贡品的义务，但它们没有资格拒绝统治者提出的战争基金特别捐款的要求。创造高效的收入和安全是统治者的目标，如果能够达成这一目标，那统治者就会容忍城邦内的任何政治形态，只要其有助于目标的实现。

但这些承诺确实起到了良好的宣传效果，某种程度上的落实也让当局的日子好过了些。维持驻军的代价高昂，城邦的顺从减少了当局获取金钱的阻力，也带来了军事、行政和技术上的好处。因此，继业者及其继承者——希腊化时代的国王们，通常都谨慎地维持着这样一种假象，即城邦是自治的，他们会如约般礼貌地下令，或委婉地建议："我们认为这是可取的……"[7]就城邦而言，它们看似自愿同意国王的要求，还会极力讨好国王。作为对国王给予某些特权或豁免权的回报，某一城邦可能会将国王奉为救世主和恩人，并授予他公民荣誉，甚至将其神化。

这些都是一般性的概括。需要提醒大家，每个城邦都是不同的，统治者对待它们的方式也不同。包括地理位置和城邦声望在内的诸多因素，可能会决定国王干预城邦事务的方式（简单粗暴或注重策略）。但新时局几乎普遍造成了一个后果：几近所有城邦的财政状况都比以前更糟糕了。这首先是当时持续不断的战争造成的。农业、贸易、采矿——几乎所有通常的收入来源都有可能被中断。粮食短缺时有发生，粮价也随之波动。与此同时，国王对金钱和人口的需求却依旧高涨。即便是像米利都（Miletus）这样相对繁荣的城邦，也会发现自己无法满足这些需求。[8]

然而，最重要的是新式战争的纯粹成本。随着攻城战日趋复杂，一个城市首先需要的是坚固的护城墙和防御塔。包括以弗所在内的一些城邦不得不搬迁，因为其旧址很难应对此时的围攻技术。当然，其所涉及的成本是巨大的，特别是对港口城镇而言。据估计，仅仅建造一座防御塔的费用，就足够维持五十多名雇佣兵一年的开销；即使是一座小城邦也需要几座防御塔，塔与塔之间要有高大而坚固的城墙。[9]

公元前 290 年末，利西马科斯重迁并加固了以弗所城邦［该城被以他妻子的名字"阿尔西诺亚"（Arsinoeia）重新命名］，该城可能有多达六十座防御塔——利西马科斯简直不惜代价。这座城邦是一个典型示例，"固若金汤到令人发指的地步"。[10] 砌在基岩上的大量石灰石组成的干石墙，顺着乡间地形绵延约 10 公里，保护着港口，从外围将城市包裹起来，为农村人口扩张和紧急疏散预留了空间。整个城墙包括内外两层，中间填充着碎石和泥土，平均宽度接近 3 米。城墙上布满了垛口，不仅有错落分布的塔楼和偶显蜿蜒的部分，而且包括不少暗道、至少两个主门、掷石点，以及箭眼。

护城墙是如此昂贵和重要，以至于它们成了市民荣耀的象征，而代表城邦或其财富的雕像常常会拿城垛大做文章。重要城邦需具备守城火力和反围攻能力，并能维持一支有限的民兵或雇佣兵部队。此外，战时需要有人在乡间守卫要塞，以保护农民和土地；囚犯可能需要释放，船只也需备好。如果战况紧急，需要在城里驻扎友军的话，那开销也是巨大的；但如果敌军入驻，代价无疑会更高。敌人不仅会抢走牲畜和粮食，还会抢走翌年的种子，可能还会抢走所有的奴隶；守军将会叛变，城墙会被拆毁。简而言之，敌军的占领会摧毁城邦的整个经济。

因此，城邦自然会请求统治者和其他邦国来承担一部分代价。拿以弗所来说，如果这座城邦对保卫王国至关重要，国王就会乐于施恩，但较小的城邦永远得不到足够的支持。[11] 这种城邦贫困的情况大幅提高了希腊城邦中公民捐助者的重要性。在新世界，有一小部分人变得非常富有。如果一个城邦无法用公共资金支付某些东西，就非常需要这些富人承担这笔费用。

79

对城邦来说，这些人之所以重要，不仅在于他们拥有的财富，更为关键的还在于他们的财富能让他们进入权力中心。在一个远方国王操纵的世界里，权谋是至关重要的，那些能引起国王或其权臣关注的有钱有势者对城邦至关重要。为数不多的一些人——而且只有男性——实际上是作为某位国王的正式朋友而加入这个小圈子的。因此，随着希腊化时代的发展，这些公民捐助者开始统管希腊城邦的事务，在那些理论上有民主宪法的城邦也是如此。比如，从公元前 300 年到前 280 年代中期，雅典富人斐里庇得斯（Philippides，作为一名喜剧作家，他的事业还算成功）利用他对利西马科斯的影响力，在获取粮食补贴和释放雅典囚犯等方面为城邦贡献颇丰。[12]

于是，希腊各城邦开始优先考虑国王的事务，政策取向也开始附和国王的喜好。不过，尽管存在这种必要的奉承之风，希腊城邦仍保留了过去的活力，许多老建筑仍完好如初。希腊城邦仍在努力实现经济上的自给自足；仍要为社会的运转进行决策；仍然要创造收入，铸造钱币，并设定地方税收标准；为了应付局部冲突，仍要维持一支常备军；仍然需要建造或修复公共建筑、纪念碑和道路，举办庆典，为公共奴隶和祭品买单，并帮助贫民脱贫。由公民、奴隶和外籍居民组成的这种三位一体的社会基本结构仍保持不变——但绝大多数公民仍是农民，到了希腊化时代晚期才出现公民拥有大量地产和大规模佃农的现象。

从大历史的视角来看，城市的作用必然会减弱，但这并未影响到公民的自豪感。大多数公民仍认为应忠于自己的母邦，也做好了强邦固国的准备。通过公民的努力，城邦开始扮演新的角色。恰恰是因为所处的宏大时代催生了更多的良性互动，

城邦也开始派出德高望重之人仲裁事务，甚至调解邻邦间的纷
争，由此带来的公民自豪感不亚于成功举办了一场重大国际庆
典。在"联合就是力量"这一原则的指导下，这种对外联络
自然会促成更多的正式联盟，甚至某种形式的联邦。在希腊化
时代早期，希腊城邦生机勃勃，并学会了适应新环境。

第七章　卡山德的胜利

　　卡山德和波利伯孔展开了对希腊本土城邦的争夺，希腊果真成了战场。双方的政治路线泾渭分明，现在唯一的问题是各城邦会将其命运交由正统摄政还是觊觎者来决定。总的来说，城邦中较贫穷的阶层及其拥护者支持波利伯孔，而较富裕的阶层认为，选择卡山德最符合他们的利益。但无论哪一方占优，我们都可想见各城邦此时承受的压力和做决定时的忙乱：它们试图判断自己离这场迫在眉睫的战争有多远，并采取相应措施，在争夺希腊霸权的竞逐者的鼓动下，政治对手们加紧争夺或巩固自身的权力。

第二次继业者战争的打响

　　波利伯孔在宣言中特别提到了对雅典的优待：不仅和其他地方一样，流亡的民主派可以归国，而且萨摩斯岛也被归还给雅典。几年前，因为亚历山大颁布了流亡者归国令，佩尔狄卡斯已经取消了还岛一事。不知何故，波利伯孔自由承诺的对象并不包括萨摩斯岛的希腊人。因此，为了照顾雅典的定居者， 萨摩斯岛的希腊人将再次被驱逐出他们的农田。波利伯孔对待希腊人也没有做到一视同仁。

　　公元前318年初，雅典民主派向波利伯孔求助，希望推翻拉米亚战争后安提帕特强加的政权。波利伯孔让儿子亚历山大率兵南下。公元前 318 年 5 月，军队已驻扎在城外，民主派顺利罢黜并处决了雅典的政治寡头。雅典因此成为马其顿政权的保护国，民主得以恢复。然而，尼卡诺尔和比雷埃夫斯驻军的存在，使雅典人的努力黯然失色，因为他们仍能左右雅典人的命运。没过多久，卡山德带着从安提柯处借来的人马和战舰亲临，打算从比雷埃夫斯港出发攻打马其顿。

波利伯孔做出回应，率军南下，与儿子一起封锁比雷埃夫斯，但因没有制海权，收效甚微。雅典人也发现很难养活驻扎在自己土地上的二万五千人的军队。因此，波利伯孔给儿子亚历山大留下了足够的人马来阻止卡山德从陆路离开比雷埃夫斯，然后自己向伯罗奔尼撒进军。

在波利伯孔的命令下，多数伯罗奔尼撒城邦血腥地驱逐了安提帕特的政治寡头。阿卡迪亚（Arcadia）的麦加洛波利斯（Megalopolis）却拒不听命，波利伯孔将该城围困。战斗旷日持久，双方打得很激烈，但最后守军获胜。守军们在断壁缺口处放置了尖刺，成功挫败了波利伯孔战象的最后一次冲击。[1]无奈之下，波利伯孔下令围困麦加洛波利斯（数月后最终无功而返），自己撤回马其顿。尽管波利伯孔的军队声势浩大，但在比雷埃夫斯和麦加洛波利斯的接连受挫，大大减缓了各城邦依附他的步伐。对邦国们来说，暂且观望，看看谁会赢得这场战争似乎更加明智。

由于大量兵力被困比雷埃夫斯和麦加洛波利斯，波利伯孔便将注意力转向其他地方。他仍迫切需要盟友，便派擅长海战的克利图斯去解救被困赛厄斯的阿里达乌斯，同时提防驻扎在拜占庭（Byzantium）附近的安提柯越过赫勒斯滂海峡。远征起初进展顺利，克利图斯解救了阿里达乌斯，两人合兵一处。

尼卡诺尔带着一百多艘舰船从比雷埃夫斯赶来帮助安提柯，在
拜占庭遭到克利图斯的重创。但安提柯当晚组织了突袭并赢得
一场大胜：当他向克利图斯陆上营地进发时，尼卡诺尔带着残
余舰队归来，打击搁浅或逃窜的敌舰。阿里达乌斯或许死了又
或许投降了，克利图斯搭乘旗舰仓皇逃脱，但在色雷斯登陆
时，与利西马科斯的一支小队遭遇，被杀身亡。对于早期小有
成就、自诩为海神波塞冬、竭力神化自身的克利图斯来说，这
是一个悲惨的结局。[2] 尼卡诺尔的下场同样令人唏嘘，回到比
雷埃夫斯后不久，他就被卡山德以野心过大为由处死。

　　舰队的损失不仅意味着波利伯孔与欧迈尼斯的联系被切断，
而且表明安提柯穿过博斯普鲁斯海峡（Bosporus）直抵马其顿的
道路已畅通无阻。但根据两个盟友之间的协议，整个欧洲被交
给了卡山德，而且安提柯尚未做好准备离开小亚细亚。安提柯
现在控制了从赫勒斯滂到金牛座山脉之间的全部地盘——要么
是亲自控制，要么由盟友掌控（如卡里亚的阿桑德），但在金
牛座山脉另一侧还有欧迈尼斯。安提柯把大部分军队留守在小
亚细亚，将希腊的战争托付给卡山德后，便带领军队向东南进
发，追赶叛徒欧迈尼斯去了。

海战

　　自古典时代以来，海战就没有产生多大变化。战法还是老
一套：凭借熟练的操作占据有利位置，通过撞击（水兵随后
可登上敌船）或击打船桨和划手来打击敌舰。对巨大化的迷
恋——可以举出一些突出的例子，比如庞大的军队、罗得岛的
巨像、亚历山大城的灯塔和迪迪玛的阿波罗神庙——催生了希
腊化时代早期的变革或进步。此时，建造的船只越来越大。与

古典时代的流线型三桅帆船不同，此时的大船可以在甲板上部署弩炮，如果是双体船这样的大船，甚至可以搭载大型攻城塔，从海上攻击港口——这些巨舰自然可以装载更多的士兵。因此，希腊化时代早期海军的两点主要进步在于更依赖远程进攻性武器，以及采取更直接的作战行动。正面撞击（而非从侧面攻击敌舰），然后登船，成了希腊化时代海军的主要战法。[3]

希腊军舰的大型化极大增加了海军的开支。一支由一百艘大小不一（至少是三桨座战船）的战舰组成的舰队，需要大约三万名船员和水兵。公元前3世纪末，托勒密四世建造的一艘巨舰可容纳近七千五百人，其中包括三千名水兵。这艘船主要是为了炫耀，但同时代的"围城者"德米特里已经开始建造适于航海的小型"怪物"了。

即便先不考虑船员的开销，船的生产成本也十分高昂。控制原材料或与原材料产地保持良好的贸易关系至关重要，这些原材料包括：制造船体、桅杆和甲板（杉木、雪松或松木质地），龙骨（橡木质地）及船桨（杉木质地）所需的木材；填隙和船体涂层的沥青；制造绳索的大麻、莎草或纸莎草；做帆布的亚麻纤维。船只的成本是如此之高，以至于敌舰成了非常宝贵的战利品。破损的木质战船往往会下沉，但不至于彻底沉没，所以可以将其打捞并拖走。

拥有尽可能多的港口也是至关重要的，这些港口不仅有船坞，还能起到避风港的作用。古代的船只极易受恶劣天气影响，在外海上停泊也不太方便，而且还要为船员定期补充给养。这些船还容易浸水。古代舰船的这种弱点，导致其需要经常靠岸——控制港口、整个海岸线和岛屿就显得很重要了。由于远离安全的良港，暂时搁浅的船只很容易受到来自陆地或海上的攻击，克利图斯就为此付出了生命的代价。

雅典和希腊化时代早期的文化

卡山德持续对雅典进行军事和外交施压，并收到了成效。对波利伯孔的无能感到绝望的雅典人，决定投降并开始谈判。公元前317年夏，仅仅几个月后，民主得而复失，卡山德指定了一个傀儡统治者恢复雅典的独裁统治。此人是亚里士多德学派哲人、法勒鲁姆（Phalerum）的德米特里，德高望重，但年龄还不到四十岁。在马其顿驻军的支持下，德米特里统治雅典达十年之久。比雷埃夫斯和雅典重新统一，卡山德在希腊南部有了一个安全的后方。

德米特里的统治虽然温和，却结束了雅典举世闻名的民主实验。虽然后世常把"民主"一词用来描述政体，但雅典城邦的民主机构实际上由少数富裕家庭控制。正如我所指出的那样，这是希腊化世界所有伟大城邦中都存在的民主模式：权力被交给了那些有钱的公民，他们既能在物质上支持城邦，又能通过其与远方国王的沟通渠道为城邦助力。

卡山德的保护为雅典开启了相对和平的十年。其间雅典没有发生战事，尽管其在对外事务上展现了浓厚的兴趣。大约同一时期，德米特里的老师——泰奥弗拉斯托斯（Theophrastus）创作了《品格论》（*Characters*），对不同类型的人进行了轻松愉快的描写，还借文中一个造谣者之口传播了令人震惊（但不实）的消息："波利伯孔和腓力国王赢得了一场战役，卡山德已经被抓住了。"[4] 事实若果真如此，肯定会给亲卡山德的德米特里在雅典带来麻烦。但听闻此讯的雅典人冷眼旁观，不为所动，这对在拉米亚战争爆发前近两百年里一直处于希腊事务中心的雅典来说是一个重大的变化。

希腊化时代雅典的相对衰落表明，没有国王和富人的帮助，其再也无力独自建造纪念性建筑。这一点也体现在文学和艺术中，最明显的是当时很流行的喜剧。在雅典还是爱琴海地区的主要强权时，喜剧作品中充满着对时人特别是政治人物及其政策的辛辣讽刺甚至直接抨击。公元前 5 世纪末主要喜剧剧作家阿里斯托芬认为，他承担着教化和娱乐大众的双重使命。[5]相比之下，公元前 4 世纪末喜剧（传统上称为"新喜剧"）的主要现存代表——雅典的米南德则主要关注娱乐方面。米南德的多数喜剧以乡村为背景，这与阿里斯托芬将剧作背景设在开展政治活动的市中心形成了鲜明对比。

米南德的喜剧令人赏心悦目，但它们是轻喜剧，是肥皂剧式的情景喜剧。剧中主人公个性鲜明，但并非政治人物：他们无外乎是聪明的奴隶、有私生子的少妇、脾气暴躁的老男人、爱吹牛的军士和不中用的纨绔子弟，都在米南德高超的写作技巧、深刻的心理描写下跃然纸上。故事情节无不是最初情事受挫、最终皆大欢喜的桥段。与聚焦于时代大事的阿里斯托芬不同，米南德（他是法勒鲁姆的德米特里的朋友）和他的同行们仅将这些事件当作一种背景。妇女可能被海盗拐卖或沦为奴隶，或在战争中被掠走，与外军士兵生儿育女。男人会考虑加入雇佣军，或在战斗中命丧他国，或带着"刀剑"赢来的妻妾荣归故里。当成千上万的人命丧亚欧战场时，米南德正在进行喜剧创作。不过，米南德觉得自己的使命是慰藉身处残酷现实的大众，而非直接针砭时弊。米南德的剧作是一种逃避现实的文学。他并不关注宏大的事件，而是聚焦于个人及其家庭问

86

题。米南德对个体的这种强调，是希腊化时代早期文化的一个主要特征。

逃避主义显然也成了富裕城镇居民的一种新风潮——居民们开始热衷于用田园画来装饰家园，这首次展现了欧洲悠久的风景画传统。这些希腊化时代的画作未能流传后世，但后来的仿制品将其发扬光大，尤其是那些保存在意大利南部庞贝（Pompeii）古城和赫库兰尼姆（Herculaneum）废墟中的作品（当然，罗马艺术家绝不仅仅是模仿）。在公元前1世纪的罗马，维特鲁威乌斯（Virtruvius）将这些画作中的典型场景描绘为"港口、海岬、森林、山丘和奥德修斯（Odysseus）的漫游"。[6] 这样的绘画场景是令人轻松的，也就是说，它们让人不去想眼前的诸事。这些画的作者愈加与乡村隔绝，他们眼中的田园风光是理想化的。本意为"乡村般"或"田园诗般"的希腊单词"boukolikos"，也衍生了"抚慰人心""分心"的含义。

当然，用"逃避现实"来形容艺术或文学作品有些轻率。这些作品本身就是艺术品，许多希腊化时代的作品都经受住了时间的考验。作品所包含的技术含量及其受到的高度关注表明，艺术家和观赏者都是纯粹为了艺术。从社会历史的角度看，这些作品可能是出于逃避现实的目的，但仅就此而言的话，就远不足以评价它们的艺术价值了。

这些田园画常在室内展示，叙事风格连贯。公元前3世纪中叶前后，在此风潮的影响下，以忒奥克里托斯为代表的诗人开始创作田园或乡土短文。忒奥克里托斯的《田园诗》（Idylls）并非无一例外全是田园类主题，但所有作品都体现了"关注普通男女而非英雄人物"这一典型的希腊化时代风格。

在最著名的田园诗章节《田园诗（一）》中，牧羊人和羊倌边娱乐边竞争，为彼此吹笛子、唱歌，谈话中充满了乡村生活的细节：松涛如乐，瀑布欢唱，动植物成群，干农活挤奶，以及未断奶的小山羊肉更可口这类谚语传扬。整部《田园诗》充满了乡村风情，抒发了"对淳朴美德、简单生活、自产食品、基本乡村价值的怀旧或希望"，[7]体现出一种逃避主义的倾向。当然，乡村生活从未像亚历山大城的托勒密二世的宫廷诗人为城市精英创造的幻想那般理想。肇始自忒奥克里托斯的田园梦，被后世的罗马诗人维吉尔（Virgil）、创作了《世外桃源》的法国画家普桑（Poussin）等人继承。

在继业者时代，雅典和其他希腊各地的悲剧作品非常少见，逃避主义一直大行其道。据我们所知，这一时期的艺术家们通过对理想公民价值的描绘和问题化，强调技术和音乐品味，就像公元前5世纪的前辈那样。公元前5世纪的悲剧作家埃斯库罗斯（Aeschylus）、索福克勒斯和欧里庇得斯（Euripides）的伟大作品常被重温，但只是作为文学名著被加以鉴赏。我们如今欣赏莎士比亚的作品也大抵如此，忽略了同期发生的时代大事。

对个体的注重也影响了雕塑和绘画。尽管君主和将军仍被描绘成举足轻重的角色，但公共理想主义和私人艺术作品之间的鸿沟愈加凸显，作家或艺术家会尽量真实地展现那些普通人物。钱币上的肖像以理想与现实的微妙结合，在二者间架起了桥梁。

公元前4世纪早期，雕塑家和画家们就已开始寻求突破古典形象，更逼真地模仿自然了。雕塑家西锡安（Sicyon）的利西普斯（Lysippus）首创了一种人像原始风格主义标准，即通过拉长腿部和缩小头部，将除了人体前部外的部分更多地展现出来。在此基础上，雕塑家开始尝试更富感性的人像形态。所

88

有的情感都可以通过面部和身体共同展现——转头看着自己尾巴的半羊人萨堤尔（Satyr），或者自在跳舞的舞者。这就是写实主义流派——或至少是利西普斯所代表的写实主义的表象。[8]和亚历山大的御用雕塑家利西普斯一样，科洛封（Colophon，又译科洛丰）的阿佩利斯（Apelles，约公元前 295 年去世）是亚历山大唯一特许为自己画像的画家，而阿佩利斯也走在新写实主义绘画的前沿——据说在他的一幅画中，亚历山大的战马布塞弗勒斯（Bucephalas）看到画中的自己后竟嘶鸣起来。[9]

一种新的审美正在形成。诗歌与视觉艺术注重技巧和学识的精妙展示，并相互影响。诗歌中的押韵和音乐中不变的主旨，常常体现在绘画中的色彩和形式上；为了增强音乐性、趣味性和启发性，诗歌尤为注重此类技巧的运用。视觉艺术上所体现的金银丝细工、明暗对照和镀金等技巧，与希腊化时代诗歌的风趣和凝练交相辉映。诗人们也不甘示弱，他们用生动逼真的描述让读者如同身临其境。所有艺术形式的抒情对象都是相似的：宠物、植物、儿童、平民、家庭场景、悲喜剧人物——无不洋溢着活力、细节感和对心理的拿捏。某些艺术家偏好用怪诞作品和讽刺画（比如我们所看到的驼背、侏儒和瘸子）来抒情，还有一些喜欢用悲情或淡淡的情色来表达情感。艺术的目的成了写实或讽刺。这与战争简直是天壤之别。

动荡的马其顿

卡山德控制雅典这一事实沉重打击了波利伯孔，但更糟糕的事情接踵而至。公元前 317 年夏，波利伯孔与亚历山大四世在伊庇鲁斯与南方的埃托利亚人谈判，商定奥林匹娅斯重返马其顿。奥林匹娅斯终于接受了波利伯孔的提议，当上了其孙亚历山大四世的官方监护者。奥林匹娅斯与幼主及其巴克特里亚生母之间初次见面的场景令人浮想联翩。与此同时，阿狄亚·欧律狄刻却趁波利伯孔不在马其顿之际，抓住其军事上的无能大做文章，让丈夫（当了一辈子的傀儡）给各继业者致信，宣称他已命令波利伯孔辞去摄政，不再掌管军队，大权归于卡山德。最终，阿狄亚·欧律狄刻如同上次在特里帕拉迪苏斯一样，再度恣意妄为。她的野心曾被安提帕特挫败，但显然她对安提帕特的儿子并未怀恨在心。阿狄亚现在坚信，在这个动荡的时代，她和丈夫，而非亚历山大四世和奥林匹娅斯，才是王室正统。

89

两个国王的共存终究是不正常的，潜在的危机随时可能爆发。现在，围绕着两个国王已经形成了各自的阵营，所有人都心知肚明，是时候摊牌了。这是一场你死我活的争斗。卡山德匆匆莅临马其顿，正式接任摄政，随后又返回伯罗奔尼撒的战场，试图夺回波利伯孔前一年占领的城邦。卡山德本想尽快了结此事后回到马其顿，结果却在围攻帖该亚（Tegea，又译泰格亚、忒格亚）时受阻。

没过多久，波利伯孔就召集军队向马其顿的欧律狄刻发起进攻，奥林匹娅斯成为这支军队的象征性领袖，而其士兵大多借自摩洛希亚国王。由于卡山德被困南方，阿狄亚不得不出面应对。但她的士兵不想与亚历山大的母亲和儿子战斗，抛弃了她，她对权力的追求戛然而止。士兵们必须在两个阿吉德国王之间做出选择，奥林匹娅斯的出现使局面明显不利于智力低下的阿里达乌斯。此外，腓力三世迄今一直无子，将来也不太可能育有子嗣了。

落入奥林匹娅斯之手的阿狄亚·欧律狄刻和腓力三世下场

可怜，波利伯孔对此袖手旁观。奥林匹娅斯将二人囚禁在皮德纳（Pydna）一个没有窗户的小房间内，然后在马其顿展开了大清洗。在除掉马其顿贵族中许多潜在敌人的同时，奥林匹娅斯把手伸向了安提帕特的家人，声称自己是在为被毒死的儿子亚历山大报仇。她杀死了尼卡诺尔，并将安提帕特的另一个儿子伊奥劳斯挫骨扬灰。曾作为亚历山大斟酒人的伊奥劳斯，自然成了投毒一说的头号嫌疑人。如果赫拉克勒斯和其母巴耳馨当时在马其顿的话，此刻大概逃到了帕加马，在安提柯的庇护下落脚。

奥林匹娅斯的大清洗一发不可收拾，亚历山大同父异母的兄弟——正统国王和他的王后最终也未能幸免。据说，奥林匹娅斯派人给十九岁的阿狄亚送去了毒芹、套索和剑，让她选一种死法。阿狄亚选了套索，却用自己的饰带自尽，让奥林匹娅斯很恼火。[10] 腓力三世当了六年多国王的事实并未让奥林匹娅斯却步，她除掉国王主要还是因为他是其孙亚历山大四世的竞争对手，而打着孙子旗号的奥林匹娅斯现在是马其顿的实际统治者了。

但奥林匹娅斯无力回天：卡山德已经结束了在伯罗奔尼撒与波利伯孔之子亚历山大的交战，正带兵北上。虽然卡山德知道此前默许阿狄亚拥立自己为摄政的马其顿派系还会支持他，但他的敌人组织了三路大军来对付他并自信能够取得成功。局势发展到了关键时期：对波利伯孔、奥林匹娅斯和卡山德来说，成败在此一举。

接下来的战争充分展示了卡山德的战术天赋。首先，他用小船运送士兵，成功绕过了驻守在温泉关的埃托利亚人。然后，他将军队一分为三：一部遏阻伊庇鲁斯的摩洛希亚国王；

一部盯住马其顿南部边境的波利伯孔；安排妥当后，他率领剩下的士兵向马其顿进军，带着少数亲兵的阿瑞斯托诺斯几乎不战而逃，撤至安菲波利斯。卡山德收买了波利伯孔的手下，波利伯孔仓皇出逃，最终在伯罗奔尼撒（那里还有几个城邦效忠于他）与其子会合。卡山德成了马其顿的新统治者，随即就在伊庇鲁斯煽动叛乱，推翻摩洛希亚国王，并在此扶持了一个傀儡国王。卡山德的胜利来得很快，势不可当。彼时他大概刚过了三十五岁，后来统治马其顿近二十年，于公元前297年去世。

卡山德掌权

奥林匹娅斯带着王室和一支仍忠于她的数量可观的军队到皮德纳避难。波利伯孔逃跑后，奥林匹娅斯只能把希望寄托在将军们身上，但这些将军也无暇他顾。公元前317年至前316年秋冬之际，卡山德将奥林匹娅斯一众围困于皮德纳，城内逃兵不断，人们忍饥挨饿，奥林匹娅斯在准备乘船逃跑时被擒。皮德纳沦陷了，卡山德凭借武力赢得了对幼主的保护权和监视权。阿瑞斯托诺斯一直在安菲波利斯坚守，后奉奥林匹娅斯之命放弃了无谓的抵抗。尽管曾被许诺生命无虞，但奥林匹娅斯和阿瑞斯托诺斯还是很快被卡山德杀掉。

在与奥林匹娅斯的斗争中，卡山德觉得有必要给自己披上合法的外衣。卡山德不是马其顿王室成员，也不是亚历山大大帝的王伴，尽管他可以宣称自己即将处决的是杀害马其顿国王的凶手，但他对自己能否赢得马其顿军队和贵族的拥戴心里没底。因此，卡山德召开了一次全军大会，在一场作秀公审中谴责奥林匹娅斯的罪行，为了确保忠于王室的马其顿人不会临阵

91

退缩，他让大清洗期间被奥林匹娅斯所害之人的亲属动手处死她。[11]奥林匹娅斯还不到六十岁，十几岁时就成了腓力二世的新娘，从此一直未曾远离马其顿权力中心。尽管六岁的国王尚且年幼，但祖母被处决，大大降低了他成年后正式继承王位的概率。因为自他出生以来，奥林匹娅斯就一直是他最重要、最有影响力的拥护者。

卡山德的军事才能使其深受军队爱戴，因为一支军队不可能不欢迎一位卓越的将领。在接下来的几年里，卡山德继续征战于伯罗奔尼撒和希腊中部，扫清马其顿边境的威胁。他还慷慨地将要职赐予其拥护者，让他们掌权并获取经济实利。但最重要的是，他选择了惯用的手法来为其统治正名——与马其顿王室亲睦。首先，他为腓力三世和阿狄亚·欧律狄刻举行了隆重的国葬，甚至还为六年前去世的库娜涅举行了国葬。腓力三世夫妇很可能被埋葬在维尔吉纳（Vergina）无与伦比的2号墓；在墓室里挂着的那幅狩猎壁画上，腓力三世被描绘成一个马其顿英雄，而非智力低下者。[12]其次，卡山德娶了亚历山大大帝同父异母的姊妹、曾任奥林匹娅斯侍女的塞萨洛尼丝（Thessalonice，又译帖撒罗妮加）为妻。

尽管波利伯孔还活着，但卡山德已是事实上的摄政，所有人都忽略了这一敏感的正统性问题。但毫无疑问，卡山德已经预想让他和塞萨洛尼丝所生之子来继承马其顿王位了。卡山德并未善待罗克珊娜和亚历山大四世，他不顾二人的王室身份，把他们软禁在安菲波利斯商镇城堡好几年。卡山德称这样做是为了他们的安全考虑。

先王腓力二世的经历表明，摄政和称王仅在一线之间。卡山德很快就像国王般行事，在统治马其顿的首个完整年份即公元前316年建造了三座城市。建立在马其顿境内的卡桑德里亚（Cassandreia）和塞萨洛尼卡（Thessalonica）两座城市是马其顿首批城镇中心。除佩拉外，这个国家大部分地方还是乡村；　92
卡山德建立的城市代表了马其顿历史上的重大进步。

卡桑德里亚建立在波提狄亚（Potidaea）旧址上，吸纳了附近一些村庄，包括昔日重镇奥林索斯（Olynthus）。为了取悦拥有马其顿王室血统的妻子，卡山德以妻之名将另一座城市命名为塞萨洛尼卡，该城由二十六个位于塞尔迈湾北端的小镇和村庄合并而成，正如该城此后的辉煌历史所展示的那样——它后来和君士坦丁堡（Constantinople）一起成了拜占庭帝国的首都，城市的选址非常考究。[13] 这两个港口城市对卡山德发展海军提供了极大的帮助。他还重建了彼奥提亚人的底比斯城；他要在希腊中部打造忠诚的堡垒，应对埃托利亚人根深蒂固的敌意。

除了实际用途外，上述三座新建或复建的城市也极具象征意义。此前只有腓力二世和亚历山大大帝才能用自己和家人的名字来为城市命名。卡山德效仿此举，意在暗示他至少不逊于二人——甚至在他们之上：腓力二世征服了波提狄亚，摧毁了奥林索斯；亚历山大把底比斯夷为平地；而卡山德现在敢于否定马其顿先王们的这些行为。安提帕特不一定像亚历山大大帝认定的那样有帝王野心，但他的儿子卡山德无疑志在争霸。

第八章　会猎伊朗：追杀欧迈尼斯

公元前 318 年夏，随时准备经赫勒斯滂进入欧洲的安提柯，决定将波利伯孔留给卡山德，自己去对付奇里乞亚的欧迈尼斯。拜占庭一役后，失去舰队的波利伯孔和欧迈尼斯分隔两地，安提柯可以将其各个击破，后来战局的发展证明他的战略是正确的。仅仅过了一年多时间，公元前 317 年与前 316 年之交的那个冬天，卡山德就将奥林匹娅斯围困于皮德纳，而波利伯孔则放弃了马其顿。与此同时，在 3000 公里外伊朗西部扎格罗斯山脉（Zagros Mountains）的山麓地带，安提柯和欧迈尼斯即将展开第三次也是最后一次战役，此战是世界史上被遗忘的伟大战役之一。[1]

在奇里乞亚，欧迈尼斯把国王的钱花到了刀刃上，扩充了自己的军队。招募士兵的消息一传开，雇佣兵们便蜂拥而至，赶往东地中海港口应征入伍。但欧迈尼斯的领导权仍面临挑战，他觉得有必要向安提贞尼斯和其他马其顿军官证明自己并没有高高在上，尽管波利伯孔任命其为"亚洲将军"。对他们的安抚是值得的，因为欧迈尼斯急需他们手中的马其顿军队。

欧迈尼斯想出了一个绝妙的计策，声称自己在梦中见到了亚历山大大帝，他身着帝王长袍，在一个高级指挥官会议上下达命令。于是欧迈尼斯提议，他和马其顿军官们模仿此景，在亚历山大的王座前开会，将亚历山大的王袍置于王座之上。这

种梦并无太多独到之处：在第一次巴比伦会议上，佩尔狄卡斯 94
为了收拢人心也曾搬出亚历山大，托勒密当时也提议召开类似
的贵族会议。但在此关键时刻，欧迈尼斯假借先王托梦，意在
表明亚历山大仍站在自己一边。

他们并非仅仅是嘴上说说而已。他们搭起了帐篷，摆好了
王座和王袍（都是从基因达国库所借），以祭神礼向亚历山大
祭拜后，便齐聚空王座前共商大事了。与此同时，欧迈尼斯为
了博得将士们的好感，有意讨好马其顿老兵，明确表示他无意
觊觎王位，只不过想依仗士兵们的壮举来保卫亚历山大的王
国。这一做法很有成效，确保了欧迈尼斯在托勒密单独介入战
争、安提柯打马其顿人主意的情况下安全无虞。托勒密许诺，
如果士兵拒绝与欧迈尼斯合作，就会给他们赏金；安提柯则命
令士兵们逮捕欧迈尼斯并将他处死，否则就会视他们为自己的
敌人。事态失控前，欧迈尼斯对安提柯的计策有所耳闻，为了
安抚手下，他向士兵们强调指出，自己而非僭越的安提柯才是
正统。欧迈尼斯真是险中求生。

公元前318年夏末，随着安提柯自小亚细亚的迫近，欧迈尼
斯率军南下至腓尼基，此时他有一万五千人。托勒密的舰队和驻
军在欧迈尼斯接近时就撤退了。欧迈尼斯深知控制爱琴海对波利
伯孔的重要性——如果不能控制的话，他对卡山德的威胁将大打
折扣，更无法威胁到小亚细亚了。所以欧迈尼斯用从基因达国库
提取的钱尽可能多地征募船只并让它们起航。但它们没走多远，
至多行至叙利亚和奇里乞亚交界的罗苏斯港（Rhosus）。拜占庭一
役惨胜后（欧迈尼斯对此并不知情），安提柯命令残余的舰队向
南进发。第一次交锋后，欧迈尼斯雇佣的腓尼基军官便叛变了。
这样一来，安提柯便可后方无虞，专心追捕欧迈尼斯了。

动荡的东部总督辖区

安提柯在兵力上仍更胜欧迈尼斯一筹，但只要有所准备，时局的变化还是给了欧迈尼斯扩充兵力的机会。在东部，一场重大的权力斗争正在上演，米底总督培松与其他东部总督组成的联盟发生了冲突。野心勃勃的培松意欲将东部总督辖区打造成一个独立的帝国。他已经占领了帕提亚（Parthia），现在又开始威胁波西斯（Persis）的朴塞斯塔斯。两人曾是同僚，同为亚历山大的护卫官。在这种情况下，朴塞斯塔斯很快获得了支持，当地的总督联合起来支持他，把培松赶出了帕提亚。欧迈尼斯到达时，培松正在巴比伦，向塞琉古求助。培松如此公然的侵略行径，除了私欲外，没有任何正当的理由可以解释。

公元前 318 年秋，欧迈尼斯离开腓尼基（此地很快被托勒密重新占领），向东进发暂避安提柯锋芒，他想用培松和塞琉古的兵力或朴塞斯塔斯盟军的人马来扩充自身实力。他并不关心东部争端的是非对错，他只是想要军队。也许，就当时而言，朴塞斯塔斯的军队更具吸引力。联军包括一万八千名步兵和四千多名骑兵，兵力非常可观。虽然各继业者军中都不乏战象——在希腊的波利伯孔甚至也有——但东方总督们手中的战象数目庞大，不少于一百一十四头（这些象是一位印度国王赠给朴塞斯塔斯联军的礼物）。

公元前 318 年与前 317 年之交的那个冬天，身处巴比伦边界的欧迈尼斯咄咄逼人，与塞琉古和培松展开了谈判，但收效甚微。身为"亚洲将军"的欧迈尼斯呼吁他们效忠国王，但二人不为所动。塞琉古回击称欧迈尼斯的命令是非法的，特里帕拉迪苏斯会议对欧迈尼斯的判决仍然有效。但塞琉古的表态很可能是因为安提柯不日将至，而且朴塞斯塔斯一众目前控制着东部地区。如果塞琉古同意帮助欧迈尼斯，他就会立刻陷入强敌环伺的处境。因此，塞琉古和培松非但不助欧迈尼斯一臂之力，反而再次试图离间希腊统帅欧迈尼斯和马其顿手下的关系。欧迈尼斯再一次化解了危机。

公元前 317 年初，欧迈尼斯离开巴比伦，此前他已经以国王名义致信朴塞斯塔斯等人，邀其共聚苏萨。塞琉古并不热衷于阻止欧迈尼斯离开，他不太乐于给后者制造麻烦，而是想把后者赶出自己的地盘。² 到了初夏，欧迈尼斯和联盟各总督已抵达苏萨，他们同意兵合一处。在第二次继业者战争的终局阶段，欧迈尼斯和东部的总督们将对阵安提柯、培松和塞琉古，整个帝国的东半部都会被搅得天翻地覆。

欧迈尼斯现在指挥着一支强大的军队，但他的新盟友们都习惯于各行其是。欧迈尼斯领导权所面临的挑战空前加剧。朴塞斯塔斯尤为强硬，认为自己出力最多，论资历不逊于欧迈尼斯。而安提贞尼斯抓住时机再次发难，深信在自己的地盘上获得一切不在话下。欧迈尼斯现在只有求助于"亚历山大的帐篷"，才能让高级将领们和他合作。通过让亚历山大的幽灵参与日常会议，并且让人谨记他是唯一享有国王官方授权、可动用王室金库的人，欧迈尼斯成功让大家搁置了分歧，想出了一个可行的计划。但联军仍很脆弱，各家各自扎营，兵力分散，并各自提供补给。

危机四伏的联军决定继续东撤，占据有利防御位置，静候安提柯的到来。当时正值盛夏，开战前不必冒着酷热行军的一方将处于有利地位。联军放弃了苏萨，只剩下金库所在的要塞，那里戒备森严，物资充足。欧迈尼斯和朴塞斯塔斯的兵力部署在城北和城东的远岸，互相之间只有几天的路程。他们可从山区一路守护到海边，当时这并非很长的一段距离，因为大量的淤泥已经让波斯湾变窄。联军在此等待着安提柯的到来。

准备决战

安提柯停了下来，没有立即向东追击欧迈尼斯。得知欧迈尼斯与东方总督结盟后，安提柯不得不扩充兵力。公元前318年至前317年冬春之际，安提柯在美索不达米亚等了几个月，在此增补兵员和物资，并在巴比伦和塞琉古、培松进行了谈判。安提柯进军东方似乎未获美索不达米亚总督之许可，因为这位总督已东逃苏萨，投奔欧迈尼斯，并带走了一支六百人的骑兵部队。

塞琉古和培松的利益显然与安提柯的利益是一致的，公元前317年5月双方达成了协议，安提柯随后便东进追击欧迈尼斯了。安提柯的军队现在有两万八千名重步兵（包括八千名马其顿人），轻步兵和骑兵至少各一万人，以及六十五头战象。他还带上了培松和塞琉古，但两人处于从属地位，安提柯是无可争议的三军统帅。

前往苏萨一路顺利。安提柯留下塞琉古去调查要塞，自己继续追击欧迈尼斯。欧迈尼斯派了一支部队去拦截强渡科普拉塔斯河（Coprates，即现已筑坝的迪兹河）的安提柯部队（河上的桥已在总督联盟东进时被毁）。欧迈尼斯到达河边时，安提柯所部大约有一万人已经过河，其中许多人都是轻装上阵，一心寻找食物。欧迈尼斯打败了对手，抓了四千名俘虏，斩杀了数百人。

安提柯损失惨重。他无法强行渡河，也不能留在苏锡安那，此地酷热无比，已经热死了不少人。安提柯脱离了战场，率军北上，走了约一个月的路，来到了相对凉爽的埃克巴坦那。埃克巴坦那是培松辖地的首府，这里的给养足够安提柯满足他的手下。安提柯并未沿底格里斯河谷和巴比伦—埃克巴坦那道路行进，而是选了一条经过山岭的险阻捷径前往米底，因而遭到了敌对部落的侵扰。安提柯之所以走山路，是为了尽快到达相对凉爽的山区。安提柯到达埃克巴坦那时正值8月底，他可在此休整，补充兵力，并提振部下萎靡不振的士气。

撤至埃克巴坦那非常冒险，这也表明安提柯在首战失利后是多么绝望。埃克巴坦那过于靠北，暂居于此的安提柯无法阻止欧迈尼斯西归。安提柯撤得太远，根本顾不上在苏萨的塞琉古，欧迈尼斯及其盟友如果愿意的话，完全能杀个回马枪，威胁巴比伦和叙利亚。在欧迈尼斯阵营内，高级军官们分为两派。欧迈尼斯和安提贞尼斯想猛攻西部，但东方总督们拒绝放弃自己的辖地。

如果欧迈尼斯和安提贞尼斯向西进军，总督们留在东部，那么兵分两路的联军将一无所获。因此，欧迈尼斯并未坚持西进，但也离开了最炎热的地方。联军向东南出发，花了近一个月的时间前往波斯波利斯（此地曾是阿契美尼德帝国的都城，现在是朴塞斯塔斯辖区的首府）。朴塞斯塔斯在此驻有一万人的轻装步兵，包括一支著名的波斯弓兵队。朴塞斯塔斯允许手下士兵在乡间随意搜刮食物。到达波斯波利斯后，他立即宴请全军将士饱餐一顿。数万人落座于四个巨大的同心圈中，外层是普通士兵，里面是高级军官和显要。圈子的正中央是祭祀神明（包括腓力二世和亚历山大大帝）的祭坛，朴塞斯塔斯在此举行了盛大的祭祀。在自己的地盘上站稳脚跟的朴塞斯塔

98

斯，再次对欧迈尼斯发起了挑战。

对欧迈尼斯而言，盟友们的二心和极富争议之举愈演愈烈，但工于心计的他还是想出了办法。欧迈尼斯拿出一封伪造的信，信上说卡山德已死，奥林匹娅斯现统御马其顿，波利伯孔已攻入小亚细亚。显然，此时他们还没有了解到欧洲的真实情况，实际情况恰恰相反，卡山德正在皮德纳围攻奥林匹娅斯。但这封信让联军重拾信心，因为他们现在相信占据上风的是欧迈尼斯了。在这种情况下，损害"亚洲将军"欧迈尼斯的权威就意义不大了，他三军统帅的地位暂时无虞。

然而，当安提柯离开米底、向波西斯进军的消息传来后，所有的算计都被搁置一旁。欧迈尼斯仅留下象征性的少数兵力保卫波斯波利斯，率大军迎战安提柯。将近九万大军和两百头战象将在伊朗沙漠边缘展开激战。这是西方历史上，交战双方首次进行的象战。

最后的决战

公元前317年10月下旬，两军在帕莱塔西奈（Paraetacene）遭遇，但只发生了一场小规模战斗。此处（今亚兹德哈斯特附近）地形崎岖不平，不适合进行决战。安提柯仍妄图离间欧迈尼斯与手下的关系，但收效甚微。战斗并未打响的另一个原因是，两军很快出现了严重的物资短缺，许多人被派去寻找食物。最近的富庶之地是向东南方向行约三天路程的伽比埃奈（Gabene，今伊斯法罕附近）。

安提柯正准备赶往伽比埃奈，但欧迈尼斯从逃兵那里知晓了安提柯的计划。为了迷惑安提柯，欧迈尼斯派逃兵回到安提柯营地。这是一种误导敌人的惯用计谋，按假逃兵所说，欧迈尼斯当晚打算夜袭安提柯的营地，如果安提柯按原计划拔营出发，就会非常被动。安提柯对欧迈尼斯传递的假消息信以为真，留在原地准备应对来袭敌军。而欧迈尼斯利用这个机会，连夜离开了驻地，率先向伽比埃奈进发。察觉到被骗后，安提柯亲率一支骑兵小队占领了沿途的高地，培松则带领步兵紧随其后。欧迈尼斯发现了骑兵，以为安提柯的主力部队已经到达，便召集人马准备战斗。欧迈尼斯所处的地形令其很难被侧翼包抄，但他要面对高处的敌军，因此他待在原地等待战机。安提柯的主力很快到达，并布好了阵型。

安提柯的重装步兵位于中央，在人数上超过了欧迈尼斯，但他竭力避免两军中的马其顿人直接对抗，担心他们不愿自相残杀。安提柯在左翼部署了大量的轻骑兵，由培松指挥；在右翼部署了重骑兵，由他只有十九岁的儿子德米特里指挥。安提柯的战象大多位于右路和中央，而欧迈尼斯则采用了一种更为常规和均衡的阵形。安提柯向山下的敌军发起冲锋，战斗开始了。

在安提柯的左翼，培松的轻骑兵经过一场激烈的近战后溃不成军。在中央，战象未能力挽狂澜，节节后退，重装步兵方阵陷入了一场血腥的厮杀。安提贞尼斯的老兵们奋力拼杀，击溃了安提柯的步兵方阵。但当他们向前推进时，却在自身和左翼部队之间留下了一个缺口。此前在战象的掩护下，安提柯将重骑兵布在了右翼，此刻安提柯见状命令重骑兵发起冲锋，欧迈尼斯的左翼很快就乱了阵脚。

双方重整旗鼓，再次对峙，尽管两军都采取了一些战术行动，但天色逐渐变暗，各方行动严重受阻。夜幕降临后，精疲力竭、饥肠辘辘的两军趁着月色脱离了战场。欧迈尼斯的人坚持要返回营地，将战场和象征胜利的战利品留给安提柯。但安提柯所部的伤亡是欧迈尼斯的四倍，且一无所获。实际上，目睹了自身惨重伤亡的安提柯选择了撤退，把伽比埃奈留给欧迈尼斯，然后向东北行进至米底过冬。两军驻扎在扎格罗斯山脉的两条山脊的丘陵地带，中间有一片干旱的盐渍平原。

欧迈尼斯的过冬营地散落在各处。他的军队像往常一样一盘散沙，各部分别在四处扎营。在前罗马时代，营地几乎都是不设防的。这一点引起了安提柯的注意。但考虑到自己的军队在数量上处于劣势，所以突袭还是要出其不意。安提柯决定不等开春，就在冬季发起进攻，从一个令人意想不到的方向进攻欧迈尼斯。他将率军穿过两军之间的盐碱地。此举将使其行程缩短至九天左右，而绕过这片荒漠的话，则需三周多时间——况且欧迈尼斯一定会在通往其营地的各条道路上都设置警戒哨。

安提柯的军队约在 12 月 20 日出发，按计划夜行昼伏。为了在干旱的荒漠中行军，部队带足了口粮和饮用水。尽管夜间温度会降至零度以下，安提柯依旧严令不准生火。平原上的任何一点火光都能穿透黑暗，四周山丘上的人一眼就能发现。起初的行军一切顺利。但路走到一半多时，有人忍受不了寒冷，点了火。毫无疑问，士兵们无疑对能取暖心存感激，但点火可能主要是为了让大象活下来，这些来自热带的家伙快要冻死了。一些当地村民发现了火光，并报告了欧迈尼斯。

但欧迈尼斯似乎知道得太迟了。安提柯只要四天就能赶到，而欧迈尼斯给最远处的部属报信需要六天，消息无法及时送达。朴塞斯塔斯建议战术性撤退，以争取时间。但欧迈尼斯派人在山上点燃了篝火，让安提柯以为他的一支主力军正在保护穿过盐碱地的捷径，并已占领了高地。安提柯的军队被迫调转方向，来到了欧迈尼斯驻地以北的荒漠边缘。安提柯的突袭未能如愿，欧迈尼斯赢得了重新集结军队的时间。

战象尚未抵达欧迈尼斯建造的巨大的武装营地。安提柯的军队此时已恢复了战力，开始向南逼近，还派出一支骑兵和轻步兵组成的精锐去拦截象群。欧迈尼斯进行了强力反击，只损失了少数士兵，几头大象受伤。但与在帕莱塔西奈时相比，欧迈尼斯阵营的士气更加低迷了。在此期间，有传言说欧迈尼斯已被撤职，阿狄亚·欧律狄刻指使国王罢黜了波利伯孔。但就在战斗开始前，安提贞尼斯的漂亮一击在一定程度上挽回了局面。他派了一些马其顿老兵对安提柯阵中的马其顿同胞喊话："你们这些混蛋正在背叛你们的父亲，他们是与腓力二世和亚历山大国王一起征服了世界的人！"[3]

双方在相隔几英里的盐碱地上对峙，战斗将在平坦的地面上进行，不过双方都要顶着伊朗高原上臭名昭著的盐碱滩（kavir）的沙尘作战。安提柯的阵形几乎和帕莱塔西奈战役时一样。欧迈尼斯则在左翼部署了战象和骑兵主力，并与朴塞斯塔斯联合指挥。欧迈尼斯与像往常一样指挥右翼的安提柯直接对阵。在一开始的试探后，安提柯便率骑兵攻击欧迈尼斯的左翼。朴塞斯塔斯所部竟迅速崩溃，但欧迈尼斯奋力抵抗，顶住了安提柯的攻势。与此同时，和之前的帕莱塔西奈战役一样，安提贞尼斯所部在中路势如破竹。战斗简直成了一场屠杀：安提柯的士兵大量阵亡，而欧迈尼斯仅损失了几百人。欧迈尼斯似乎很有把握，即使尚未完胜，至少也占了上风。他骑着马绕到右翼，准备在此指挥最后一击。

但事实证明，胜败定于战场之外。安提柯冒险从左翼派出一支规模可观的骑兵分队，借激烈厮杀的数万人马带来的令人窒息的烟尘的掩护，抢夺了欧迈尼斯毫无防备的辎重部队。欧迈尼斯意识到所发生的一切时，为时已晚。夜幕降临，朴塞斯塔斯拒绝派出骑兵攻击敌军右翼。

欧迈尼斯被迫停止战斗。公元前 320 年，他曾对涅俄普托勒摩斯用过此计，现在自己却栽了跟头。不过此事不乏先例，同样的事情也曾发生在亚历山大大帝身上。在高加米拉战役中，亚历山大告诫手下不要顾及辎重的安危，因为"胜利者将拿回自己的一切，并占有敌人手中之物"。这句话也由此成为征服者亚历山大的一句名言。[4] 欧迈尼斯效仿亚历山大，也说出了同样的豪迈之言，但结果大相径庭。

安提柯的方阵已被击溃，欧迈尼斯完全可以期待第二天的胜利。但是马其顿老兵拒绝继续战斗，因为他们知道自己的妻儿都已被俘获，于是总督们坚持撤军，打算改日再战。这些人战前就已商定，获胜后就除掉欧迈尼斯，而欧迈尼斯还被蒙在鼓里。因此，下属们对欧迈尼斯的呼吁根本置之不理，还偷偷派使者前往安提柯营地，打听马其顿家眷们的安危。安提柯做出承诺：只要他们交出欧迈尼斯，他们的家人就会被释放。

被迫投降的欧迈尼斯和其他数名高级将领很快就被处死。安提贞尼斯的下场最惨，尽管年事已高（大约六十五岁），但他斩杀了安提柯的大量士兵，士兵们为了泄愤，将他活生生地扔进坑中用火烧死。欧迈尼斯的大军和大象等全部成了安提柯的战利品。欧迈尼斯忠于奥林匹娅斯、亚历山大四世和正统的马其顿王室事业，是一位杰出的将军，也是最成功的保王派。欧迈尼斯的死开启了一个新时代，在这个时代，无人再为苟延残喘的国王效力，安提柯和其他继业者无不垂涎于独享王权。

奥林匹娅斯和欧迈尼斯之死，让世界落入了追逐私利的继业者之手。

整顿内政

公元前 317 年末，安提柯已大功告成。但很明显，自从他清洗小亚细亚总督以来，其斩获已远超特里帕拉迪苏斯协议所限。他对亚洲的掌控似乎很稳固，盟友卡山德掌管着马其顿，埃及的托勒密也很老实。亚历山大死后不久，似乎奇迹般地出现了一种权力平衡。战斗结束后，安提柯撤至埃克巴坦那附近的冬季营地，其大军广泛分布于米底，或重返各自领地。安提柯将于春天西进，但在此之前，首先还要处理一些内政。

培松是一个有野心的人，本应成为争夺亚历山大帝国大部甚至整个帝国的为数不多的有力竞逐者之一。他在帕莱塔西奈战役和伽比埃奈战役中都发挥了重要作用，在军中颇受欢迎，还是富庶之地米底的总督，而米底恰恰是前波斯帝国的心脏地带之一。培松联合安提柯对付欧迈尼斯的初衷是让东部总督辖地重获独立，并奉其为王。欧迈尼斯战败后，培松整个冬天都在劝说安提柯的手下，希望他们能留在东方为其效力。[5] 但安提柯不打算放弃东方总督辖区，这是一个宝贵的财源。安提柯令培松赶至埃克巴坦那并承诺确保他的安全，培松未加多想就前去了。安提柯的伙伴组成的委员会很快审问了培松，他被指控犯叛国罪（出于私利拉拢安提柯的军队），遭到处决。培松的一些手下在米底闹事，很快即遭弹压。如同此前在小亚细亚展现出官威一样，安提柯任命了一位新的米底总督。

另一个遗留问题是安提贞尼斯的老兵。自特里帕拉迪苏斯会议以来，这些老兵一直是个麻烦。现在这些老兵向安提柯出

103

卖了欧迈尼斯，证明了他们是可以被收买的。这些老兵曾发誓效忠欧迈尼斯，但他们还是违背了自己的誓言，尽管他们面临可怕的个人损失，这样做是情有可原的。不过，欧迈尼斯自己也违背了在诺拉对安提柯发出的誓言。安提柯决定解散这个老兵团。其中一些人被打发到遥远的东方，去阿拉科西亚（Arachosia）① 服役。剩下的人被安提柯带在身边，当开春后返回西方时，安提柯把他们派至各地，监管领地内的潜在多事之地。在东方的阿拉科西亚，老兵们干的也是雇佣兵的活——守卫边城，深入敌境侦察。冷酷的安提柯要求该地总督尽量不让这些老兵活着回来。[6]

旃陀罗笈多孔雀王朝

阿拉科西亚确实麻烦不断。自认为不逊于亚历山大的征服者旃陀罗笈多（Chandragupta），正热衷于领土扩张。

亚历山大在印度半岛上征服的领地，与难陀王朝统治的庞大王国接壤。早在公元前 326 年至前 325 年亚历山大还在印度半岛的时候，就有一个名叫旃陀罗笈多［希腊人称之为桑德拉库托斯（Sandrokottos）］的年轻人来找他，让亚历山大助其推翻腐朽的难陀王朝。亚历山大是何想法我们不得而知，但彼时部下的哗变令其无暇顾及年轻人的请求。亚历山大离开后，旃陀罗笈多统一了冲突的北方部落，推翻了难陀王朝。难陀王朝的覆灭让旃陀罗笈多继承了一个现成的王国。

马其顿对印度半岛上属地的控制并不稳固。到公元前 325 年，已有两名总督被杀：一人在起义中被害，另一人则遭到暗

104

---

① 包括今阿富汗东南部、巴基斯坦、印度部分地区。——译者注

杀。亚历山大的死，让旃陀罗笈多煽动了更多的叛乱。到公元前320年召开特里帕拉迪苏斯会议时，马其顿人基本承认了印度半岛上总督辖地的独立地位，并未对其进行新的辖制。到公元前317年，尚不满三十岁的旃陀罗笈多已接管了那些总督辖地，有效控制了从开伯尔山口（Khyber Pass）到恒河（Ganges）三角洲的整个北印度，并开始将目光投向北方，对环绕新帝国四周、从喜马拉雅山脉延伸至阿拉伯海的领地虎视眈眈。

因此，当安提柯自封为亚洲之主时，他继承了许多省份，这些省份无时无刻不受到年轻印度君主的威胁。安提柯并未试图保卫此地，但旃陀罗笈多更关注于巩固胜利果实，这些地区暂时保持了稳定。与亚历山大不同，旃陀罗笈多在印度建立了一套复杂、细致、精确的金字塔式行政制度，使其具备了管理整个帝国的军事、财务和内政职能。旃陀罗笈多建都于恒河边的巴连弗邑〔Pataliputra，又译华氏城，即今巴特那（Patna）〕。[7]

安提柯对其王国的远东属地并不感兴趣，那里的总督们几乎不受任何辖制，但塞琉古的再度征服改变了这种局面，塞琉古与旃陀罗笈多发生了直接冲突。公元前304年，二人之间爆发了一场大战。塞琉古战败，被迫将东阿拉科西亚、甘达利斯（Gandaris）、帕罗帕米萨达伊（Paropamisadae），以及阿雷亚（Areia）和格德罗西亚（Gedrosia）的部分土地割让给旃陀罗笈多。这些省份被永久割让，此后也无人试图夺回这些地区。旃陀罗笈多随后向南扩张，控制了几乎整个印度，还将北至兴都库什山脉的巴基斯坦和阿富汗收入囊中。旃陀罗笈多的帝国比英属印度还大。塞琉古向旃陀罗笈多宫廷派驻了一位名为麦加斯梯尼的常驻使节。不幸的是，他关于印度的所见所闻传世甚少,[8] 但他告诫世人,不要试图打败孔雀帝国。后来,旃陀罗笈多退位,晚年醉心于宗教。他于公元前 298 年去世,但其建立的帝国又延续了百余年,直到公元前 185 年被另一新王朝取代。

"亚洲之王"

公元前 316 年春,安提柯从埃克巴坦那启程,踏上归途。安提柯在波斯波利斯修建了一座宫殿,它位于公元前 330 年某夜被亚历山大酒后闹剧所毁的王宫主殿的残址上。[9] 他召集欧迈尼斯联盟中的东方总督开会,独掌生杀大权,如同在特里帕拉迪苏斯时的安提帕特一般手握帝国大权。许多总督官职未改;但可想而知,欧迈尼斯的主要盟友朴塞斯塔斯必遭罢黜。他能保住性命,恰恰证明了他早就被人收买,在伽比埃奈战役中的糟糕表现是故意为之。不管怎么说,安提柯还是把他作为随行人员带回西方,他此后一直是安提柯和其子德米特里的重要谋臣。对一个曾是亚历山大护卫官的人来说,这是一种屈尊,但至少可确保生命无虞:尽管朴塞斯塔斯此后从历史记录中消失,但据说一直活到了公元前 290 年代。[10]

安提柯到达苏萨后,在此也正式任命了一位总督。塞琉古已返回巴比伦,没什么用得着他的地方;得知欧迈尼斯战败后,苏萨城堡的驻军指挥官立即就投降了。苏萨的金库因此落入安提柯之手。随着欧迈尼斯的败亡,亚洲的财富都向新主人安提柯敞开了大门。安提柯获得了储存在埃克巴坦那、苏萨和波斯波利斯的资源,共计 25000 塔兰特(约 150 亿美元)。安提柯控制的领土极盛时每年能创造 11000 塔兰特的财富。

安提柯的财富助长了他的野心,而野心又增加了他的财

105

富。别的先不说，维持一支拥有四万步兵、五千骑兵的庞大常备军，每年就需要 2500 塔兰特的军费。当他从东方返回时，带走了从那里搜刮的所有金块，并将其储存在奇里乞亚和小亚细亚的金库里。他不打算再劳师东征，需要财富来维持对核心地带，即幼发拉底河以西亚洲领土的控制。在接下来的十几年中，安提柯虽经常在境外征战，但其领地的这一心脏地带未受战火波及。他趁着和平，抓紧开发治理这片重要疆土。与此同时，和所有继业者一样，安提柯仍密切关注着时局，寻找扩张时机。[11]

虽然安提柯统治着除埃及外的整个前波斯帝国，但他还没准备称王，因为亚历山大四世还活着。僭越称王肯定会给他带来麻烦——他的对手们会抓住这个机会来对付他，他的军队可能也会不满，因为军中许多人仍对马其顿王室忠心耿耿。他默许当地臣民称其为阿契美尼德诸王和亚历山大（也曾自诩为"亚洲之王"）的继承者，[12]但表面上仍打着"超级总督"和"亚洲将军"的旗号，自称是在替国王掌管前波斯帝国。

安提柯现在与自己的绰号名副其实，不只是"独眼"，而且是个"独眼巨人"（Cyclops，即希腊神话中名叫基克洛普斯的独眼巨人）。他和儿子德米特里都异常高大强壮，但安提柯同时也成了一个象征意义上的巨人。其他人能容忍他吗？在亚历山大死后这么短的时间内，会出现某种权力平衡吗？没过多久，安提柯的举动就告诉我们，他无意维持均势——他想独吞整个亚历山大帝国。

106

第九章　"亚洲之王"安提柯

　　安提柯从苏萨出发，向着巴比伦西进，随行车队满载着金块和战利品，宛如一座移动的帝国金库。手握重兵、骄横跋扈的安提柯，已显露出赤裸裸的野心。对于前进道路上的障碍，他必欲除之而后快。下一个遭殃的就是塞琉古。

　　安提柯到达巴比伦后，塞琉古给予了他国王般的礼遇，但安提柯仍不满足。安提柯像国王对待总督一样，要求塞琉古述职并汇报财务情况，此举使两人的关系恶化。塞琉古在深思熟虑后鼓起勇气，反抗安提柯的欺凌。塞琉古称特里帕拉迪苏斯会议明确赐予其属地巴比伦尼亚（意在委婉地提醒安提柯，他的权力同样是特里帕拉迪苏斯会议所赐），以表彰他对亚历山大的付出，安提柯无权干涉。实际上，塞琉古声称自己比安提柯更有资历，而安提柯被派驻小亚细亚以来，几乎没有参与亚历山大的战役。与此同时，深谋远虑的塞琉古还制订了逃跑计划，很快就带着家人和少数随从逃至埃及避难。

　　托勒密欢迎塞琉古来到埃及，但无疑也意识到庇护一名暴政受害者带来的宣传价值。塞琉古到埃及后告诉托勒密，安提柯现在想要的是"整个马其顿王国"，欲独霸亚历山大帝国。[1]这是事实，意味着安提柯对所有人都构成了威胁。托勒密致信卡山德和利西马科斯，寻求他们支持塞琉古官复原职。与此同时，安提柯写信给所有对手，提醒他们不要忘了共同对抗佩尔狄卡斯的盟友身份，并要求他们遵守协议。实际上，安提柯是在要求他们对塞琉古被罢黜一事不加过问，但此举已经凸显了其欲壑难填的野心。如安提柯所料，他的请求根本无人理睬。

安提柯从巴比伦尼亚来到奇里乞亚过冬。整个冬天，各路诸侯都在为再度开战摩拳擦掌，雇佣兵们有的忙了。公元前315年春，安提柯启程奔赴叙利亚，半路上遇到了利西马科斯、托勒密和卡山德派出的使团。代表们向安提柯发出了最后通牒，言语中夹杂着不加掩饰的野心和义愤填膺之情。继业者要求将巴比伦尼亚归还给塞琉古，这算是一种正当的关切。其余的不外乎以特里帕拉迪苏斯协议引发了联盟战争为由，要求安提柯与他们分享战胜欧迈尼斯的战利品。具体而言，他们想从安提柯自东方带回的黄金中分一杯羹。利西马科斯还想要赫勒斯滂-弗里吉亚（这对他来说是一大利好，因为这将让其在普罗庞蒂斯海两岸皆获立足点），安提柯在公元前318年占领了该地，但二人都无权将此地当作私有财产来处置。托勒密希望他对巴勒斯坦和腓尼基的吞并得到正式认可；出于某种原因，卡山德看上了卡帕多西亚和吕西亚。

如果满足他们的要求，那么安提柯虽控制了东部的总督辖地，但会丧失幼发拉底河以西的大量领土。安提柯帝国东西两部将首尾不得兼顾，他对小亚细亚的控制也将脆弱不堪。利西马科斯等人的潜台词是让安提柯主动东去。但安提柯已无法回头，除了拒绝最后通牒，与昔日盟友兵戎相见外，他已别无选择。安提柯自认为是亚历山大的继承人，这让其他人都成了造反的总督。于是，公元前315年至前311年，安提柯、德米特里父子与利西马科斯、托勒密、塞琉古和卡山德展开了所谓的第三次继业者战争。

厉兵秣马

109   虽然安提柯周遭强敌环伺，但他有足够的资源来采取暴力手段拒敌于门外。他的当务之急便是阻止卡山德离开希腊，他在攻防两方面都做好了准备。在防御上，他将侄子托勒密（Polemaeus，又写作 Ptolemy，也称小托勒密）派往小亚细亚，对付曾拥护卡山德的卡帕多西亚。托勒密扑灭了此地的独立苗头，随后继续向西北方向的黑海海岸前进。他威逼比提尼亚的统治者芝普特斯（Zipoetes），令其宣布中立，确保了该地区的希腊城邦不会引起麻烦，然后在赫勒斯滂建立了据点，防范来自欧洲的入侵。

与此同时，安提柯的舰队成功征服了一些爱琴海岛屿。在接下来的几年内，形成了一个由基克拉迪（Cycladic）群岛组成的忠于安提柯的联盟。日益商业化的宗教圣地提洛岛（Delos）成为该联盟的中心，这对雅典来说是一种损失，因为在公元前 4 世纪的大部分时间里，该岛主要由雅典控制；提洛岛自此保持了近一百五十年的自由，直到后来罗马人把它还给了雅典。联盟的形成对这些岛屿是有好处的，因为他们有了自治权和更大的自主性；对安提柯而言也是有利的，因为这让他和爱琴海诸岛打交道更方便了。在适当的时候，安提柯也会在其帝国内组建城邦联盟。

除了这些防御措施，安提柯也针对卡山德采取了直接行动。他派宫廷核心圈中的希腊人——米利都的阿里斯托德穆斯（Aristodemus）带着大笔金钱赶往伯罗奔尼撒，与波利伯孔及其子亚历山大商讨合作事宜。阿里斯托德穆斯在此召集了八千名雇佣兵，波利伯孔被安提柯任命为"伯罗奔尼撒将军"，负责在希腊开辟第二战线，拖住卡山德。其子亚历山大乘船南下与安提柯会面，商议各项事宜——确切地说，对将来如何分配战利品做出安排。

在采取上述举措对付卡山德的同时，安提柯还试图挑战托勒密的海上霸权。为了打造一支舰队，安提柯说服了罗得岛人用自己提供的原材料为其建造船只。我们不知道安提柯是如何说服理论上保持中立、与托勒密商业往来密切的罗得岛人为其服务的。但可能并不需要什么理由，罗得岛人之所以顺从安提柯，主要是对拒绝将导致的后果感到恐惧。罗得岛不仅是一个岛国，而且在对岸大陆上也有财产，一旦得罪安提柯，后果将不堪设想。安提柯还派人前往塞浦路斯，而当地的国王是托勒密的盟友。如果安提柯意在夺控该岛的话，那么他并未成功，因为托勒密毫不示弱，在接下来的几年中牢牢控制着塞浦路斯。但如果他的意图仅仅是想牵制托勒密的一些军队，那么这个计划是完美的，安提柯免去了后顾之忧，能够南下夺取托勒密在腓尼基的领地。

托勒密在公元前 320 年吞并巴勒斯坦和腓尼基时未有太多波折，欧迈尼斯在公元前 318 年也仅在此短暂驻留，该地区上次遭遇浩劫还要追溯至公元前 332 年。当时提尔和加沙的顽强抵抗激怒了亚历山大大帝，致其犯下了令人发指的暴行：许多人在提尔海岸被钉死在十字架上，加沙守将被绑在战车后面活活拖死。面对大兵压境的安提柯，此地的托勒密守军带着腓尼基舰队望风而逃。

一座座城市不战而降，但提尔守军认定安提柯的海军不足为惧，奋起抵抗。提尔拥有良港，是该地区最重要的城邦和主要商贸中心（特别是就阿拉伯香料贸易而言）。亚历山大用了

110

七个月的时间才拿下这座不屈的岛城，他毁掉了陆上城镇，用碎石修建了一条横跨数百米的堤道，将岛屿和大陆连接起来。安提柯花了十五个月的时间，但对偷渡船几乎无能为力，其制海权已如制陆权一般稳固后情况才有所改善。即便如此，这次围城行动还是令人不解地过于保守了。亚历山大进攻提尔时，使用了一支专业的海军攻城部队，但安提柯希望仅凭封锁就达成目标，并未采取猛攻。

安提柯急需这段海岸线。如果没有一支可以挑战托勒密的舰队，他的领土就很容易受到来自海上的袭击甚至入侵，离开海岸的商人也将不胜其扰，甚至有性命之虞。腓尼基欣欣向荣的船坞和港口里有安提柯造船所需之物，而且原材料，尤其是产量迅速减少的著名黎巴嫩雪松，也就在离海岸不远之处。为了吓住敌人，安提柯大肆宣传，号称他正在打造一支由五百艘战船组成的舰队，并吹嘘这些船当年夏天就能完工。为此，他在腓尼基建造了三所船坞，在奇里乞亚建造了一所；罗得岛人也正加紧为他建造船坞。整个东地中海海岸都在忙着为安提柯造船。在围困提尔城的同时，安提柯将南至加沙的各城邦中的托勒密守军统统扫清，夺取了富饶的加沙商港。

安提柯的财源

兼并了腓尼基和巴勒斯坦并与波利伯孔父子结盟的安提柯，到公元前315年已如日中天。除了东部的总督辖区外，他还控制了整个叙利亚、小亚细亚和希腊南部。他财力雄厚，拥有价值数十亿美元的财富（大多来自阿契美尼德帝国国库），还有非常稳定的年赋税收入。我们可从一本被误收入亚里士多德文集的小册子中了解到安提柯的税收情况，小册子列出了他的总督们征收的六种赋税：农产品税、牲畜税、资源税、贸易税、农产品利润税和人头税。[2] 如同此前的阿契美尼德王朝一样，安提柯让总督们向臣民征收赋税，然后收拢税款统一调度。

我们可从一段流传下来的铭文中一睹安提柯的经济意图。小亚细亚的提乌斯（Teus）和列别多斯（Lebedus）城邦都曾申请从海外进口粮食。安提柯在批复中明确指出，他通常不会应允此事，因为他宁愿域内子民食用国内的粮食，但他这次大度地同意了。[3] 安提柯想出口粮食，而不是进口。但他也意识到外国的粮食很便宜，正是他自己实施的禁运导致价格被压低了。

安提柯王国资源富足，拥有矿藏和金属，不乏所需的各种木材，满是肥沃的河谷和高原；他几乎控制了从东方到地中海的所有海陆贸易路线；能够召集足够的人力来应付任何不测。继业者无不尽力让自己的领地自给自足，不仅因为这是古代经济政策使然，更重要的是他们不想通过进口商品来帮助竞争对手。安提柯甚至在叙利亚当地发展纸莎草产业，以降低在这方面对埃及的依赖。[4] 就安提柯的情况而言，自给自足并不是一个完全不现实的目标，帝国内的许多地区从贸易顺差或商品出口中获得了可观利润，这是其他地方比不了的。

安提柯现在拥有了稳定的粮食市场份额，控制着几乎所有主要的木材来源。他在粮食市场的扩张，让当时东地中海最大的谷物出口方埃及和托勒密面临着商业压力；他垄断木材市场，也是为了打击托勒密。吞并腓尼基港口的意图便在于此：安提柯有了建造一支舰队所需的木材，并阻止了托勒密获得原料。埃及本身不产木材，所以托勒密不得不从远在马其顿的盟友，以及木材产量较低但距离较近的塞浦路斯那里进口雪松和

112

松树。没过多久，塞浦路斯就首当其冲成了安提柯的目标。

安提柯此后屡屡使用经济手段对付东地中海的对手托勒密。安提柯如此重视经济并不为过。敌人可以从三面入侵他的王国，所以他需要一支庞大的军队来保卫王国的安全，一旦时机成熟，就应扩军。维持这样一支军队代价不菲，安提柯不过是在确保自己经济上能应对自如。

《提尔宣言》

围城初期，塞琉古亲率一支托勒密舰队故意驶过，令海上力量不足的安提柯无可奈何。一些船无疑是去给处于半围困中的城镇运送补给，然后再与主力舰队会合。舰队旨在将科斯岛打造成托勒密的前进基地，从此出发进袭安提柯的小亚细亚属地。安提柯麾下大将托勒密率军而至，塞琉古撤退，暂避锋芒。但塞琉古半路先去了一趟米利都附近著名的迪迪玛阿波罗神殿（亚历山大大帝在此得到了宙斯之子的神谕，并对神殿进行了大规模重建）。据说神谕将塞琉古誉为"国王"。[5]但在当时看来，这一称谓有点为时过早。

113　　波利伯孔的儿子亚历山大在提尔见到了安提柯。他到后不久，安提柯就对卡山德发动了宣传攻势。安提柯召集所有从军的马其顿人（即该地区的军事殖民者）开了一次会，颁布了《马其顿人法令》，即为人熟知的《提尔宣言》。[6]与会马其顿人的首要任务就是对卡山德的反王室罪行进行缺席审判：处决奥林匹娅斯（不过令人讽刺的是，奥林匹娅斯也是在一场卡山德派马其顿人进行的走秀公审中被判刑的），拘禁罗克珊娜和亚历山大四世（安提柯要求卡山德将二人释放并还给"马其顿人民"），强娶塞萨洛尼丝，重建底比斯，等等。这是安提

亚历山大大帝
约公元前 330 年希腊青铜像的罗马仿制品（制作于公元前或公元 1 世纪）。尽管身披罗马铁甲，但他独特的发型——耳际上方及前额的卷发——标志着这位骑士无疑就是亚历山大。

奥林匹娅斯

据说金币中的人物是亚历山大的母亲。公元 3 世纪罗马皇帝卡拉卡拉（Caracalla）为纪念其所谓的祖先——亚历山大和奥林匹娅斯，召开了运动会，发行了该系列金币。

埃及的托勒密一世

这枚 4 德拉科马银币打造于公元前 305 年，此时身为国王的托勒密，开始把自己的头像印在钱币上，以取代亚历山大或其他神祇。头像显示出托勒密的威武和老练，背面的鹰则暗示他与宙斯有关。

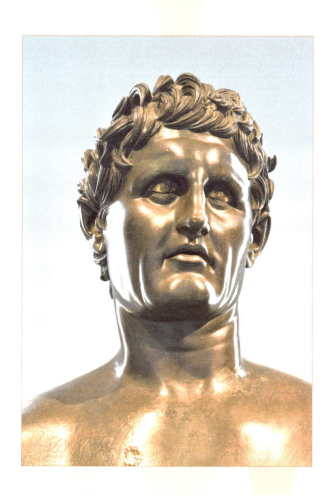

亚洲的塞琉古一世

这尊罕见的青铜半身像出自所谓的赫库兰尼姆纸莎草别墅主人的藏品。它是公元前 3 世纪原作的仿制品，原作甚至可能创作于塞琉古在世之时。

"围城者"德米特里

这是一幅希腊原作的罗马仿制品。它体现了足够的个体性,是相当精准的作品。但年轻的国王头上长出的公牛角,表明了他与酒神狄俄尼索斯的关系。

利西马科斯铸造的亚历山大钱币

公元前 297 年至公元前 281 年间铸造的这枚 4 德拉科马银币传递的信息是亚历山
大的统治得到了传承。从银币正面可看出亚历山大是宙斯之子，但背面的雅典娜
手上立着的胜利女神，正在给利西马科斯名字的第一个字母加冕。

金牛座山脉

绵延的金牛座山脉将小亚细亚与奇里乞亚和叙利亚隔绝开来，是一个重要的自然边界。这张照片是从今土耳其的萨因贝利拍摄的。

科林斯卫城

这座具有战略意义的山丘坐落于古城科林斯南部，控制着周围的乡村和穿过科林斯地峡进入伯罗奔尼撒的陆上通道。照片上的城墙可追溯到公元前 13 世纪或公元前 14 世纪。

迪迪玛的阿波罗神庙

米利都附近的古代神谕圣殿已年久失修，塞琉古出资进行了大规模重建。神庙占地 118 米 ×60 米，每根圆柱几乎都有 20 米高，圆柱底部直径约 2 米。

阿尔西诺伊神庙

公元前 290 年到公元前 281 年间，阿尔西诺伊在萨莫色雷斯岛的众神圣殿区出资重建了一座建筑（可能是一家旅馆）。阿尔西诺伊是利西马科斯的妻子，后来先后改嫁给托勒密·克劳努斯和托勒密二世。

印度战象

饰板部分镀银，直径约为 25 厘米，创作于公元前 2 世纪或公元前 3 世纪，可能来自巴克特里亚。头盔的样式表明象夫是希腊人。

萨拉米斯战役纪念钱币

公元前 306 年，塞浦路斯的萨拉米斯海战是"围城者"德米特里的高光时刻。在这个铸造于萨拉米斯的 4 德拉科马银币的正面，我们看到了吹响前进号角的胜利女神；背面则是象征"国王德米特里"传奇的海神波塞冬。

佩拉的猎狮镶嵌画

这幅创作于公元前 4 世纪末的精美的地板镶嵌画，是早期希腊鹅卵石镶嵌画的杰作之一。狩猎是深受马其顿贵族和国王们喜爱的一项娱乐活动，也是绘画、雕塑和镶嵌画钟情的题材。

维尔吉纳的牙雕

微型象牙浮雕出自维尔吉纳（埃盖古城）3号墓（王子墓）的卧榻，清晰地展现了希腊化时代追求细节的写实主义。浮雕中，在潘神（位于画面最左侧）主持的一场游行上，一个女人虔诚地抬头看着满脸胡须的快乐的男子。

维尔吉纳的壁画（局部图）

1977 年，在维尔吉纳发现的富丽堂皇的坟墓，颠覆了我们对古典时代晚期和希腊化时代早期绘画的认知。1 号墓的北墙展示了冥王哈迪斯驾着战车，劫走宙斯之女珀耳塞福涅这一经久不衰的主题。

安条克的幸运女神

这是一尊著名纪念雕像的罗马仿制品，原作是塞琉古一世在叙利亚建立新都时命人制作的。穿过城市的奥伦梯河的河水流淌在女神脚下，女神头戴形似城防工事的冠冕，手上拿着几束麦子。

柯继前一年欺凌塞琉古后再次公开恃强。但卡山德绝不会屈服于安提柯，两人之间的战争又持续了十四年。

安提柯与波利伯孔父子的交易也变得清晰起来。安提柯将波利伯孔任命为"伯罗奔尼撒将军"，意在以该职务终结他的摄政身份。安提柯宣称自己"要负君主之责"，也就是说，除了身为"亚洲将军"，安提柯现在还自诩为正统摄政。安提柯很清楚，波利伯孔的摄政之说不切实际，因为凭借对国王的控制，卡山德已经僭越了摄政之权，他才是真正的"僭越王"。毫无疑问，安提柯意欲统治整个马其顿帝国。

宣言最后声称保证希腊城邦的自由与自治，并承诺不驻军。安提柯此前已开始在辖区内外推广此种自治，但现在把它作为官方政策。这是一种很好的宣传，也很明智。他需要城邦的善意，这样希腊人就可为其提供人力和技术，而且不驻军的话，管理城邦的成本更低。

然而，从短期来看，希腊人获得自由的可能性还很小，甚至在安提柯辖地内也是如此，因为他必须在小亚细亚诸多城邦和基克拉迪群岛驻军以防入侵。当然，与波利伯孔几年前所做的一样，该宣言旨在打击对手。安提柯仍希望赢得塞浦路斯的希腊城邦的支持，怂恿那些被忠于托勒密的小王公所统治的人，赶走亲托勒密王公，他还要削弱卡山德对希腊城邦的控制。从经济上来说，宣言也意在起到一石多鸟之效。

注重功利很容易，不过安提柯似乎已尽力践行其自治的承诺，并将其作为拉拢潜在盟友的一种手段。但事实并非总是如此。我之前提到过，安提柯在公元前303年前后给列别多斯和提乌斯城邦写过几封信。他想要统一提乌斯所辖的两个社区，完全抛弃列别多斯。从信件的语气中可以明显看出，安提柯推行该计划违背了当地居民的意愿，他一心只想确保新城邦的税收能继续填充自己的金库。实际上，所谓的城邦"自由"往往是一种幻觉。

但安提柯的宣言令托勒密忧心忡忡，促使托勒密立即发布了自己的宣言，重申了其对希腊城邦自由的承诺。这些话被从托勒密口中说出就更令人奇怪了：首先，他已是塞浦路斯和昔兰尼加的希腊城邦之主，并且在那里驻扎了自己的军队，所以其承诺的欺骗性是不言而喻的；其次，卡山德统治着希腊本土上的许多城邦，安提柯统治着小亚细亚和希腊，所以托勒密此举不仅将损害敌人利益，而且可能有损盟友的利益（倘若有人真把他的宣言当回事的话）。因此，我们很难理解托勒密的宣言。不过，托勒密很可能像安提柯那样，让手下的马其顿士兵认可了这一宣言，从而对自称马其顿官方代言人的安提柯进行了反制。从理论上讲，谁控制了马其顿和国王，谁就控制了帝国的属地埃及。

正如战时常常体现的那样，此类抽象的宣言掩盖了真正的恐怖。安提柯怂恿（托勒密也冒失地撺掇）卡山德治下的希腊城邦中的民主分子起义对抗政府。闹事者制造的骚乱至少会令城邦驱逐杰出公民，而且很可能带来暗杀甚至内战。旧日积怨再起，许多希腊城邦打着维护某种政治制度的旗号实施暴行。例如，公元前315年夏，就在《提尔宣言》发表后不久，阿尔戈斯（Argos）的卡山德守军将领就围捕并屠杀了五百名民主叛乱分子。[7]

卡山德在希腊

115　　面对公然向其发起挑战并与波利伯孔父子结成攻守同盟的

安提柯，卡山德需要迅速采取行动，稳定他在希腊的核心领土。在劝说波利伯孔支持自己未遂后，卡山德于公元前315年夏，趁安提柯陷于提尔无暇他顾之际，凭借托勒密的五十艘战舰，再次入侵了伯罗奔尼撒。这场速胜令卡山德斩获颇丰，获得了包括科林斯南部港口在内的诸多领地。

参加了著名的尼米亚（Nemea）运动会后，卡山德返回马其顿，但他还要处理伯罗奔尼撒半岛的事务。卡山德很快派得力干将普雷佩劳斯（Prepelaus）将军返回南方，普雷佩劳斯成功地把波利伯孔的儿子亚历山大从安提柯阵营中拉了过来。亚历山大被卡山德任命为"伯罗奔尼撒将军"。据我们所知，亚历山大之所以变节，是因为他一直想当上"伯罗奔尼撒将军"，[8]但这解释不通，因为他很快就能从年迈的父亲那里继承安提柯所给予的头衔。亚历山大一定认为，卡山德在伯罗奔尼撒的势力更强大。主要据点在科林斯的亚历山大之所以改投卡山德，还是因为卡山德现在控制了科林斯的两个重要港口。

到公元前315年底，卡山德已控制了整个伯罗奔尼撒半岛北部地区。波利伯孔及其雇佣军被迫龟缩至西南部的麦西尼亚（Messenia），而此时东南部的斯巴达尚微不足道，无人问津。托勒密的舰队完成了任务，决定返航，途中经过卡里亚时，击败了安提柯一支规模不大的陆海军部队。

卡山德成功化解了国土面临的直接威胁，但尚未将战火烧至安提柯的小亚细亚领地。第二年，也就是公元前314年，对卡山德来说极为不顺，阿里斯托德穆斯先是说服埃托利亚人与安提柯结盟，然后在返回伯罗奔尼撒的路上又毁掉了不少卡山德前一年所获战果。与埃托利亚结盟非常重要，因为埃托利亚人还是某些彼奥提亚邦国的盟友。卡山德重建底比斯时，这些

彼奥提亚人失去了土地和权力，并与马其顿不共戴天的敌人结
成同盟。卡山德无法染指希腊中部，致使其与伯罗奔尼撒隔绝
开来。卡山德别无选择，只能依靠伯罗奔尼撒将军即变节的亚
历山大处理当地事务，而他自己则疲于与埃托利亚人和伊利里
亚人作战，无暇他顾。

　　消除伊利里亚人对马其顿西部边境的威胁，是一个实实在
在的收获。但除此之外，对卡山德来说，事情进展得并不顺
利。为安提柯效力的阿里斯托德穆斯在伯罗奔尼撒半岛屡有斩
获。到了秋天，安提柯已成功争取到利姆诺斯岛（Lemnos）
和伊姆罗兹岛（Imbros），掌控了从黑海地区到希腊的粮食通
道；这些岛屿本身也是很好的粮食产地。而亚历山大的神秘遇
刺，迅速引爆了已成火药桶的伯罗奔尼撒。当上将军的亚历山
大，与卡山德结盟不到一年就遇刺身亡。卡山德立刻失去了科
林斯和西锡安这两个关键据点，两地被谋求半独立的亚历山大
遗孀克拉特西波丽丝（Cratesipolis）接管。她的小王国的确存
续了几年——但其域内科林斯卫城所处的可俯瞰科林斯平原和
地峡的陡峭山坡，千百年来一次次地证明了其作为兵家必争之
地的重要性。

卡里亚战场

　　亚历山大大帝死后，阿桑德立即被任命为卡里亚总督，特
里帕拉迪苏斯会议对此给予了确认。多年来，阿桑德显然一直
是安提柯的忠实朋友，但后来情况发生了变化。富足且开化的
卡里亚曾诞生过独立君主，也许阿桑德有这方面的抱负——这
种抱负会让他害怕安提柯的报复。和塞琉古一样，也许阿桑德
唯一的罪过，就是拒不向颐指气使的安提柯低头。总之，公元

前 315 年夏末，阿桑德宣布加入反安提柯联盟。

当然，这对安提柯来说是无法容忍的。忤逆的卡里亚将破坏小亚细亚的统一，并且将成为一个从埃及或塞浦路斯入侵小亚细亚的完美桥头堡（托勒密正于此集结兵力）。安提柯令侄子托勒密兵临卡里亚。公元前 315 年末，托勒密到达卡里亚，正好在边境上过冬。翌年的大部分时间里，阿桑德凭借手中不可小觑的军队和埃及的托勒密支援的雇佣军，成功牵制住了安提柯侄子托勒密。公元前 314 年末，阿桑德去雅典进行了一次私人访问，提供了募军资金，出于回报，卡山德派普雷佩劳斯率军赶往卡里亚，欲打破僵局。[9] 但这股部队却被托勒密责无旁贷地消灭了，他逐渐成为那个时代最优秀的将领之一。

卡里亚的僵局还在继续，但托勒密已经完成了他的任务，成功控制了小亚细亚的局势，给安提柯留下了充足的时间来了结腓尼基的事务。舰队已打造完成，在舰队的帮助下，安提柯终于结束了对提尔的围攻，将整个腓尼基海岸收入囊中。卡山德在希腊的地位不稳，也给安提柯提供了可乘之机。安提柯决定把中东交给其子德米特里（他的儿子才二十二岁，尚待历练），自己亲征卡里亚，对付叛徒阿桑德，一并收拾卡山德。

117

第十章　塞琉古复位

　　安提柯重返小亚细亚，并不仅仅是为了夺回卡里亚。如果能打败利西马科斯（其主要任务是控制海峡，阻止从亚洲来的入侵），他就能染指马其顿；如果能打败卡山德，托勒密就会被孤立，安提柯就可从容解决托勒密。因此，安提柯只给德米特里留下了一支人数不多的军队——只有两万人，包括两千名马其顿步兵、五千名骑兵和四十三头战象，以此来牵制托勒密。安提柯带领大军北上，舰队绕过小亚细亚赶来与他会合。艰难越过金牛座山脉后，安提柯只来得及赶到切兰纳过冬，但他的舰队遭遇了卡山德的舰队（卡山德原本是派这支舰队去卡里亚支援普雷佩劳斯的），安提柯大获全胜。卡山德的卡里亚远征简直是一场灾难。

　　安提柯的陆海兵力均远胜阿桑德。公元前 313 年初，惊慌失措的反叛者阿桑德接受了城下之盟。阿桑德继续任卡里亚总督，但必须向安提柯称臣，不得指挥军队，也不得在城中驻军。阿桑德打算把自己的兄弟交给安提柯做人质。但几天后，不愿做安提柯傀儡的阿桑德变了卦，释放了自己的兄弟，紧急致信托勒密和塞琉古求助。不出意料，正在过冬的安提柯勃然大怒，从陆海两路向卡里亚发起了进攻。这是一场出色的战役，一场陆海协同的真正的闪电战。短短几周内，整个卡里亚——至少是重要的沿海地区，都落入了安提柯及其将军之手。阿桑德或许死了或许逃了，从此杳无音讯。

随着小亚细亚的再次无虞，安提柯现在可凭借手中的强大 119
舰队集中精力对付希腊了。卡山德感受到了威胁，准备谈判，
但对话无果而终，安提柯开始实施其入侵计划。首先，为了牵
制利西马科斯的部队，安提柯在其属地色雷斯境内的希腊城邦
煽动了一场起义（色雷斯一直对马其顿的统治心怀不满）。起
义城邦赶走了驻军，并与当地部落结盟，这些部落是利西马科
斯的宿敌。

利西马科斯接受了挑战。他行军迅速，除了一个城邦外，
面临围困的各反叛城邦纷纷投降。色雷斯-斯基泰（Scythia）
联军反应迟缓，未能救之于水火，反被利西马科斯所收拾。利
西马科斯劝说许多色雷斯人临阵脱逃，然后收拾了残余力量。
叛军的最后一座城邦卡拉提斯（Callatis）坚持抵抗，在围困
中一直坚守至公元前309年，但起义实际上已被平息。

安提柯派出了援军，但利西马科斯在卡拉提斯留下一支部
队应付安提柯。奥德里西亚（Odrysian）国王索瑟斯三世
（Seuthes Ⅲ）看到了争取独立的机会，背弃了几年前与利西马
科斯达成的和约。索瑟斯三世占领了一个山口，这个山口是利
西马科斯攻打安提柯的必经之路。但号称军事天才的利西马科
斯不负众望，先后击退了索瑟斯三世和安提柯的军队。索瑟斯
三世被迫议和，双方重新签订协议并联姻。

到目前为止，利西马科斯的聪明才智挫败了安提柯的计
划，但他有能力阻止全面入侵吗？安提柯制订了缜密的入侵计
划。他派侄子泰莱斯福鲁斯（Telesphorus）率一支小舰队和大
量陆军前往伯罗奔尼撒，肃清了卡山德在伯罗奔尼撒北部留下
的所有驻军，只留下了克拉特西波丽丝为卡山德把守的西锡安

和科林斯。但泰莱斯福鲁斯未能阻止卡山德夺取优卑亚岛（Euboea，即今埃维亚岛），该岛是卡山德抵御即将到来的入侵的首道防线。安提柯派另一个侄子托勒密率大军而至。在盟友彼奥提亚人的帮助下，托勒密一如既往地展现了杰出的军事才能：他控制了优卑亚岛大部，甚至一度威胁到了陆上的雅典。

托勒密一站稳脚跟，安提柯就从希腊水域召回了大部分战舰。随着公元前313年与前312年之交冬天的临近，安提柯开始向普罗庞蒂斯海和欧洲北进。卡山德别无选择，只能退至马其顿，面对可能经由色雷斯的入侵无可奈何，在优卑亚岛留下兄弟普雷斯塔库斯（Pleistarchus）指挥一支弱旅，对抗托勒密。与此同时，在安提柯的煽动下，埃托利亚人和伊庇鲁斯人继续给卡山德制造麻烦，卡山德不得不把更多的兵力投入希腊西部的一场战役。卡山德在马其顿几乎没有足够的军队来抵抗安提柯的入侵。

但安提柯的北部佯攻一无所获。他寻求与独立城邦拜占庭结盟。如果能成功结盟，他就能在欧洲获得立足点，并有机会在那里过冬，养精蓄锐。但在利西马科斯的怂恿下，拜占庭人倾向于保持中立，利西马科斯有足够的时间和人力（他收编了战败的敌方雇佣军）来进行防御准备。安提柯决定暂缓在天气难测的冬季横渡海峡、进入防守严密之地，让部队先在普罗庞蒂斯海附近过冬。安提柯计划来年一旦天气好转，就率军穿过赫勒斯滂海峡。

加沙之战

公元前313年与前312年之交冬季的几个月给了卡山德喘息之机，但他的处境仍很绝望。自公元前322年拉米亚战争以来，马其顿人首次丧失了对希腊南部（雅典是个例外）的控制权，安提柯对自由的许诺让希腊城邦的独立苗头死灰复燃。只有发生奇迹才能阻挡安提柯前进的步伐。安提柯肯定想借道色雷斯直抵马其顿，而托勒密从希腊中部向北进军。但战争风云变幻，一切未有定数。

　　首先，内部纷争减缓了安提柯的前进势头。托勒密在优卑亚岛取得了成功，而泰莱斯福鲁斯却兵败于此。安提柯顺理成章地委托托勒密全面负责希腊战事。对此，伯罗奔尼撒半岛上的泰莱斯福鲁斯愤然离去，在伊利亚单独建了一块"飞地"。泰莱斯福鲁斯在此恶行累累，洗劫圣地给雇佣兵发饷，让安提柯的事业失去人心，安提柯不得不对其严加管束。托勒密很快就把他的兄弟（或堂兄弟）带回了叔伯（或父亲）身边。但与此同时，托勒密也暂时无法为安提柯的行动助力。对安提柯来说幸运的是，无论是波利伯孔还是克拉特西波丽丝都未能充分利用这一良机，他们的兵力仅够防御。

　　事实证明，埃及的托勒密是卡山德的第二个救星。公元前 121
313 年至前 312 年初，托勒密还顾不上卡山德。他要平定昔兰尼加城邦的叛乱，应付塞浦路斯尚存的几个反托勒密城邦。他和塞琉古在从塞浦路斯返回途中袭击了奇里乞亚，这是二人在此期间采取的唯一反安提柯行动；德米特里匆忙从叙利亚驰援，但为时已晚。但到了公元前 312 年秋，托勒密已准备就绪，发动了对巴勒斯坦的大规模海陆入侵。托勒密意在为自己夺回巴勒斯坦和腓尼基，并为塞琉古重返巴比伦铺平道路。

　　此时正值深秋，如果德米特里此前知道敌军已在伯路西亚（Pelusium）集结的话，就不会再以为翌年开春前一切相安无事了。远征奇里乞亚后，德米特里遣散士兵去过冬，现在他必须召集人马以应对入侵。从埃及北进的托勒密和塞琉古，在加沙遭遇了德米特里。亚历山大将加沙夷为平地并屠杀居民的暴行，给小镇带来了二十年的伤痛，但它仍是东方重要商队的目的地，港口停放的香料被运至地中海各地。安提柯给德米特里留下了一大批高级谋士，他们都告诫德米特里要谨慎行事。但德米特里年轻气盛，他长相英俊、极富魅力，相信自己总能全身而退。也许他觉得如果击败亚历山大大帝的两位名将，自己一定会声名大噪。两军在加沙南部的平原上摆开阵势。

步兵方阵像往常一样被部署在中路。德米特里在人数上处于劣势，但这并未让他过于担心，因为他打算充分发挥骑兵的优势。德米特里大大增强了左翼的骑兵力量，右翼相对较弱，但如果战斗进展顺利，根本就无须投入右翼。考虑到部署上的弱点，德米特里采取了"拒止"战法——突出左翼强侧——尽量避免被侧翼包抄。德米特里将战象部署在整条正面阵线的最前方，补强阵形。塞琉古和托勒密也加强了左翼力量，回报敌情的侦察兵带回德米特里的部署情况后，他们仓促调整了阵形。塞琉古和托勒密两人没有战象，但他们知道如何对付德米特里的大象：他们在队伍前面撒下带刺的蒺藜，把那里变得如一个雷区般，并在前面部署了手执长矛的轻装步兵。

122　　战斗开始了。正如德米特里所料，他的左翼正对的是托勒密的右翼。多亏了托勒密在最后时刻的调整，双方强侧在兵力和装备上几乎势均力敌，德米特里指望的一边倒式冲锋变成了一场胶着而激烈的近战。在中路，德米特里的战象被铁蒺藜所伤，在托勒密的轻步兵前变得不堪一击。象夫大多被射杀，大象被制服。德米特里的骑兵们意识到他们的步兵方阵无法抵御托勒密优势兵力的冲击，许多人掉头逃跑了。德米特里几乎陷入孤立，只得准备撤离。败逃之军易遭屠戮，但德米特里的军队安全有序地撤至加沙。不过，当士兵们蜂拥入城抢夺辎重时，军队纪律全失。托勒密的军队出现时，他们已拿走城里的财物。德米特里趁着夜色北逃，把巴勒斯坦留给了托勒密。

这是这场战争中具有决定性意义的一场战役。德米特里在战场上仅仅损失了几百人，其中主要是骑兵，但几乎所有的步兵都投降了并被托勒密收编。东部叙利亚驻军的完败，无疑会引发小亚细亚的安提柯的关注。安提柯在弗里吉亚过冬，但很明显，只要一有机会他就会南下，越过金牛座山脉去看看托勒密如何对付一个成年对手，而不是一个乳臭未干的青年。[1] 对希腊的入侵被无限期推迟，卡山德一直祈求的奇迹出现了。

塞琉古归来

托勒密暂时获胜，他已收复了巴勒斯坦，觊觎着他处。公元前311年初，安提柯尚未到来，托勒密派一名将领北上，去根除叙利亚的德米特里。但德米特里撤出所有城镇的驻军，集结了足够的兵力迎战托勒密。德米特里这次赢了，收编了俘虏，缴获了战利品。也许安提柯对儿子的信任是正确的。安提柯在开春到了叙利亚，托勒密撤回埃及，前功尽弃。

离开小亚细亚前，安提柯与利西马科斯和卡山德达成了协议。战事不顺的卡山德、亟须全力应付色雷斯敌对部落的利西马科斯都有媾和意愿。托勒密的撤退令战事暂时平息。安提柯决定借机攻击纳巴泰人（Nabataeans）。

如果安提柯入侵埃及，这些半游牧的阿拉伯人会严重威胁其侧翼，但安提柯主要还是出于利益考量。战争一直是继业者的主要收入来源，除了掠夺外，安提柯可能还打算接管纳巴泰

123

人在乳香和沥青（可用作黏合剂和木材防水原料）方面的贸易。纳巴泰人的生意令加沙变得富有，现在控制了加沙的安提柯想去除中间人，垄断贸易。托勒密的领地是沥青的主产地，安提柯自然不想进口沥青来填满敌人的腰包。中东石油产品在历史上首次引发了战争。不过，安提柯军队连续三次的袭击要么一无所获，要么狼狈收场。他们一度成功劫掠了佩特拉（Petra，此时还只是一个静谧的圣地，尚不是那座由岩石雕刻而成的辉煌城市），但在返途中遭到伏击。[2]

与此同时，塞琉古也抓住了停战时机。安提柯的巴比伦尼亚总督在加沙之战中阵亡，塞琉古可乘机夺取几乎不设防的东方故地。公元前311年春，塞琉古率领托勒密的一千人马，从巴勒斯坦前往巴比伦尼亚。塞琉古企图凭借微弱兵力穿越敌意重重的地带，此举极为冒险。他鼓励那些认为他失去理智的胆怯之辈，称阿波罗已经誉其为王，他的这次冒险一定会成功。事实上，塞琉古在公元前320年到前315年任巴比伦总督期间颇得人心，他很快就收复了领地，并将军队规模扩大了一倍。安提柯守军在城内两座堡垒中避难，但很快就在塞琉古的围攻下投降。塞琉古归来之日（巴比伦历公元前311年尼桑月1日，即公历公元前311年4月某日）也成了塞琉古王朝元年，此历法一直作为东方标准纪年法，直到后来被罗马纪年取代。

"君主间的和平"

124　　塞琉古已重返巴比伦尼亚，战争失去了继续下去的动力。托勒密准备步盟友后尘，与安提柯和解：他已被赶回埃及，安提柯与利西马科斯、卡山德的停战协定使他处于极度危险的境地。安提柯也想要和平：他无法对重夺巴比伦尼亚的塞琉古置之不理，但若要对其用兵，首先要避免两线作战。于是，各方都渴望和平。公元前311年秋，各方代表会面（具体地点不详）并达成了协议。经过四年的战争，各家都所获甚少，"君主间的和平"基本上承认了战前的现状。根据协议，卡山德当上了欧洲将军，并任国王保护者，直到亚历山大四世成年；各方都维系着虚妄的谎言，打着为亚历山大继承人征伐的幌子。利西马科斯保住了色雷斯，但放弃了对赫勒斯滂-弗里吉亚的领土要求；托勒密保全了大埃及（包括埃及、塞浦路斯、昔兰尼加、一些归顺的阿拉伯城镇，以及爱琴海上的一些领地），但也放弃了巴勒斯坦和腓尼基。

与公元前315年春引发了战争的最后通牒相比，上述协议中的主张出现了严重的倒退。而且，安提柯进一步强化了其"亚洲之王"的地位：整个亚洲都被明确留给了安提柯。安提柯算是赢了：无论如何，他肯定没输，只不过尚未实现其更大的野心。他夺回了托勒密加沙之战后占领的领土，并在小亚细亚、爱琴海群岛和希腊赢得了一些新盟友和领土。安提柯没有因其国王般的做派而受到责备。他有效控制着从赫勒斯滂到加沙、东至美索不达米亚的整个近东；名义上还控制着东部的总督辖地，尽管重返巴比伦的塞琉古令其归属更加名不副实。

条约中没有提到波利伯孔是可以理解的，因为他已是强弩之末，并且正在伯罗奔尼撒半岛推行独立政策，不寻求与任何一方结盟。没有提到塞琉古也很容易理解：因为这是一次和会，而塞琉古仍在征伐。厌战的继业者把整个亚洲让给了安提柯，背叛了塞琉古，称其为叛乱者。他们的言下之意其实是："让安提柯和塞琉古二人自己做个了断吧。"几年后，两人的恩怨才最终尘埃落定。

当然，没有人相信这是结束所有战争的和平。战争是继业者意识形态的核心，他们所有的条约都应被视为临时休战，而不是我们所理解的和约。安布罗斯·比尔斯（Ambrose Bierce）① 将和平定义为"战争间隙的一段欺人时光"，这句话用到此处再合适不过了。[3]毫无疑问，安提柯仍欲一统天下，各方都在寻找对手的弱点，但和平带来了短暂的喘息之机。与此前的战争相比，第三次继业者战争尤为激烈。

条约还重申了希腊城邦的自治权，也就是说，每个继业者的领土上都有希腊城邦，他们有权借保护城邦自治来打击对手。条约生效后不久，安提柯便给控制下的各城邦寄去了一封信，这封信广为流传，敌方境内的人也能读到。[4]安提柯在信中一如既往地表达了对城邦福祉的关注，并建议那些尚未组成联盟的城邦效仿基克拉迪群岛居民组建联盟。尽管安提柯是一个极为倚重税收的统治者，总想开创功业（战争和建城开销最巨），但他在希腊城邦中口碑颇佳。现在安提柯试图利用这一优势，将更多的城邦汇聚到自己的联盟中。与此同时，鉴于卡山德等曾在希腊城邦驻军，安提柯此举更为直接的目的在于为其发动战争寻找借口。"君主间的和平"带来的喘息之机稍纵即逝。

巴比伦尼亚战争

各继业者都未亲自出席和会。安提柯和德米特里仍心系军国要务。对于想要控制亚洲帝国的人来说，巴比伦至关重要。这里人丁兴旺，物产丰富，同时也是陆路和水路的交汇点。如

---

① 美国记者、短篇小说家、寓言家和讽刺家。——译者注

果不控制巴比伦，将很难开发东部总督辖地的资源。塞琉古在
巴比伦的存在打击了安提柯帝国的要害，安提柯必须有所回
应。不幸的是，有关巴比伦尼亚战争的细节非常模糊，当时的
史学家并未详细记载这场战争（普鲁塔克仅简要提及了此战
第一阶段的情况），[5] 所以我们只能依靠少量楔形文字提供的信
息，而这些残缺的碎片上记载的文字通常并非严谨的史料。

此时身在巴比伦的塞琉古非常脆弱。他的盟友托勒密已退
回埃及，安提柯的军队如果此前不和纳巴泰人进行无谓的纠缠
的话，早就从叙利亚席卷而至。塞琉古首先需要更多的军队。
他招募了一些马其顿老兵，这些人是公元前 315 年被安提柯遣
散的老兵余部。但塞琉古最大的斩获在于，公元前 311 年秋，
兵力远不及对手的他成功击退了安提柯的两名东方总督发动的
袭击。塞琉古在一次出其不意的夜袭中大获全胜，俘获了一万
名步兵和七千匹马。到公元前 311 年底，塞琉古已接管了邻近
的苏锡安那省，毫不掩饰其攻占米底和其他东部领地之心。

公元前 311 年末，从纳巴泰失败中缓过神来的德米特里举
兵入侵了巴比伦尼亚，而他父亲的代表此时正在他处签订君主
和约。塞琉古在向远东进军时留下了一名总督负责防卫巴比
伦，这位总督疏散了平民，以便集中精力保卫两座堡垒，但是
被幼发拉底河一分为二的城市中已有一半落入德米特里之手。
德米特里把巴比伦交给手下干将后返回了叙利亚，但如果他认
为自己赢得了战争的话，那他就错了。塞琉古的巴比伦总督在
乡间发起游击战，袭扰德米特里的运输线，而且塞琉古已经在
回城的路上了。塞琉古一到，仅用了几天就收复了另一半
城市。

公元前 310 年夏，安提柯从西面发起了全面进攻，尽管占

领了巴比伦尼亚大片领土长达数月，但还是被塞琉古所牵制。公元前 310 年 9 月的天象日志记载，当时"大地上一片恐慌"，[6] 这反映的也许是安提柯入侵初期的场景；几个月后，日志称"大地上仍是一片哀号"。[7] 楔形文字还记录了当时急剧的通货膨胀，以及生活必需品变得稀缺和昂贵的情况。

127　　　　战争似乎陷入了拉锯战。安提柯首战告捷，他的军队攻入巴比伦，经过激烈巷战之后，把塞琉古赶了出去，还夺取了附近一座城镇，放任军队肆意掠夺。公元前 309 年 8 月末，塞琉古和安提柯展开了一场不太重要的激战，塞琉古在翌日拂晓时分突袭了安提柯的营地，打了胜仗。对安提柯而言，这一定是场完败，因为此战后安提柯撤回叙利亚，重新投身于和平建设，比如修建新都安提柯尼亚（Antigonea）。除此之外，他已年过七旬，庞大的身躯定会给心脏增添不小的负担。[8]

　　　　即便缺乏依据，我们也可以推测安提柯和塞琉古很可能签订了条约，因为此后一段时间里两人相安无事，井水不犯河水。安提柯放弃了东部领地，在接下来的几年里，塞琉古通过征服或与现任统治者达成妥协，接连控制了东部各领地。大概在公元前 304 年前后，塞琉古将麻烦不断的印度总督辖地和一些附属领土割让给了旃陀罗笈多。塞琉古以区区千余人马起兵，征服了广袤的领土，为他享国二百五十年之久的王国创造了一个惊人的开局。作为唯一成功挑战安提柯亚洲统治地位的人，塞琉古余生都被冠以"胜利者"（Nicator）这一荣耀的称号。

第十一章 鏖战希腊

继业者之间的和平永远是不稳定的，和平只是给了他们重整旗鼓之机。甚至在谈判签约之际，安提柯和德米特里就已卷入了一场漫长的战争，企图将塞琉古逐出巴比伦，并阻止他接管东部领地。这并未违反和约，因为和约没有涉及塞琉古的问题。但仅过了几周，托勒密就助友人塞琉古一臂之力，给了他一支生力军，并以安提柯在希腊城邦驻军、违反和平协议为借口，入侵了奇里乞亚。面对突发事态，德米特里击退了托勒密，但局势的脆弱已显而易见。

卡山德完全有理由松一口气。他一度濒临绝境，但和平给了他喘息之机。公元前310年，安提柯侄子托勒密的背叛投敌，为卡山德再添良机。托勒密只是心怀不满：也许他本指望和会能指任其为希腊中部总督或其他要职；也许他觉得安提柯偏爱德米特里，低估了自己在希腊和小亚细亚的宝贵付出。托勒密宣布其在希腊中部的飞地独立，将优卑亚岛作为大本营，并借其与当地统治者的交情，将势力扩展至赫勒斯滂-弗里吉亚。最糟糕的是，托勒密与卡山德结盟，巩固了自己的地位，从而使安提柯无法染指希腊中部，希腊中部门户大开。安提柯立即派军前往赫勒斯滂-弗里吉亚，打算收复该省，重掌通往欧洲的海上要道，暂时把希腊问题搁置一边。

局部纷争终将导致战争。公元前301年，打打停停的第四次继业者战争骤然结束。这是一场决定性的战争，或者更确切地说，是自公元前 320 年以来就开始的一场战争的决定性阶段。

阿吉德家族的末日

继业者日益膨胀的野心，仍面临一个巨大障碍。同此前所有协议一样，君主和约也宣称，当前的政权形态是暂时的，到期后即废止：再过五六年，成年后的亚历山大四世将继承王位。在马其顿已经有人开始抱怨，称不该再继续软禁幼主，是时候教他治国了。但事实上，无论是现在还是将来，继业者都无意将权力拱手让给亚历山大四世。他们将协议条款"当亚历山大四世成年"解读为"如果亚历山大四世能够活到成年"。继业者冒死才取得如今的一切，他们丝毫不打算几年后将其拱手让于新国王。卡山德多年来一直将亚历山大四世母子安逸地软禁在安菲波利斯。公元前 310 年或前 309 年，卡山德将幼主及其母亲罗克珊娜一并毒杀。

对此，其他人明显心照不宣，无动于衷。按理说这种弑君之举本应引发战争。长期以来，只要能捞到实惠，继业者屡屡宣誓效忠于阿吉德家族。公元前 315 年谴责卡山德杀害奥林匹娅斯的安提柯，此刻身在何处？在公元前 311 年的会议上，安提柯和其他继业者是否默许了卡山德的行为？也许，一切都不需明说：名义上忠于王室的继业者从此挣脱了束缚，都将从中受益。狄奥多罗斯（Diodorus）就此评价称："帝国不再有继承人，手握王国或城邦之辈开始觊觎王权，开始将各自属地视作征伐所得之王国。"[1]此后，继业者很少再用马其顿王室的光环为自己正名；他们实际上已与国王无异，靠武力夺控地盘，维系王国。没过多久，继业者就纷纷开始称王。

　　我们并不清楚卡山德到底是何时除掉幼主的。卡山德事后 130大肆混淆视听，他此前将母子二人长期软禁，在此期间秘密让一名心腹杀掉了二人。他甚至可能否认二人已经死亡，或散布谣言称他们已经逃走了，帝国各地的钱币和文书仍沿用亚历山大四世的名号长达数年。[2] 尽管卡山德下令杀掉了幼主，但后者还是被按皇家礼仪安葬（葬于维尔吉纳 3 号墓"王子墓"），卡山德或许亲自安排了葬礼，不仅是为了显示其恭顺，更意在厚颜无耻地与此事撇清干系。而且，按照马其顿传统，先王葬礼由下任国王主持：卡山德借此进一步表明了其马其顿国王的身份。

　　亚历山大四世之死，并未彻底了结卡山德与阿吉德王朝之间的问题。亚历山大私生子赫拉克勒斯正在伺机而动。在最初的巴比伦会议上，尼阿库斯曾不咸不淡地支持过赫拉克勒斯对王位的继承权。从那以后，几乎无人关注赫拉克勒斯；没有人希望出现第三个储君，尤其是身世可疑的赫拉克勒斯。但随着最后一位正统储君的死亡，几乎已经成年的赫拉克勒斯被推到了前台。赫拉克勒斯身居帕加马，公元前 309 年，大概在安提柯的同意下，波利伯孔让赫拉克勒斯来到伯罗奔尼撒。此时正是打出这张王牌的绝佳时机，因为卡山德刚被西北部族的大规模入侵重创。

　　蛰伏四五年之久的波利伯孔，此前在希腊本土享受了一两年的宝贵和平时光，已七十五岁高龄的他终于能再展雄风，率两万大军向马其顿北进，拥戴赫拉克勒斯为王。在过去的几个月里，他紧锣密鼓，尽量争取希腊各城邦（最大斩获是与埃托利亚人再度结盟）和马其顿内部的支持。波利伯孔驻扎在马其顿西南部的世袭州，准备与卡山德作战。

卡山德化解了这场危机。他尽力避免作战（以防手下士兵受未来新王蛊惑，临阵倒戈），运用了外交计谋，向老将波利伯孔抛出橄榄枝，任命其为伯罗奔尼撒军事长官（类似于安提柯授予的伯罗奔尼撒将军），将其在马其顿的财产物归原主，并赠予其数千名马其顿士兵。波利伯孔接受了卡山德的任命。背叛安提柯并不困难，因为波利伯孔近年来一直在伯罗奔尼撒奉行独立路线。与卡山德交好会置赫拉克勒斯于险境，波利伯孔对此根本不在乎。他在一次宴会上勒死了赫拉克勒斯和他的母亲巴耳馨。这是一种恶行，昭示了道德懦弱会带来怎样的恶果。[3]

这是阿吉德王朝的末日。在三百多年的统治中，王朝诞生了一些杰出的马其顿君主，至腓力二世和亚历山大大帝时期达到顶点。尽管克里奥佩特拉和首任伊庇鲁斯丈夫所生子女的血管中仍流淌着阿吉德家族的血液，但阿吉德男性后代从此根绝。现在，继业者可以放开手脚，瓜分亚历山大帝国的战利品了。

托勒密的机会

与安提柯侄子托勒密和波利伯孔结盟，大幅改善了卡山德在希腊的处境。他给了波利伯孔足够的兵力，足以威胁在伯罗奔尼撒半岛上的安提柯部属，他还指望希腊中部的托勒密能压制住埃托利亚人。然而，他的复兴之路注定坎坷。在这一忠诚备受考验的时代，托勒密的立场再次摇摆，他似乎很快就对他与卡山德的联盟感到不满。也许是因为波利伯孔的升迁令他感到不安，也许是他渐觉卡山德的事业从长远看毫无前途。当埃及的托勒密向其示好时，他做出了放弃卡山德的重大决定。

公元前 311 年，德米特里在叙利亚北部击退托勒密，却并未挫败埃及统治者的野心。公元前 310 年至前 309 年，托勒密继续向其海上的唯一对手安提柯发起进攻。托勒密血腥地重夺塞浦路斯，挫败了安提柯的阴谋，并以塞浦路斯和科斯岛为基地，向吕西亚和卡里亚的安提柯属地发动战争。德米特里在其父被牵制在巴比伦之际，尽其所能地保护着小亚细亚西南部。公元前 309 年，他解救了被托勒密围困的哈利卡那索斯城（Halicarnassus）。但托勒密的收获相当可观，而且中立的罗得岛也让他实际控制了通往爱琴海的通道。

与安提柯相比，托勒密通常给人以野心不大的印象。[4] 他无疑很审慎：他在公元前 320 年拒绝出任摄政，步步为营地为核心领土打造缓冲区，看似除了守住埃及别无他求。但他劫持了亚历山大的遗骸，自称是亚历山大的继承人，而身为继承人的托勒密应该也继承了亚历山大的进取心。

与其说托勒密野心不大，还不如说他很有耐心。托勒密此时的行为，无不反映出他制订了控制希腊的长远计划。首先，在公元前 310 年，他对卡山德和利西马科斯所控各希腊城邦进行了安抚，让他们不要被安提柯的自由承诺所蒙蔽而加入他的联盟——这一举动不仅旨在削弱老对手安提柯，而且也有损旧盟友卡山德和利西马科斯的利益。托勒密随后控制了通往爱琴海的南部通道，将卡山德和安提柯侄子托勒密分隔开来。不仅如此，他甚至接触了身居萨第斯的克里奥佩特拉，并向她求婚。克里奥佩特拉答应了托勒密，二人以为他们很快就会成为马其顿的国王与王后。

安提柯侄子托勒密坐船来到科斯岛，与托勒密商谈。科斯

132

岛与后者签有同盟和贸易协定，目前是其在爱琴海的前哨。公元前 309 年，托勒密的儿子、未来的托勒密二世在该岛出生，孩子的母亲在此能享受到当时最好的医疗护理。科斯岛的普拉克萨哥拉斯（Praxagoras）当时仍然在世，并为下个世纪的解剖学工作奠定了坚实基础：他发现了神经系统，清楚分辨出动静脉，并阐释了内脏的不同功能。托勒密（安提柯侄子）抵达后，托勒密以其密谋拉拢自己手下军官为由，逼其自杀。托勒密的真实意图可能是想铲除未来在希腊的对手。又一位名将因帝国野心而殒命。

公元前 309 年底，托勒密率大军扬帆起航时，希腊正动荡不堪。行军途中，托勒密成功分化了安提柯基克拉迪群岛联盟中的安德罗斯岛（island of Andros）。入侵希腊的时机已经成熟：卡山德尚在恢复，利西马科斯仍身陷内部纷争，安提柯正在巴比伦与塞琉古鏖战，德米特里远在叙利亚。甚至连波利伯孔也不足为惧：杀掉赫拉克勒斯的波利伯孔在前一年自马其顿启程，被彼奥提亚人困在希腊中部，尚未到达伯罗奔尼撒半岛。波利伯孔甚至可能已重回其在马其顿的小王国。

托勒密在科林斯未遇抵抗，顺利登陆。由于安提柯坚持不在所辖伯罗奔尼撒城邦中驻军，波利伯孔又尚未赶到，所以伯罗奔尼撒此时并无军队。惊惧的克拉特西波丽丝将西锡安和科林斯拱手相让。以科林斯为基地的托勒密，打算"解放其他希腊城邦"。[5]托勒密很可能是想重建腓力二世所创的古老希腊联盟（科林斯联盟）。[6]继业者一直都在争夺希腊人口，以托勒密为首的科林斯联盟的复兴，将迫使各城邦向其提供兵源，并阻断对手的兵源。托勒密将完全控制海洋。

对托勒密来说，这的确是一个获得无上王权的良机——但最终无果而终。希腊各城邦对托勒密的呼吁几乎无动于衷。伯罗奔尼撒城邦已获自由，觉得没有必要"城头变换大王旗"；可能感兴趣的内陆城邦寥寥无几，根本起不了什么作用，也易受卡山德的威胁，在托勒密（安提柯侄子）已死的情况下成不了什么气候。此外，托勒密还面临着新的危机。首先，并未打赢塞琉古的安提柯，此时已返回叙利亚。其次，托勒密的昔兰尼加总督企图把昔兰尼加到迦太基的整个北非海岸都据为己有，自立为王。虽然这位谋反的总督在计划尚未实现前就被其盟友所杀，但很明显，用兵希腊将使托勒密在其他地方捉襟见肘，他担心敌人会利用这一点。

于是托勒密与卡山德达成协议，在西锡安和科林斯留下驻军后返回埃及。他甚至可能重雇了克拉特西波丽丝保护其飞地的雇佣兵。当然，驻军之举并不契合他有关希腊自由的表态，但这些城邦可能是主动请求驻军的。至高王权近在眼前的托勒密，最终却一无所获，甚至失去了克里奥佩特拉。安提柯不许克里奥佩特拉离开萨第斯去和托勒密团聚，她很快就命丧黄泉。

可怜的克里奥佩特拉，一辈子总是与不凡失之交臂。公元前323年，其兄亚历山大归西，当时才三十出头的她就已经是一名王室遗孀了，命运让她成了争夺正统的继业者的一枚棋子。她是完美的猎物，既是先王腓力的公主，又是征服者亚历山大的胞妹，她能实现继业者的抱负。列昂纳托斯接受了她，但在婚前去世；后来佩尔狄卡斯也一样，未婚先逝。继业者屡屡试图通过和她结婚来谋利。最后，年近四十五岁、已过生育年龄的克里奥佩特拉，决定献身于托勒密，结果却受阻于安提柯，安提柯不容克里奥佩特拉这样的奖赏落入他人之手。[7]不

134

过，安提柯对凶手进行了一场作秀式公审，并为亚历山大胞妹举行了一场隆重的葬礼，借此撇清干系。他对杀掉库娜涅给佩尔狄卡斯带来了怎样的麻烦，仍记忆犹新。

德米特里夺占雅典

在西方，随着安提柯侄子托勒密的出局，以及与埃及王托勒密和波利伯孔的结盟，卡山德有望在希腊重整旗鼓。然而，他无法对盟友寄予厚望，他们只有在紧急情况下才会伸出援手。[8]此外，在可预见的将来，利西马科斯仍将疲于应付辖区内不羁的部族，而且还正忙于建设位于色雷斯切索尼斯（Chersonese）地峡要害处的新都莱西马基亚（lysimacheia）。在战争最后阶段加入反安提柯联盟的塞琉古正忙于东部事务，无暇顾及希腊。此时，塞琉古平定东部行省的那场持久战才刚刚拉开帷幕。

公元前 307 年，安提柯觉得时机已到，决定先发制人打击卡山德，在希腊重建稳固的大本营，最终一劳永逸地占领已被托勒密放弃的希腊。我们可将此役视作第四次继业者战争的真正开端，因为此前打打停停的战事已经被一场真正的战争所取代。如果孤立看待希腊的战况，此战无疑标志着希腊本土四年战争的开端。

卡山德委派的残暴的雅典总督——法勒鲁姆的德米特里公然践踏了所谓的希腊人的自由——并不是说其他地方没有暴君或专制政权，而是因为雅典与众不同。安提柯一边继续支持希腊人争取自由，一边派儿子德米特里带着 250 艘战船和 5000 塔兰特（约 30 亿美元）去恢复雅典的民主。安提柯显然志在必得。

公元前 307 年 6 月初，德米特里将主舰队停泊在苏尼昂海角（Sunium Cape），亲率二十艘船，向北航至萨罗尼克湾（Saronic Gulf）。这样一个毫无威胁的小船队未受多少关注：对方认为这些船是托勒密的，正在驶往科林斯。德米特里在最后一刻调转船头，直插比雷埃夫斯港。卡山德的守军将领未予抵抗，法勒鲁姆的德米特里很快地位不保。他获准离开雅典迁至底比斯，在那里住了十年。很明显，法勒鲁姆的德米特里无望重回雅典，于是他去了埃及的亚历山大城。如果知道到了公元前260年代，自己的孙子将在雅典掌权的话，他也许会很欣慰。[9]

然而，正征战于伊庇鲁斯的卡山德，眼下无法提供援军，雅典陷落后，比雷埃夫斯也很快失守——公元前307年8月，面对德米特里的攻势，比雷埃夫斯港守军一触即溃。在雅典公民大会上，德米特里通过代理人宣布雅典是自由的，并保证不驻军。他将遭人痛恨、象征异族占领的比雷埃夫斯要塞夷为平地。他还许诺向雅典市民提供木材、粮食和金银，这些都是常常忍饥挨饿的雅典人的急需之物。德米特里还归还了利姆诺斯岛和伊姆罗兹岛，两座岛屿是他父亲七年前从他们手中夺走的。最重要的是，德米特里恢复了十年前废除的民主政体。

雅典人雀跃欢呼，表示归顺。他们弹压了反安提柯的政客，将安提柯和德米特里誉为"救世主"，以两人之名设立了一个年度庆典，任命一位祭司来主持崇拜他们的仪式，甚至连德米特里的首任妻子菲拉都被尊为阿佛洛狄忒（Aphrodite，爱与美之女神）。雅典人奉安提柯和德米特里为"国王"，[10]并将两个新选区以二人的名字命名。至此，自二百多年前雅典民主初创时就存在的十个选举区增加至十二个。他们甚至还把安提柯和德米特里的容貌编织到城邦女神雅典娜雕像所穿的圣袍上。当游行队伍捧着长袍朝雅典娜神庙前进时，一阵反常的暴风雨袭来，长袍被扯碎了。

136   当然，有些人将此事看作不祥之兆，但在某种意义上，安提柯和德米特里的确是雅典的救星（虽然法勒鲁姆的德米特里的统治并不严酷），所享有的某些名誉也算实至名归。通过重建民主，他们恢复了雅典人的荣耀。民主的恢复还重振了雅典的造船业，雅典人很快就助其重建了遭卡山德打压的船队。雅典人的海上天分终于能派上用场了。但恢复民主的象征意义大于实际意义，重整军备的初衷并非为了帮助雅典。德米特里在雅典期间，将其当作王国的都城，指望臣民能执行王命甚至实现他的奇思妙想。在德米特里的统治下，雅典后来成为安提柯帝国的西都。

亚历山大博物馆

如前所说，公元前 290 年代初，法勒鲁姆的德米特里身处埃及。直到十几年后去世，他一直是托勒密的左膀右臂，参与创建了亚历山大博物馆［Museum 原意为供奉艺术、文学和文化女神缪斯（Muse）的神庙］和图书馆。托勒密这一极富雄心的规划，令其他继业者难以望其项背。[11]

公元前 313 年，托勒密建政十周年之际，亚历山大城成为王国的行政首都。[12]亚历山大的遗体可能也在此时从孟菲斯迁至新修建的巨大陵墓（Sēma）。此时，亚历山大城已大部完工，成为一个繁荣的商业中心。从人口分布看，城市由三个区域组成：希腊人聚居区、埃及人聚居区，以及以犹太人为主的其他聚居区。希腊人聚居区是迄今为止最为壮观的，人们驶进港口时就能从海岸线上清楚地看到那里的宫殿建筑群。托勒密最看重的各种建筑物分布紧密：宫殿、亚历山大陵墓、兵营、港口以及仓库，还有包括博物馆在内的重要神庙。在修建此类宏大建筑方面，托勒密可谓不吝成本。亚历山大城意在展示托勒密王朝的威严，如同路易十四为波旁王朝所建的凡尔赛宫一样。专制君主们总是如此极尽奢华。

博物馆既是一座学术殿堂（该馆馆长同时也是大祭司），也是一所主要为从事科学和文学研究的学者开设的住宿学院。所有的费用都由国王负担。图书馆是学者们开展研究的主要资源。它并非一栋独立的建筑，其中的书卷也存放于博物馆的书架上。

建立此座图书馆的托勒密雄心勃勃：首先，他打算收集所有希腊语手稿（尽量是原件）；其次，将其他语种的重要文献译成希腊文。在翻译方面，博物馆最突出的成就就是将《旧约》全书译成了希腊文。约七十名犹太学者组成的团队完成了此项工作，最权威的希腊文《旧约》因此被称作"七十士译本"（the Septuagint，"Septuginta"为拉丁语"七十"之意）。这项工作始自托勒密一世，他在位期间，《圣经》的前五卷可能已在亚历山大城被译出，整部《圣经》大约在一百五十年后全部译完。"七十士译本"此后成为亚历山大城犹太群体遵循的法律规范。[13]

我们无法估算出亚历山大图书馆所藏纸莎草书卷的数量，而且许多书不止一卷。例如，一卷轴 3 万字的一本书，如果被转录到纸莎草纸上，就会变成三卷。图书馆的藏书量可能超过50 万卷，尽管按今天的标准有些微不足道（美国国会图书馆馆藏 3300 多万本纸质书和 6300 万份手稿，其他形式的信息资源就更多了），但在古代这是一项令人难以置信的成就。即使在托勒密一世统治时期，图书馆藏书可能就多达5万卷。到公元3世纪末，仅目录就有120卷。目录不仅包含书名，还列出了作者的名字和简介、全部作品目录、每部作品的开头，以及（如果是诗歌的话）诗句的数量。这是一份希腊文学和思想的详录。图书馆最终在公元641年毁于大火，但此前早已长期无人问津；此外，公元365年7月21日，一场严重的海啸重创了亚历山大城（尤其是海边的宫殿）。[14]

深入研究馆中文献会发现，以《荷马史诗》（西方文学最早的奠基性作品）为代表的诸多知名文献有许多不同的版本。雅典曾于公元前6世纪对《荷马史诗》进行过某些编纂，但显然是不够的；尽管雅典主要悲剧作家埃斯库罗斯、索福克勒斯和欧里庇得斯的作品都有标准文本，但馆中所藏文本充斥着篡改的痕迹。乐于高价购买文献的图书馆员便宜了伪造者，却苦了今后的学者。无论如何，亚历山大图书馆在对每一作品分门别类时，必须要对作者作品的真伪进行证实，至少要规范希腊语言的使用规则，文学奖学金由此诞生，这也许正是法勒鲁姆的德米特里的过人之处。德米特里属于亚里士多德创立的逍遥学派，而百科全书式的刨根问底是该学派的一大标志。

亚历山大图书馆并非前无古人之物。在公元前4世纪的巴比伦庙宇中，科学研究可能就已常态化展开。[15]当然，私人收藏家已开始收藏文献：雅典的亚里士多德的藏书就极负盛名（亚历山大图书馆费了九牛二虎之力才得到他的藏书），而亚里士多德绝非特例。不过，亚历山大图书馆的规模却是空前的。随着希腊化时代的发展，其他城邦也开始兴建出色的图书馆，尤其是安条克（Antioch）和帕加马的图书馆，但没有一个比得上亚历山大图书馆。托勒密想要垄断希腊文学和科学文化的企图昭然若揭。

　　埃及人一直有一种错觉，认为他们是一个古老的种族，他们的书史记录了悠长的过往，[16] 但对托勒密来说更重要的是，马其顿国王们长期资助着希腊艺术家、哲学家和科学家。从这个角度看，博物馆的建立也不过是这种王权职能的极致扩展。恩惠不再取决于国王的喜好，托勒密王朝将其制度化，代代相传。

　　在整个希腊化世界中，王室资助是科学、数学、医药、技术、艺术和文学领域发展的主要动力。哲学家们通常对这种恩惠敬而远之，因为他们对宫廷的奢华生活感到恐惧。国王们有钱，他们的文化姿态能提升他们的声望，显示他们的才华。维尔吉纳和其他地方的马其顿彩绘坟墓——古典时代晚期和希腊化时代早期的富人坟墓——生动展示了财富与艺术发展两者间的密切联系。

　　资助不仅是必要的，而且是一种荣誉，标志着一名诗人或科学家挣得了国际声誉。因此，为了对国王给予的优渥生活加以回报，艺术家和作家们应偶尔用溢美之词奉承国王。[17] 在亚历山大城，艺术家和学者得到的待遇是世界上最好的。随着时间的推移，亚历山大图书馆甚至在城内分建了一个子馆，这是托勒密王朝供未定居学者使用的"缪斯的鸟笼"。[18]

　　博物馆孕育的学识，对亚历山大城的文学产生了巨大的影响。许多诗歌出奇地高深，以至于只有作者才能明白其中所有的典故。除了艰深的典故外，晦涩的用词和新词比比皆是。诗歌过去是为公开演出而作并伴有音乐，而现在的诗歌是为私人读者而写，这些读者有时间仔细阅读文本，读懂书中某些典故和神韵。短篇诗歌占据了主导地位，文集开始被编纂成册，以便读者鉴赏。在某种程度上，亚历山大文学是作者与读者之间一种精雕细琢的游戏。以离合诗和象形诗（即纸上文字形式呈现出某种图形的诗，如一首关于杯子的诗在文字排列上呈现出一个杯子的形状）为代表的巧技，首先出现在亚历山大城的作家笔下，也就不足为奇了。

过于取巧的诗句当然有可能过于平淡，这样描述某些亚历山大文学作品还是比较公允的。但博学和美并不一定水火不容，亚历山大文学还是有很多迷人和令人愉悦之处的。其中的精品保留了博物馆的真谛，在再现、模仿和戏仿古代大师来纪念过去的同时，发展出了新的文学形式和方向。整个博物馆的自信浓缩在一名作家所展示的博学上。智慧、学识、实证和精于技艺，是亚历山大城的永恒印记。

第十二章　安提柯折戟

安提柯家族仍非常强大。虽然他们已经在事实上把东部让给了塞琉古，但对于他们而言，这反而是种解脱，因为现在他们只需在两线上作战了：在希腊，德米特里和卡山德在四年战争中打得不可开交；在东地中海，安提柯和托勒密之间依旧剑拔弩张。安提柯父子仍采取攻势：德米特里重夺雅典意在染指希腊，进而最终拿下马其顿；与此同时，安提柯决心夺取托勒密的塞浦路斯，然后进兵埃及。

战场瞬息万变，但即使如此，兵精粮足、锋芒毕露的安提柯还是有把握击败仅有的两个对手。但如果利西马科斯也参战呢？安提柯也许能打败两人，但能打败三人吗？塞琉古会按兵不动吗，他会仅满足于成功征服东方吗？这些问题是决定第四次继业者战争（公元前307~前301年）战局走向的关键。

德米特里夺占塞浦路斯

德米特里在雅典站稳脚跟后，雅典人即着手修复防御工事。德米特里与埃托利亚人结盟，赶走了迈加拉一带的卡山德守军，稳定了希腊的局势。但正当其准备在希腊发动大规模进攻时，安提柯召回了他。德米特里迫不得已，只得从命。走之前，他尽其所能采取了各种措施，确保雅典和其他安提柯盟友能够抵御卡山德不可避免的反攻，并试图收买西锡安和科林斯的托勒密守将。但这名守将不为所动，德米特里只好暂时放弃希腊。在接下来的几年里，雅典频遭卡山德的攻击，一段雅典铭文就此愤愤地指出，卡山德是"为了奴役雅典"[1]——卡山德很可能是为了让法勒鲁姆的德米特里重掌权力，后者此前牢牢掌控雅典长达十年之久。

安提柯之所以召回儿子，是为了从托勒密手里最终夺取塞浦路斯。安提柯年事已高，无力独挑大梁；德米特里现在是安提柯在军事上的左膀右臂，而且拿下塞浦路斯的诱惑甚至令在希腊取胜的事情也显得不那么紧迫了。双方为争夺该岛进行了十多年的明争暗斗，但岛屿近几年已被托勒密纳入版图，现由其兄弟梅涅劳斯（Menelaus）牢牢控制。但安提柯正准备将托勒密的军队一劳永逸地从岛上赶走。塞浦路斯盛产谷物、盐、矿石（尤其是铜和银，"塞浦路斯"在希腊语中意为"产铜之岛"）和木材，安提柯急于独占上述资源，并借此打击托勒密。塞浦路斯还有悠久的造船和航海史。塞浦路斯在东地中海的战略地位，让近代历届英国政府不惜依靠谎言来维持其在该地区的影响力和军事存在。[2]

托勒密对塞浦路斯的占领，是安提柯控制海洋的主要障碍。即便如此，安提柯从希腊召回德米特里这件事看上去也有些奇怪，因为他在那里干得很好，而且即将更上一层楼。我们并不清楚是什么带来了夺岛良机，更有可能的是，二人起初就约定：德米特里先去希腊，尽其所能干好事情，在安提柯夺岛兵力集结完毕后，德米特里就回来参战。

无论如何，公元前306年初，德米特里离开了雅典，在奇里乞亚与征岛部队会合。途中，他请求罗得岛人帮忙，但遭拒。天气一好，登陆行动迅即展开。德米特里的陆军从北部席卷该岛，最终将梅涅劳斯困在萨拉米斯（Salamis）城内，而他的舰队则控制了港口。在小亚细亚专业攻城师的助力下，一场全面的围攻开始了。攻城塔已使用了三十多年，但德米特里为萨拉米斯专门建造了一座攻城塔：塔比城墙还高，能容纳数百名士兵，上下层甲板分别装有轻、重型投石机。

142

萨拉米斯城守军奋勇抵抗，同时焦急地等待援军。托勒密援军赶至，兄弟俩总共有两万五千人，而德米特里只有一万五千人。赢得此战的一方将统治东地中海。在这场百年来最伟大的海战中，近四百艘战舰参战，不等托勒密在萨拉米斯登陆，德米特里就将其击溃。托勒密逃回埃及，梅涅劳斯在岛上投降，其余守将随后皆望风而降。托勒密此前在加沙之战后将王袍与被俘朝臣还给了德米特里，德米特里"礼尚往来"，这回让梅涅劳斯带着家人和财物返回了埃及。

这是德米特里军旅生涯的经典之战，而他此时还不到三十岁。德米特里俘获了托勒密尚在海上航渡的雇佣兵，并接管了陆上守军，兵力增加了一倍多。托勒密一下就损失了近一半的兵力，丧失了此前无可匹敌的海上优势，无法保卫其在小亚细亚西南部和爱琴海上精心建造的堡垒。安提柯收复了所有的失地，并在接下来的十年里控制了塞浦路斯。托勒密已于公元前311年撤出腓尼基，此时的领地几乎骤减至公元前323年所继承的领土规模。更糟糕的是，他现在几乎无法就近获得适于造船的木材。接下来的几年里，托勒密愈加边缘化。

称王

占领塞浦路斯后，安提柯随即出演了亚历山大四世被害后终将上演的一幕：自立为王。加冕场面非常夸张。德米特里征服塞浦路斯的消息传来时，安提柯正在叙利亚北部监督都城安提柯尼亚的施工情况，米利都的阿里斯托德穆斯庄重地走了过来，开口便说："安提柯国王万岁！"[3] 早已准备好的侍臣们很快就手捧王冠，毕恭毕敬地将其戴在了安提柯的头上。全军大会鼓掌欢呼，拥戴安提柯为国王。

143　　　安提柯在回信时，请送信人捎回一顶王冠给身在塞浦路斯的德米特里，让他与自己共治，此举无疑表明安提柯打算建立王朝。没过几年，其他继业者也纷纷称王（没过多久，他们的妻子也打破马其顿传统，自封为"王后"）。某种程度上，这是对安提柯父子称王的一种回应——无人能独霸整个马其顿帝国。不过，从一则很能说明问题的逸闻中，我们能看出安提柯只觉得自己的王权才是货真价实的，其他人顶多是或者应该是其下属：安提柯父子才是想要拥有亚历山大全部遗产的真王，而塞琉古不过是"战象队长"，托勒密充其量是一个"舰队指挥官"，利西马科斯则是吝啬的"司库"，卡山德甚至都不值一提。[4]

但自立为王首先代表了独立：继业者不再是他人帝国内的总督，自己本身就是国王，不再听命于其他任何人。称王的时机意义重大：如果亚历山大四世还活着，公元前 305 年满十八岁的他已经成年。因此，卡山德不得不公开承认国王已死——各继业者索性开始扎堆称王，一时间出现了"大爆炸"[5] 现象。

由于各自称王，领土划分变得更加清晰。他们显然明白"一国无二君"的道理。仿效安提柯、德米特里称王的其他继业者，巩固了手中的既得领土，声称可以靠武力开疆拓土。让将士们效忠的那个统一的马其顿帝国一去不复返了。帝国的瓦解让这种忠诚变得狭隘，将士们变得只忠于自我，或忠于他们的雇主和国土。

　　现在，继业者可能觉得自己的地盘已较为稳定，但他们不会知足。开疆拓土是国王的天职。王位是靠战争赢来的，要坐稳王位，也离不开战争。此时及后世的所有希腊化时代的国王在一言一行甚至穿着上都表现得像战士一样。在永无休止的血腥循环中，军事上的胜利带来了财富（来自掠夺和赔款），拓展了领土，给国王带来了更多的收入和军饷，进而能获得更多的军事胜利。这是国王的逻辑，也是君主们总是互相征伐的原因。打破这种破坏性循环，实现权力平衡，让继承而非军事胜利来决定王权——要做到这些并非一朝一夕之事。继承与继业者无关，因为他们是先驱者；成就他们王业的是赫赫伟绩，而非血统。

144

　　继业者此前已展现出君主做派，自封名号（安提柯已是"亚洲之王"，托勒密不啻埃及法老），或被尊为王（迪迪玛的塞琉古、雅典的安提柯和德米特里）。但近几年正式称王开始成为希腊化时代的一种标配，此后诞生了十几个王朝和二百多位国王、王后。希腊君主制虽继续发展近两个世纪，但诸多特征已在此时显现。这一制度的产生，不仅因为继业者都出身于马其顿，更是由于始自亚历山大大帝的东方与马其顿王权的融合产生了更加专制的倾向。它开启了绝对王权模式，经历了罗马元首制，被中世纪和近代欧洲君主制所传承。

　　马其顿出身的国王们，乐于让臣民知晓其不乏荷马式的男子气概。利西马科斯公开称自己杀死了一头野狮，塞琉古说自己赤手空拳把一头公牛摔倒在地——狩猎和战斗是王室艺术品中最常见的主题。在雕像和书面描述中，国王们无不是年轻而阳刚之相（不管事实如何），而迄今为止，最常见的国王雕像莫过于英雄式裸雕了。马其顿贵族习以为常的重度饮酒文化，也是为了体现这种阳刚之气。

但国王的阳刚之气和过人之处主要还是体现在其军事能力上。[6] 在前近代社会，概莫能外。马基雅维利在 1532 年写道："一个君主，除了战争之外，不应该有其他忧思……他应全力以赴投入战争，并将其作为自己的天职。"[7] 据我们所知，各继业者无不是在取得重大军事胜利后才开始称王的：安提柯是在征服塞浦路斯后称王；托勒密是在公元前 306 年击退入侵埃及的安提柯后加冕；塞琉古则是在公元前 304 年征服东方领土后才登基；利西马科斯打败色雷斯国王后顺势称王；而卡山德可能是在四年战争中取胜后才称王的。

拥有出色的军事领导力至关重要，否则无论国王拥有怎样高贵的品质，如果他作战时表现不佳或时运不济，他就有可能被人取而代之，佩尔狄卡斯在埃及的失败就导致其被属下所杀。但国王还需要具备其他的优点，他必须慷慨大度，不仅要奖赏他的军队，尤其是朝臣们（他们确实指望着发财），而且要抽出时间听取民愿。一个关于德米特里的故事很能说明问题：一名老妇多次请求面圣，但德米特里回复说自己太忙，老妇见状说道："那还不如不当国王。"[8] 据说，塞琉古曾抱怨称，如果人们知道国王要应付无穷无尽的繁文缛节和公文，那么他们一定会望而却步。[9] 国王必须在亲民和保持一定威严之间找到平衡。其他形式的大度包括在宫廷和王国里做一些慈善和文化资助活动，充当域内争端的仲裁人，建立城市来帮助脱贫，以及向城市提供财援。

国王通常会想方设法让臣民知道其王者风范：安排盛大游行，频频征战；乐善好施，建碑立庙；尽享诗人和雕画家的赞美与描绘；建立对国王或王朝的偶像崇拜。国王特质中某些看似利他的行为是虚幻的，所有的一切都是为了维持国王的地位。例如，资助文化活动或隆重祭祀神祇，不过是国王在国内外维持声望的一种形式罢了。然而，正是由于利他主义的出现，所以至少为了装点门面，国王也会允许个人和群体向其请愿。政治思想家增加了一个道德维度，指出国王应服务于臣民的福祉，而非满足私利，但继业者对此几乎置若罔闻。他们建立的是帝国，而非保护国。

国王的统治是为了创收，最终只有一个受益者，即国王本人。一般来说，希腊化时代的国王将王国当作私人领地，比如公元前133年，帕加马王国的末代君主将整个王国都遗赠给了罗马人。所有的地主和用地部门（比如拥有土地的神庙），不过是享有特权的承租人罢了。国王可以予取予求。

希腊化时代早期的绝对君主制，是作为战场统帅的国王权力的自然延伸，据说塞琉古深信"国王的命令永远正确"。[10] 签订条约的是国王本人，而不是他的国家，所以国王死后，所有的条约当即失效。不存在什么常任顾问委员会，只有由"王伴"组成的松散组织，他们很可能就像开会一样，一边喝酒一边谈事情。用"王伴"来形容国王最亲密的谋士和护卫官，再度揭示了希腊化时代早期王权的个人属性。胜利的荣耀也属于个人：是托勒密赢得了胜利，而不是"埃及"。这表明他受到众神垂青，如果这场胜利足够重大的话，他自己几乎就是神了。绝对君主制简直是为继业者量身定制的，他们将其视作实现自身野心的绝佳工具。

146

安提柯进攻埃及

希腊化时代早期的国王们无不渴求胜利。只有取得胜利，才能证明国王是真正的天选之子。但安提柯的新一次冒险显然没有得到众神的垂青。占领塞浦路斯数月后，趁着天气较冷、托勒密惊魂未定之际，安提柯和德米特里率领大军从陆海两路向埃及发起全面进攻。9 万名士兵和 83 头大象经陆路从叙利亚南下，150 艘战舰及 4 万名水兵沿海路进发。从加沙开始，每名士兵都按要求带了 10 天的口粮，这足够穿越埃及北部的西奈沙漠，而亲安提柯的阿拉伯人准备了庞大的驼队，可为大象提供饲料，为士兵提供水和粮食。托勒密将指挥部设在了伯路西亚，静候安提柯。

尽管海上天气恶劣，大部分舰队和所有陆上部队还是在 11 月初抵达尼罗河，而河对岸就是托勒密的部队。不过，安提柯的海军处境艰难：他们找不到登陆点，水和食物也开始短缺。强渡尼罗河难如登天，安提柯对此心知肚明，尤其是佩尔狄卡斯的前车之鉴仍历历在目。原定计划是德米特里绕过尼罗河，迂回到托勒密身后，为陆军渡河创造机会。但托勒密在河对岸的防守很严密，德米特里无法登陆。

德米特里在返回与陆军会合途中又遭遇了一场风暴，损失了几艘舰船。舰队指挥官认为，天气在年底前不太可能好转，安提柯在沙漠中也撑不了太久。安提柯决定退兵。此时的安提柯可能身体不适、垂头丧气，肯定有一种廉颇老矣的感觉。这本该是他的最后一战，他不再属于战场了。

147

德米特里进攻罗得岛

安提柯本打算公元前 305 年再次进攻埃及，但首先要解决罗得岛。作为埃及向希腊出口粮食的中间人，罗得岛与埃及联系紧密。但对也开始出口粮食的安提柯来说，迫使罗得岛排除托勒密，只与自己进行粮食交易，很可能是他占领该岛的主要原因之一。罗得岛打破了安提柯对东地中海的控制，且拒绝支持其入侵塞浦路斯。入侵埃及期间，罗得岛人粉碎了安提柯破坏埃及运粮的一次行动，此事成了安提柯夺岛的导火索。安提柯公然辩称，罗得岛人此举是一种战争行为。他欲将罗得岛的财富据为己有，想要切断托勒密的主要收入来源；岛民们呼吁安提柯遵守公元前 311 年和平协议中的条款，保证希腊邦国的自治，但徒劳无功。

夺岛本应很容易，安提柯本可在几周内拿下罗得岛，再进攻埃及。然而，罗得岛坚守了一年多，耗费了安提柯大量精力，入侵埃及的计划也因此泡汤。罗得岛之战结束时，托勒密已重整旗鼓，此战成了第四次继业者战争的转折点之一。

公元前 305 年夏，德米特里带着一支庞大舰队出现在罗得岛外海。罗得岛人急忙同意废除与托勒密的盟约，与安提柯结盟。但德米特里得寸进尺，又提出了不切实际的要求。罗得岛人准备应对围攻。在加强防御的同时，罗得岛人还向安提柯的敌人致信求援。托勒密、塞琉古、利西马科斯三人均做出回应，但托勒密做得最多：他希望围攻越久越好，给他恢复的时间。在此后的围城中，托勒密派出的援军穿越封锁线，往往会在千钧一发之际，给罗得岛送去士兵、物资和金钱。安提柯的舰队无法完全包围这一大岛，特别是在晚上，所以突破封锁线

148

相对容易。德米特里甚至雇用海盗——通常是地中海最好的水手——来补强其海军力量，但仍有补给运进岛内。

德米特里从海上展开进攻，凭借此前萨拉米斯战役中大放异彩的海上攻城器，很快就占领并控制了一片滩头阵地。精于海事、不畏强敌的罗得岛人击退了德米特里的多次进攻；有一次，还击沉了德米特里的两部海上攻城器，不过德米特里几周后又造了一部更大的攻城器。但一场风暴毁了这一庞然大物，罗得岛人抓住时机，将德米特里赶出了滩头阵地。

至公元前 304 年初，德米特里举步维艰，英勇抵抗的罗得岛人令人刮目相看。但一切还没有结束。德米特里决定改变策略，从陆地上进攻。为此，他建造了一座规模空前的攻城塔，甚至比萨拉米斯战役中所用的那部还要大。塔高 40 米，配有装甲和投石器，能投射重达 80 公斤的石弹，射程近 200 米。攻城塔填满了护城河，遍地是攻城槌和投石机。接下来，攻城者用石炮扫射城垛，槌锤撞击城楼，并派工兵拆毁城墙。中立邦国试图通过仲裁来结束战争，但无果而终。劳伦斯·达雷尔（Lawrence Durrell）就此指出，德米特里通过建造这座巨大的攻城塔，打了那些潜在的仲裁者一记响亮的耳光。[11]

罗得岛人采取了非常手段，当德米特里的军事巧匠们忙于建造攻城器具时，他们在岌岌可危的外墙内又修了一堵墙，甚至拆除了公共建筑的大理石墙来充当石料。与此同时，尽管数量不多，但罗得岛人的舰船在海上屡有斩获。最重要的是，德米特里始终未能守住港口。

德米特里开始了进攻。罗得岛人挫败了其工兵的行动，虽然最终退至新建的内城，但还是进行了反击，击毁了庞大的攻城塔。这为罗得岛人赢得了足够的时间来修复和构筑工事。进攻又开始了，一切似乎都朝着德米特里预想的方向发展。他打算来一次夜袭，从城墙缺口突入，结束战斗。他的士兵成功进入城内，但力战不敌。德米特里又开始准备最后的进攻，但被安提柯叫停：攻取罗得岛损失惨重；而且希腊的局势正迅速恶化，那里更需要德米特里。罗得岛因此得救。

罗得岛人对托勒密的鼎力协助感激涕零，把他奉为救主。德米特里也获得了一个新头衔：波里奥塞忒斯（Poliorcetes），即"围城者"（Besieger）。尽管他失败了，但这一称号实至名归。他所使用的攻城技术的确令人印象深刻，而且极富创新精神。战争一如既往地催生了技术进步——尽管当时从人类的聪明才智中获益的唯有战争。此后数十年中涌现出了阿基米德的螺丝钉、精准的水钟、螺旋橄榄榨汁机、奇妙的消遣器具等令人瞩目的和平发明，但在公元前 308 年奉法勒鲁姆的德米特里之命所造、现身于雅典一场游行、能排出黏液的机械蜗牛并不在此列。[12]

安提柯承认了罗得岛的自治，罗得岛人将支持安提柯的所有作战行动，但不包括针对托勒密的。安提柯王国得到了一些好处，但得不偿失——不仅金钱、人力和声望受损，而且从此错失进攻埃及之机。罗得岛人对此自然是欣喜若狂，古代世界七大奇迹之一、罗得岛巨像正是在此背景下修建的。巨像矗立在港口附近（并非像某些天马行空的图片所描绘的那样建于港口上空），罗得岛人通过出售德米特里军队遗弃的攻城装备，筹集了部分钱款。

巨像是罗得岛主神太阳神赫利俄斯（Helios）的一尊青铜雕像，高 32 米，巨大无比，普通人充其量只能围抱其一根拇指。罗得岛人的巨像与"围城者"的巨塔如出一辙，为此他们还找了一个当地人担任总设计师。无论如何，这值得庆祝，因为罗得岛的中立地位为其此后的繁荣打下了基础。但在公元前226年的一次地震中，象征繁荣的巨像从膝盖处折断，轰然倒塌。此后数百年，巨像的遗迹一直为人所瞩目，公元7世纪阿拉伯人征服该岛后，才将其熔化运走。

150

四年战争的结束

在安提柯看来，希腊的形势的确岌岌可危。侄子托勒密叛逃和被害后，卡山德重回希腊中部，并迫使埃托利亚人不再与雅典结盟。公元前304年初，卡山德围困雅典，饱受苦难的雅典仍苦于亲疏安提柯两派之间的政治纷争，危在旦夕。卡山德的兄弟普雷斯塔库斯甚至一度突破了城墙，后被骑兵击退。

德米特里率军抵达，在希腊中部登陆。卡山德在敌军逼近时放弃了围攻，撤至马其顿。埃托利亚人和彼奥提亚人迅速示好，德米特里率兵南进。雅典得救了——至少免于沦为卡山德的猎物。但德米特里现在是国王，希望得到国王的待遇。至少，他在物质方面继续造福着这座城市。

从公元前304年开始，德米特里在心目中的王城接连度过了两个冬天。雅典人视其为一个市民群体的创建者，这意味着他们已然承认他多少是个神明了，因此他索性将宫殿建在了帕特农神庙——这里祭祀着他的"姐姐"雅典娜。[13]确切地说，德米特里似乎自认为是狄俄尼索斯的化身（由此特许组织了一系列的庆祝活动）。德米特里的两位嫔妃被誉为爱神阿佛洛狄特，她们一定很讨"围城者"的欢心。所有的史料都认为德米特里是一个英俊的男人，[14]他从不缺同床共枕的女人。米南德揶揄着列举了当时的著名佳人，最后称："德米特里已将她们统统揽入怀中。"[15] 甚至连他的军团都被誉为雅典的解放者。雅典人甚至在他走下马车、第一脚踏上雅典土地之处建了一座祭坛，以示神谕。德米特里已享有雅典人献给他的三个尊号；征服西锡安后，西锡安人又献给了他第四个。

从军事上讲，德米特里是不可阻挡的。公元前303年春，他将托勒密守军赶出西锡安，随后兵临科林斯，而卡山德大将普雷佩劳斯加强了托勒密原来部署在这里的防御力量。为了凸显军威，德米特里称其应科林斯人的请求，开始在科林斯卫城驻军。托勒密仅短暂染指希腊本土，但安提柯王国的部队却在此存在了六十年，成了很多人的眼中钉。

当年晚些时候，随着卡山德兄弟普雷斯塔库斯兵败伯罗奔尼撒，四年战争结束了。身在麦西尼亚的波利伯孔成了一个无助的旁观者。命运一度令他举足轻重，但由于缺乏足够的杀戮本能和舍我其谁的霸气，他并不适合竞逐霸业。不过，波利伯孔的结局还算不错：不到一年，这位"雄狮中的豺狼"[16] 就因年迈而去世。

公元前303年，身居伯罗奔尼撒的德米特里后宫再添佳丽，他娶了伊庇鲁斯的皮洛士的姐妹，一个名叫黛达弥亚（Deidameia）的年轻女子为妻——此举意义非凡，因为黛达弥亚是奥林匹娅斯的堂侄女，曾是亚历山大四世的未婚妻。摩洛希亚是最强大的伊庇鲁斯部落，国王皮洛士雄心勃勃。此刻，伊庇鲁斯人再次团结一心，抗击卡山德。

德米特里做好了入侵马其顿的准备。卡山德求和，但安提柯一方断然拒绝，要求其无条件投降。公元前302年春，在希腊屡战屡胜的德米特里，重建了腓力二世的科林斯联盟，他与

151

父亲出任首领，世袭罔替。安提柯父子做到了此前托勒密未能如愿之事。许多希腊邦国参与其中，德米特里实际上控制了希腊；斯巴达拒绝加入，但此时的斯巴达尚显羸弱，无碍大局。联盟的直接目标是击败卡山德，战时状态下，安提柯父子牢牢掌控着联盟。[17]由于联盟只维持了几年，我们无从得知其在和平时期的运作方式。联盟任命德米特里为统帅，他向北进军迎战卡山德。看样子，争夺马其顿的最后决战即将上演。

伊普苏斯之战

安提柯父子在与卡山德的和谈中秉持强硬立场，这或许有些欠妥；既然全面战争已不可避免，卡山德只好寻求帮助。利西马科斯早已准备好帮忙，尤其是考虑到卡山德似乎打算拿出小亚细亚作为回报。安提柯曾试图安抚利西马科斯，但父子二人的不断成功令利西马科斯愈加不安，觉得一旦他们掌控了邻近的马其顿和小亚细亚，自己很快就会成为侵略的下一个目标。利西马科斯的积极介入是该阶段战事与早期战事的最大不同，此前长期受困于色雷斯内乱的利西马科斯终于腾出手来。他是一位伟大的将军，正是他领导了反安提柯父子的联军。

托勒密当然是天然盟友（尽管最终他没帮上什么忙），而结束东方征伐的塞琉古也伸出了援手。打完仗后，旃陀罗笈多给了塞琉古五百头大象及相应的象夫，这虽然不及其放弃的领土贵重，但也是一份大礼。塞琉古将大部分战象都投入了西方的战事。和公元前315年至前311年的反安提柯联盟一样，卡山德、利西马科斯、托勒密和塞琉古四人此番再次联手。

卡山德派普雷佩劳斯率兵去和利西马科斯会合，自己率军从马其顿向南进发。卡山德在色萨利遭遇德米特里，但无论哪一方都无法发起进攻。双方都构筑了巨大的营地，观察着对方的一举一动，两支军队的兵力都十分惊人，以至于他们都不急于发起进攻，等待着来自小亚细亚的战报。卡山德拥兵三万，德米特里麾下有五万五千名精兵。双方在高地扎营，粮草充足，都不愿冒险挑战强大的敌军。这场本应发生的马其顿争夺战并未打响。

公元前 302 年初夏，利西马科斯入侵小亚细亚。承平已久的小亚细亚燃起了战火。利西马科斯向东挺进至赫勒斯滂 - 弗里吉亚，普雷佩劳斯率军沿海岸南下。二人都想在安提柯父子反击前，尽量将小亚细亚的希腊城邦收入囊中。他们很快就占领了几个重要城邦，安提柯王朝在小亚细亚的总督中的一些重要盟友望风而降。但尚且安全无虞或自认可抵御围攻的城邦选择了暂且观望，不愿因过早投降而激怒安提柯。

八十岁高龄的安提柯已觉力不从心，被迫重披战袍，北上进入小亚细亚。安提柯自知已不再适合杀伐，开始追求和平事业。事实上，他本打算举办一场盛大的国际体育比赛，向世界证明安提柯尼亚是一个很了不起的希腊城市，但现在他不得不取消赛事。此举令人震惊，代价高昂——好比现代奥运会的主办国在最后一刻取消了奥运会一样。但安提柯从来不是避战之辈。

安提柯赴小亚细亚参战后，利西马科斯和普雷佩劳斯就必须改变战术：在塞琉古到达前，两人在战场上根本不是安提柯的对手。安提柯步步进逼，威胁到了他们的补给线，二人北撤，步步为营，避免决战。塞琉古即将经卡帕多西亚抵达小亚细亚，二人此举也旨在让安提柯无暇他顾。利西马科斯和普雷佩劳斯将安提柯牵制在多利留姆（Dorylaeum），随着冬季来

153

临，双方都撤军了。安提柯退至切兰纳，而利西马科斯和普雷佩劳斯则退到赫拉克里亚-潘提卡（Heraclea Pontica）南部平原上。利西马科斯通过迎娶现任统治者阿玛斯特里丝（Amastris），确立了与赫拉克里亚的联盟，并拆散了其与安提柯的同盟。赫拉克里亚不仅给利西马科斯提供了额外的木材来源，同时也给了他一条返回色雷斯的生命线，这条生命线在那个冬天显得尤为重要。

为了确保胜利，安提柯需要援军。他命令德米特里与卡山德休战，赴小亚细亚与其会合。德米特里刚一起航，卡山德就收复了色萨利，留下一支部队保护马其顿，并派出由其兄弟普雷斯塔库斯率领的第二支军队，从陆上支援利西马科斯和普雷佩劳斯。与此同时，德米特里在以弗所登陆，立即收复了该城，然后沿着海岸前进，让普雷佩劳斯的所有成果化为泡影。德米特里将冬季营地设在卡尔西顿（Chalcedon），守卫着海峡。

普雷斯塔库斯率军到达普罗庞蒂斯海的北海岸时，发现德米特里已占领了南海岸。因此，普雷斯塔库斯沿着黑海西岸向奥德索斯（Odessus）进军，准备在那里登船，向赫拉克里亚进发。奥德索斯没有足够的船只让他的部队一次性完成横渡：第一批人员安全抵达赫拉克里亚；第二批被德米特里抓获；第三批遇到了风暴，普雷斯塔库斯是为数不多的安全登陆之人。他所带领的两万名士兵中有六千人非死即被擒。但到了冬天，塞琉古到达卡帕多西亚的消息传来。甚至连叙利亚的安提柯军队对巴比伦的袭击，都未能动摇塞琉古西进的决心。塞琉古避开了经由叙利亚的路线，经亚美尼亚到达卡帕多西亚。

与此同时，当安提柯的叙利亚军队忙于入侵巴比伦尼亚时，托勒密趁机侵入了腓尼基。但他听信了错误情报，认为盟友已在小亚细亚战败，在所占城市留下驻军后，便仓皇撤回埃及过冬了。托勒密几乎是白费力气，提尔和西顿两个重要港口仍在安提柯王朝手中。相比之下，塞琉古短短几个月内就完成了一次史诗般的行军，等待着与利西马科斯汇合，后者在公元前301年从冬季营地出发向南进军。

战斗在弗里吉亚的伊普苏斯（Ipsus）展开：双方阵中各有两名国王，兵力各约八万人。这是军队规模最大也最重要的一场继业者之战。利西马科斯和盟友们将与安提柯王朝展开一场你死我活的斗争。如果他们失败的话，那么只有托勒密才能阻止安提柯王朝实现统治世界的夙愿。

但这是反安提柯联盟的一次完胜。八十多岁的安提柯死于雨点般的长矛和弓箭下，而德米特里则侥幸逃脱。战后的敌方宣传说德米特里表现糟糕——由于他的骑兵追击敌军跑得太远，以至于无法在关键时刻给父亲施以援手。但同样可能的是，塞琉古的象夫巧妙地阻止了得胜的德米特里率骑兵返回战场解救其父安提柯。我们对此战细节了解不多，但德米特里的右翼骑兵会获胜早在预料之中，利西马科斯和塞琉古可能精心设计了战术，故意让德米特里远远追赶其左翼部队，然后部署战象断其后路。这样一来，当他进退维谷时，安提柯一路人马要么投降，要么被杀。德米特里仓皇逃离，恐惧、愤怒和悲伤一起涌上心头：他和父亲的关系是出了名地亲密。[18] 最坚定、最成功、最有天赋的继业者安提柯殒命沙场。在他六十岁的时候，时势给了他称霸之机；他并未错失良机，二十年来一直权倾天下。对那些还没有被权力冲昏头脑的人来说，盛极一时的安提柯的败亡也许会让他们懂得如何节制。

第十三章 托勒密和塞琉古王国

伊普苏斯战役后，塞琉古和托勒密牢牢控制了各自的王国，这也是这场战役最重要的影响之一。因此，我们应在已有史料的基础上，暂且远离战场，仔细看看这两个王国。许多结论可能有待商榷，但我们所掌握的其他继业者王国的情况更为有限。亚洲的塞琉古王国和埃及的托勒密王国仍是考察"继业者瓜分亚历山大帝国后，如何打造各自王国"这一重要课题的最佳窗口。

伊普苏斯战役后，托勒密王国保全了其核心领土，直到公元前30年被罗马人接管。塞琉古王国则饱受边界更替之苦，在帝国内部，一些山区部族从未彻底归顺。公元前304年，塞琉古将与印度接壤的总督辖地割让给旃陀罗笈多，而以比提尼亚为首的几个小亚细亚独立或半独立王国，令塞琉古及其继承者焦头烂额。在公元前3世纪的大部分时间里，波西斯是半独立的；约公元前3世纪中叶，王国失去了巴克特里亚，该地在希腊人的带领下赢得了独立。坏消息接踵而至：公元前246年，帕提亚总督宣布该省独立，脱离了塞琉古王国，但不到十年后就落入北方侵略者之手，被其统治长达三十五年。塞琉古 玄孙安条克三世（Antiochus Ⅲ）短暂收复了帕提亚，到公元前2世纪中叶，入侵者已吞并了米底，塞琉古王国与异族入侵者在巴比伦尼亚和美索不达米亚展开了持续不断的战争。塞琉古帝国仅存的领土最终在公元前 62 年被罗马人吞并，幼发拉底河因此成了罗马帝国和帕提亚帝国的边界。

与亚洲的史料匮乏相比，干燥高温下完整保存的纸莎草纸，让我们看到了更多关于埃及的史料。不过，本书所讨论的是希腊化时代初期四十年的情况，流传下来的几乎所有史料在年代上都要晚于这一时期。某些情况下，在历史上由后推前是合理的，但这充其量不过是一种猜测罢了。近代欧洲的早期历史表明，国家集权化、区域化和官僚化要经历漫长复杂的过程，并随着时间的推移而发展，而我们没有足够的史料去研究托勒密王国和塞琉古王国早期的历史，无法详细考察这一过程。无论如何，可以肯定的是，继业者时代各王国的治理方式仍在演变，尚未定型。托勒密和塞琉古在战争上花了大量时间，他们颁布的首批政令应意在确保王国内部稳定，以保证有足够的财力维持战事。

不出所料，各王国在治理上将马其顿风格与当地特色进行了融合。[1]在亚洲，"当地"主要指阿契美尼德王朝，因为安提柯政权几乎没有留下任何痕迹（即便有也无法辨认），而波斯人无疑与遍布帝国各地的基层组织进行了互动。断断续续被波斯统治长达两百年的埃及，混合了自身制度和阿契美尼德体制。在这两个王国，行事风格迥异的马其顿人以征服者的身份出现，为了不惹众怒，维持简单的生活方式，他们会采纳当地的制度，而漫长的岁月已经证明了此种制度的有效性。接下来，我们会看到两个王国在治理上的异与同：两位开国君主都出身于马其顿，称王时也面临类似的时局，但各自所继承的当地风俗或其他情况（比如疆域）存在差异。

埃及在地理和民族上都相对独立。它由尼罗河三角洲和尼　157

罗河上游长达 1000 公里的肥沃的狭长地带组成，最大宽度不超过 30 公里，东西两边都是广阔无垠的沙漠。不过，亚洲的塞琉古王国则是一个庞大的帝国，由广阔的领土和不同的民族组成，每个民族都有自己的传统和亚文化。王国包括今土耳其、黎巴嫩、叙利亚、伊拉克、科威特、伊朗、阿富汗的大部，以及乌兹别克斯坦、土库曼斯坦和塔吉克斯坦的部分地区。塞琉古父子完成了伟大的壮举，以征服者的身份驾临，将上述地区统一长达五十年之久，直到东部地区开始分崩离析。帝国的辽阔疆域意味着国王所在之地就是帝国的中心。公元前 313 年后，亚历山大城一直是托勒密王国的中心，但塞琉古的宫殿或行宫遍布整个王国。他通常待在安条克，但在苏萨、底格里斯河畔的塞琉西亚、切兰纳和萨第斯也都建有王宫。

马其顿体制

马其顿由一大片广阔而肥沃的平原组成，西临塞尔迈湾，上马其顿群山环绕。该国物产丰饶，不乏木材、谷物和矿物。马其顿仍以乡村为主，山地农民和小农所在的州长期被贵族和小王公们所统治。这些州频遭邻邦袭击，因此，马其顿文化强调尚武，国王和贵族应当是杰出的战争统帅，并履行政府职能和宗教义务。各地的小王公会参考近侧王伴提出的建议，但做决断的还是王公本人。行伍之人有权集会，但此类大会几乎无足轻重：它是奉统治者之命而开，要做的就是批准国王的决策。

将马其顿统一于中央集权下的腓力二世，保留了同样的基本架构：国王、王伴和公民大会。所有就近的公民都要参会；到了战时，与会者则成了就近的马其顿士兵。公民身份和军事义务是紧密相连的：为了成为公民，你必须得到国王授予的土地，作为国王的承租人，你有义务缴纳税款，并在必要时参军。子承父地的同时，也要履行相应的义务。国王名义上拥有所有的土地（至少由他支配），但会将土地分封。公民大会无法为国王的统治带来合法性，但在继承人未定或国王软弱的情况下，大会可能会起到一锤定音的作用。在亚历山大死后的巴比伦会议上，我们已经看到了这种情况。继业者屡屡祭出全军大会，将其视作一种保底手段，同时也表明他们缺乏安全感。

　　不过，马其顿国王治国的首要关键不在于其与农民和士兵的关系，而在于与贵族的互动。国王的核心圈子里就有不少贵族谋士和副手。首先，这些王伴本身就是军事统领，指挥着各自的军队。甚至连国王与军队的关系，在很大程度上也需经贵族才能理顺。因为这些贵族统治着马其顿各地，构建起了国家的基本单元，还承担着国王要求的其他行政事务。官僚机构的存在是必不可少的，它们起到发布决定、安排货物装运、征召军队等作用；每一城镇和州都有地方行政机构，但除了国王及其王伴外，并不存在任何统管全局的行政机构。

　　理论上，国王拥有绝对的权力，但在实践中他需要倾听谋士之声，毕竟一个国王不可能知晓王国里发生的一切。他还需博采众议，通过不时做出的亲民之举来维持较高的民望。不过，来到王宫觐见的人很少能见到国王本人，顶多能见到某位王伴。因此，贵族不仅充当着国王和军队的中间人，还在国王和民众间架起了沟通的桥梁。没有贵族们的配合，国王几乎无法顺利施政。

　　危急情况下，马其顿国王也可能决定召开会议，让臣民充分知晓当前时局及对策，以免他们事后抱怨。例如，亚历山大

158

大帝透露了令人始料未及的东征计划后，首先将这一决定告知了自己的士兵；[2] 多位继业者操控军队，展开了针对对手的作秀式公审，以为其战争或暗杀行为正名。

此时的马其顿是一个温和的君主政体，但并非君主立宪制国家。国王是国家的行政首脑和宗教领袖。他有权制定内外政策（如税收标准）；有权建立和解散联盟，拥有宣战权和媾和权，是全军最高统帅。国王也是手握生杀大权的"首席大法官"，随时有权决定是否进行审判，甚至有权决定是否将犯人就地正法。这种模式类似于荷马式的王权：在荷马史诗中，长老们提出建议，民众倾听并喊出自己的心声，但国王才是最终一锤定音之人。[3]

国王的地位类似于一家之主：他是无可争议的家长，但在很多情况下，为达成目的，不得不与潜在的反对派进行协商。在很多情况下，王权取决于国王的性格和意愿。如果国王一门心思欲干成某事，那么任何个人和势力都阻止不了他，他可以为所欲为。

安全、经济开发和安抚民心

马其顿体制是继业者的治国底色，但先王腓力二世，尤其是亚历山大大帝，让此种模式平添了更多独裁色彩。他们史无前例的成功带来了空前的专制，因此国王不再顾忌违背王伴们的意愿。继业者也是如此，他们一心只想成功。毫无疑问，托勒密和塞琉古是成功的，也是专制的。

除了共有的马其顿底色，托勒密和塞琉古的另一共同点在于他们都是征服者。和所有时代的征服者一样，二人也有三个迫在眉睫的问题需要解决，即安全、经济开发（控制资源）

和安抚民心（统治合法化）。这三个问题是互相关联的：如果不能安抚当地的精英，王国的安全就得不到保证，不维持军队的话，王国同样不会安全；但养兵需要搞好经济，反过来又需要当地民众的配合。与后世许多殖民者不同，此时的征服者们并未采取恐吓甚至消灭当地居民的蠢行。

作为征服者和马其顿式的国王，塞琉古和托勒密将各自王国视作其私人领地；他们可以任意处置这些"用长矛赢得的土地"。对地主来说，税收相当于租金；国王拥有大片土地，将其委托给农民进行耕作，包括税收在内的所有收益都归国王所有。所有资源都集中在国王手中，然后进行再分配。不过，托勒密和塞琉古并非真正的专制君主，等级制稀释了部分王权。二人也不是强盗：他们为未来着想，希望身后的子孙能继承一个运转良好、利润丰厚的王国。

国王会将部分土地重新分配给寺庙、城市，甚至是应得的个人，而这些人可凭所得土地的大小成为王国的贵族，享有数座村庄和诸多附属农奴在内的财产。这是国王吸引有权势之人为其效忠的一种手段，同时也让更多的土地发挥了作用，并带来了税收。庄园里的村庄和农民向庄园主交税，庄园主又将自己应缴的部分上缴国库。这些地产并不总是可继承和可转让的：它们名义上仍是国王的领地，在某些极端情况下（如领主对国王不忠时）国王可收回土地。国王可借此确保国内的希腊和马其顿精英效忠于他。

塞琉古和托勒密将士兵安置于王国内的土地上；按照马其顿的传统，这些士兵及其子孙需给国王服兵役，并将一直作为王师主力。这是一种经济政策：维持一支常备军代价高昂，但还是需要一定数量的士兵以备不时之需，务农士兵所交税款也

160

会充盈国库。这项政策也让士兵们对国王心存感激，未来无疑会积极响应国家的征召。每户一般会分到两到三块土地，用于不同的农业用途。所得土地的大小取决于其肥力和定居者的身份，社会地位较高的军官和骑兵通常会分得较多的土地。

托勒密将雇佣兵安置在埃及各地，让他们负责发展农业、维持地区治安，或确保贸易通道的安全。需要指出的是，在托勒密统治期间，为了安置数千名雇佣兵，他专门抽干了孟菲斯西南的法尤姆（Fayyum）沼泽。抽干沼泽从侧面展示了当地人和马其顿人的精妙技艺：埃及人自古以来就精于灌溉，而外来的马其顿人则带来了排水领域的新突破。这是一项浩大的工程，规模之大堪比兴建亚历山大城：辐射状的运河网络降低了摩里斯湖（Lake Moeris）的水位，开凿出的新运河可用来灌溉开垦的土地，耕地数量因此增加了两倍。不过，许多新移民更喜欢作为在外地主，定居于希腊化城邦瑙克拉提斯（公元前7世纪下半叶所建的希腊商城）、托勒梅斯（Ptolemais，托勒密于约公元前310年在早期希腊定居点上所建）以及亚历山大城。孟菲斯长期以来也有许多希腊人定居。伊普苏斯战役之后，分有土地的雇佣兵的定居点拓展至整个大埃及，包括昔兰尼加、塞浦路斯和腓尼基。托勒密此刻觉得，把雇佣兵分散到各地，自己的财产会更加安全。

塞琉古王国领土广袤，需要统理更多的动荡地区和贸易通道。为此，塞琉古建立了以要塞、城市为主的雇佣兵定居点，在他们父子两代人统治期间，约有二十座城市建立。这些城市将吸引更多的移民，如同植物吸附山坡土壤一样，增强所在地区的凝聚力。在埃及，只有托勒梅斯发挥了类似的功效，该城位于埃及南部西拜德（Thebaid）地区，长期以来一直自认为是一个独立国家，拥有庞大的驻军，同时也是地区行政中心。

塞琉古还在农业发达地区兴建新城，大力兴业，充盈税收，并鼓励移民与当地人通婚（塞琉古之后的其他国王并未效仿这一做法）。为帮助移民立足，塞琉古采取了支付搬迁费、发放粮食、初期减免税收等惠民之举；感到条件成熟后，他开始允许土地出租——不仅可进行父子相传式的续租，而且可租给外人。为了避免在雇佣兵市场上落败，托勒密不得不效仿塞琉古的做法。

作为农民安顿下来的雇佣兵们获得了丰厚的回报，自然会忠于国王。很多雇佣兵之所以离家参军，是因为家乡没有足够的土地来谋生。他们在战争中赢得了战利品，现在自己和子孙又有了经济保障。就塞琉古王国而言，希腊人定居点稀疏分布于庞大帝国的现状，意味着其必须采取措施确保雇佣兵保持忠诚。塞琉古让定居者的儿子们在阿帕美（Apamea）古城的大营中操练。雇佣兵之子将一直在军营训练，待其父退出预备役后，他才能回到所分土地，替补父亲成为预备役，听候征召。军营文化培塑了其对国王的忠诚。但托勒密认为没有必要这样做。

如此大规模的异族定居点，自然会触发当地人的不满，因此托勒密和塞琉古行事谨慎，尽量没收很少使用的土地，或没收那些无力组织武装抵抗的弱小、零落之辈的土地。抽干未加利用的法尤姆沼泽，正是基于上述考虑。两位国王会尽量将王室领地赐予定居者。

新城市对农产品的需求增加，提高了当地农民所获利润，这在一定程度上也缓解了当地人的不满。许多移民满足于让原土地所有者继续充当佃农，尽可能引进新作物和新技术（如

两季种植和使用铁犁），提高了生产率。埃及和巴比伦广泛使
用的灌溉系统也得到了应用和推广；对于缺雨的干旱地区而
言，这些灌溉设施至关重要。新移民也学到了新技术，播种犁
就是其一：这种把种子放置在规则的犁沟上进行播种的犁已在
巴比伦尼亚应用多年，但在多山的希腊，少数良田仅靠手工播
种。总体而言，希腊人和马其顿人的到来，并没有像人们想象
的那样造成多大影响。最近的考古研究表明，即便在巴克特里
亚这样的偏远之地，新来的希腊人也只提高了 10% 的土地使
用率。[4]

托勒密王国面积约 2.3 万平方公里，人口约 400 万；塞琉
古王国极盛时面积达 375 万平方公里，人口约 1500 万。两个王
国的移民人数从未超过总人口的 10%，当地人在数量上远超移
民。所以当权者因地制宜，避免惹恼商人和地主这些更有权势
的当地人，并对埃及和巴比伦尼亚当地唯一的政治团体——祭
司尤为优待。如果出现抵抗的话，那么祭司将是煽动闹事的不
二人选，他们是人民的领袖，掌管着大量神庙财产，恐因外来
移民损失惨重。一个没有祭司支持的国王，他的统治是不会长
久的，他甚至都不会被视为真正的法老。

163　　第一，国王捍卫了国土，带来了和平与繁荣，大大缓解
了他们的到来可能引发的任何仇恨。第二，现存的神庙经营的
土地（包括一些村庄、作坊和农田在内的大量地产）和大量
私有庄园通常都予以保留，也就是说，国王慷慨地将其"用
长矛赢得的土地"的大部赐予了神庙和地主。这场交易赢得
了本地人的忠诚，尽管这份忠诚可能并非出于自愿。托勒密和
塞琉古也都开展了修缮旧庙或建造新庙之举，并参加了一些当
地的仪式和庆祝活动。此前，波斯统治者很少对埃及祭司如此

以礼相待。

　　第三，托勒密和塞琉古都雇用了当地人在政府中任职。这再自然不过了。他们需要能说本地话，并熟知当地情况的合作者。他们需要确保平稳过渡到新的分配制度，早日取得税收。但他们未能实现亚历山大设想的马其顿人和当地人共治帝国的理念：在托勒密和塞琉古的统治下，当地人很少能在政府中获得高位。例如，塞琉古王国各行省中本地总督寥寥无几，托勒密王国的四十二个省中更无一名本地总督，宫廷要职都留给了希腊人和马其顿人。

　　然而，随着时间的流逝，本土精英变得愈加希腊化。在人们熟悉的殖民过程中，一个人越接近统治阶层，文化差异就被消除得越彻底。就此而言，当地人也能融入上层社会。不过，在托勒密和塞琉古的王国，希腊化是很肤浅的：当地人以自身的传统为傲，祭司也鼓励他们将此发扬光大。遍布埃及和亚洲各地的体育馆，以及像亚历山大博物馆这样的资源主要供希腊人使用，而非用来推动当地的希腊化。就像古典希腊时代一直由贵族精英独享的体育馆一样，新世界每一城镇甚至大村庄的体育馆也是为新精英、希腊人和其他非土著居民准备的，只有少数成功跻身上流社会的当地人才能享用。同英属印度一样，在继业者王国，完全同化也面临着巨大的障碍。[5]

　　第四，当权者尽量不干涉当地的传统。埃及的托勒密王国和亚洲的塞琉古王国都是两面王国，当地的宗教及艺术习俗与新引入的希腊元素并行不悖。所幸的是，继业者帝国并未像后世帝国的传教士那样，热衷于让当地人信奉一种"更好的"宗教：希腊宗教并不教条，就像所有时代的多神论者一样，其信徒也是宽容的，祭拜本地神并不困难。

164

托勒密和塞琉古的王国都有并行不悖、分别适用于本地人和希腊人的两套法律，审案地点将依据卷宗语言决定。只有在其税收受到威胁时，国王才有可能干预地方执法。两个王国都使用两种官方语言（塞琉古王国是希腊语和亚拉姆语，托勒密王国则是希腊语和通俗埃及语），甚至有两种纪年法。塞琉古重返巴比伦开启的新时代元年始于巴比伦新年，但它同时也是早了约六个月的马其顿新年。在埃及，两种纪年法的差距就比较大了：托勒密依照希腊历法，将公元前 323 年初掌埃及之日当作执政元年，而当地埃及人却从公元前 305 年其正式成为法老之日开始计算其执政年。托勒密是马其顿人的国王，也是埃及人的法老，是古埃及王国享国最长的末代王朝——第三十王朝的首任法老。埃及托勒密王国和亚洲塞琉古王国并非彻头彻尾的希腊化国家，而是略显尴尬的混合体。

地方制度与征服者国策的共存共生，显示了相当程度的地方自治——幅员广阔的塞琉古王国自治程度更高。虽然不乏共同点，但讲希腊语的人还是尽量远离当地人群。希腊人对当地行政机构的宽容，恰恰反映了其在文化上与土著居民的隔绝。兴建希腊飞地之举突出体现了征服者和被统治者之间的疏隔，这从亚历山大城的全称上更是可见一斑：为了区别于世界各地的其他亚历山大城，托勒密并未将其称作"埃及的亚历山大城"，而是起了"埃及人建立的亚历山大城"这一名字。这一全称体现了帝国思维中根深蒂固的种族优越思想。一个屡被提及但依旧很有说服力的事实是，埃及的末代马其顿君主克里奥佩特拉七世（即著名的埃及艳后），是第一个学埃及语的统治者。

不过，尽管统治者采取了诸多歧视性措施，但长期受异族统治的埃及和亚洲至少在相当长的一段时期内并未生乱。对许多当地人而言，尤其是在天高皇帝远的塞琉古王国，他们的生活并未因改朝换代而改变；他们只是换了一个高高在上的统治者，仍要效忠于以前的地主。[6]

托勒密和塞琉古的政权本质上是专制的，有强大的军事力量作为后盾。他们的安抚民心之举，不过是为了不让被动依从的当地人民怨沸腾。在波斯曾经称霸的亚洲，塞琉古巧妙地让其核心区波西斯保留了比其他省份更大的自治权；在一份文献中，塞琉古王国的马其顿人被称作"蓬头垢面的暴怒恶魔"。在埃及，托勒密在公元前312年的加沙之战后采取了预防措施，没有在军队中雇佣当地的埃及人；一个多世纪后，他的曾孙托勒密四世采取了武装当地军队的重大举措，却换来了托勒密王朝的首次原住民叛乱。与之相比，塞琉古的主力部队从一开始就由当地人组成，以马其顿的方式武装和训练。

税　收

安抚政策无疑是为了维护自身利益，国王们关心的是如何产生收入。塞琉古和托勒密都发明了花样繁多的税种，从农产品税（不同产品有不同的税率）到对某类产品的货币税，甚至各类人头税，不一而足。国王还会征收过境税和港税。塞琉古从国内的希腊城邦征收贡品，也对奴隶征税。简而言之，为了让国库充盈，国王们会想方设法征收赋税。[7]

总的来说，中央政府对希腊人和其他非土著人（在两个王国中，只要接受过希腊教育，他们都被归为"希腊人"）的生活干预较少，适用于他们的税率也较低。这一政策很可能会令土著居民心生抱怨，但它促进了希腊化，有助于维持一个高效、高素质的官僚机构。像神庙这样享有特权的组织，至少在一段时间内享受了同样的优待——但后世国王逐步改变了托勒密和塞琉古这种放手不管的做法，将神庙完全纳入王家官僚体系，甚至会掠夺他们的钱财。[8] 这使人想起 15～16 世纪的欧洲国王是如何牺牲贵族和教会权益来扩大王权的。建政初期的托勒密和塞琉古王朝不便当即与神庙对抗，如同英格兰直到亨利八世继位后才解散修道院一样。

亚历山大大帝从阿契美尼德帝国掠夺或夺回了约 5000 吨黄金，其重量相当于当今美国黄金储备库诺克斯堡（Fort Knox）所有黄金的重量，其中大部已（或即将）铸为钱币。这笔钱被用来支付王室的所有开支，花在了发放军饷、造船和建城上，亚历山大城极尽奢华的宫殿耗资尤巨。亚历山大城好似一个巨大的无底洞，吞噬着埃及乡村和当地劳工的产出和血汗；到公元前 3 世纪中叶，城市人口已达二十万。税收带来了巨大收入，但国王的开销同样惊人。除了税收外，国王们还通过向海外出售剩余物资来敛财，并从过境奢侈品贸易中获利——这些奢侈品包括来自阿拉伯的香料、来自东方的宝石，以及来自苏丹和撒哈拉沙漠的黄金和象牙。

在马其顿人到来前，两地一定程度上都已实现了货币化，但继业者加速了这一进程。在建立城市的同时，国王们还要通过货币展示其王权并凸显新政权。当地人必须学会将部分商品兑换成钱币，并接受以钱币支付的酬金，因为不是所有的税收都能用实物支付——有些要用货币支付。相同地，欧洲帝国主义国家在 19 世纪瓜分非洲时，将硬币引入许多从未使用过货币的地方，也是出于同样的原因：促进当地人以一种便于中央政府使用的等价物来缴纳税款。

没过多久，托勒密王国和塞琉古王国都有了国有钱铺，这些机构收取税款，起到了储存实物税的王家粮仓之效。塞琉古甚至鼓励用钱币而非实物来支付谷物税。城市建设是该项目的重要支柱，因为周围的农村人口可以在城里出售商品换取钱币，然后用这些钱交税。托勒密和塞琉古都铸造了金、铜或青铜铸币，但银是首选金属——它足够稀有因而具有价值，但又足够普遍，即便是经济的底层活动者也能借其参与货币经济。

167

埃及国土面积相对较小，这意味着与塞琉古相比，托勒密能更有效地控制税收。例如，谷农每年从王家粮仓领取种子，来年按固定份额进行偿还。每年会在洪水消退后进行一次土地调查，以确定还剩多少良田，托勒密王朝就此能大概预估来年的收入，并可提前筹划。一个从中央到乡村的庞大而复杂的官僚体系得以建立，负责处理信息并定期征税。[9] 每一省区都有三名重要官吏，分别负责农业生产、财政和记账，他们都要向亚历山大城的财政大臣述职。进行人口普查是为了确定缴纳人头税的对象和税率。托勒密首征了人头税，塞琉古也尽力效仿，但对难以进行准确人口普查的塞琉古王国而言，这颇为不易。

托勒密王朝前两代君主治下高效的税收体系，让埃及成了最富裕的继业者王国。托勒密一世时期，国家的年收入约为1.5 万塔兰特白银（约 90 亿美元）、800 万阿塔巴小麦（约3.2 亿公斤，或 7250 万美国加仑）。[10] 塞琉古的收入更多（每年进账约 3 万塔兰特），但埃及的地理优势意味着托勒密可减少在军队上的开支，而军队和城市建设费用通常是塞琉古最大的财政支出。因此，塞琉古的都城安条克没有亚历山大城光彩夺目，他要把好钢用到刀刃上。

公元前 4 世纪末前，托勒密实施的另一项经济举措打破了始自亚历山大时期的整个帝国通用的货币本位制。埃及钱币的铸造标准要轻得多，而王国内禁止其他货币流通。所有通过贸易往来进入埃及的外国钱币要统一回收，并按托勒密王朝的标准重铸。这在某种程度上将埃及与世界其他地方隔离开来，但"形成了王室对贸易的垄断，可极大充盈国库"。[11] 进口因此受限，而出口产品在国外销售时可赚取以较高标准铸造的货币，然后国家以较低标准重铸货币，赚取额外利润。埃及本来就缺白银——不管怎么说，这也是托勒密的神来之笔。

但即便在官僚制完备的埃及，中央集权也存在一定局限性，为了适应当地特色，埃及采取了更加灵活的制度。与其他地方相比，法尤姆和托勒梅斯周边新移民的境况引起了中央政府的更多关注，而其他地方的税收一直是由地方当局负责的。纸莎草纸记载，一些当地农民抱怨希腊人处事不公、当地腐败横行，但并未针对亚历山大城的国王。[12] 只要税收正常，托勒密并不在乎是按传统方式行事，还是随意为之。

与惯常的希腊体制一样，征税权也被下放至当地——或者更确切地说，被略显笨拙地嫁接到了地方体制上。特定产品的年税契约被公开出售。包税商、富人通常以财团的形式提供大量担保债券，为某一特定税种的年收入提供担保。如果所收税款未达出价总额，农民必须支付差额，但如有预期盈余，则归出购者所有。但在埃及（塞琉古王国可能也是如此），财团并不负责在非希腊人聚居区收税，而是由当地代理人负责。在埃及，王室还享有一些关键产品的特许销售权，如亚麻、啤酒、盐和一些油料作物。与包税制一样，这让托勒密王朝能旱涝保收。

168

塞琉古王国的广袤领土，意味着他无法像托勒密一样在税收方面实施限控。塞琉古继承了行之有效的老办法并其继续运作。在小亚细亚和叙利亚，安提柯用更小、更易管理的辖区取代了波斯行省，这些辖区无法给总督带来巨大财富和权力，不至令其骄纵跋扈。塞琉古因此能够较好地辖制此地，而在更往东边的领土上，他保留了阿契美尼德帝国的旧总督制度。各行省甚至城市都保留了许多自己的制度。叙利亚城市、阿富汗的边境城市或小亚细亚城市都各具特色，让人感觉它们不属于同一个"帝国"。

就像埃及的托勒密王朝一样，塞琉古也构建了一个等级金字塔。第一层是可信的王族成员，他们被委以重任，比如其子安条克监管所有东部行省，阿基乌（Achaeus）统御整个小亚细亚西部。第二层是其王伴，我们可称之为国家大臣，主要负责广泛的财政事务；对于这样庞大的帝国来说，如此尽职的大臣还是屈指可数的。第三层由各行省、地区以及城市当局的军事和财政官员组成。每一层级的官员在各自职权范围内都享有相当大的权力，同时也对上一级负责；每一官员麾下都有众多下属。如同在埃及一样，塞琉古王国体系内的官员主要负责维护安定、顺利征税与储税。

万变不离其宗

亚洲塞琉古王国和埃及托勒密王国的两面性——不强求一致——意味着国王在官方措辞中必须灵活变通。这取决于他们的施政对象：他们应该是国王、征服者，还是神明呢？在埃及，如果他们自认为是国王，那么应该是马其顿式的君主还是法老呢？在帝国的某些地方，他们以希腊化的推动者自居，誓言捍卫帝国抵御蛮族入侵；而在恰恰都是"蛮族人"的其他地区，国王又成了当地传统的守护者和自由的捍卫者。

代代相传的地方制度被承袭，并与新移民采取的体制并行不悖，就此而言，征服者的到来并未产生多大变化。其最大的影响在于加速了社会的演进：货物运输得更远、更加便捷（不过，除了奢侈品和一物难求的必需品外，相对于统一的亚历山大帝国而言，大部分贸易仍是地区性的），边远地区与中央政府的关系更加密切，货币化趋于加速。

两地的古代农业社会形态基本上保持不变，只是增加了某些马其顿和希腊特色。统治者鼓励希腊化、提倡合作，但对此并不强求，因为只要多数臣民默默顺从，新统治者就能坐稳王位。托勒密和塞琉古都是保守的，不想激起民怨。他们支持甚至振兴地方习俗，整体上改善了臣民的生活，充盈了国库。二人都是独裁者，本可轻而易举地成为暴君，但都选择了较为稳妥的安抚政策，这样一来，他们就可在其最关心的领域加速变革——改善国家的营利能力和税收体系。他们的措施奏效了，二人在位期间及此后许多年里，王国并未发生大乱。他们成功地解决了最棘手的难题，平稳实现了外族统治的过渡。

第十四章　德米特里卷土重来

希腊化时代早期不乏英雄豪杰，但他们的故事都没有几年后"围城者"德米特里的经历那般传奇。他本无望再度翻身。伊普苏斯战役后，安提柯王朝的事业看上去毫无希望：安提柯已死，德米特里落荒而逃，手下将士树倒猢狲散。但若有人能上演王者归来的话，那一定是继业者时代最精力充沛、最耀眼的国王德米特里。不到七年时间，他就夺取了马其顿王位，并重燃对霸业的希望之火。

如果能填补更多的历史空白，也许我们不会感到过于困惑。到目前为止，西西里岛历史学家狄奥多罗斯的记述让我们了解到这段历史。但他的记述在伊普苏斯战役前夜戛然而止，他有关该时期的其他历史记载现已遗失。我们注定要从残缺不全、常常毫不相干的零星文献、考古研究和碑文资料中还原这段历史。有根据的猜测有时是前进的方向。德米特里在普鲁塔克的历史传记中赢得了一席之地，部分解决了史料缺失的问题。但普鲁塔克选择了一些可供世人效仿和警醒的范本作为研究对象。在普鲁塔克看来，德米特里是一个浪费天分的典型。

伊普苏斯战役的影响

伊普苏斯战役的结果恰恰反映了此战的关键意义：**如果安提柯获胜，那么几乎没有什么能阻止其实现统治整个亚历山大**

帝国的野心，至少他的儿子有望实现这一夙愿。但事实是安提柯输掉了此战，伊普苏斯战役阻止了安提柯前进的步伐。在其他方面，这次战役带来的变化不大。自亚历山大死后，渴望统治整个帝国的继业者就一直在挑起战争：一开始是佩尔狄卡斯，后来是安提柯。伊普苏斯战役后，各方本应暂时休整，巩固既得利益，实现某种权力平衡，但事实并非如此。安提柯之死并不"意味着重振亚历山大帝国理想的最终消亡"。[1]我们将会看到，以德米特里为首的其他继业者仍怀有帝国雄心，他们并不认为安提柯之死是伟大帝国梦想的终结，反而将其视作实现**自身**梦想的机遇。但继业者首先需要积蓄力量，伊普苏斯战役只不过暂时舒缓了时局。

伊普苏斯战役后，"安提柯的领地如同一具巨大的尸体，被获胜的国王们瓜分殆尽"。[2]战俘以及安提柯从奇里乞亚带来的 3000 塔兰特都被国王们瓜分，各家通过瓜分安提柯的领土获取了巨大的实利。

统帅联军的利西马科斯是最大赢家，得到了远至哈里斯河（Halys River）的所有小亚细亚土地。不过，小亚细亚并不统一，那里有一些独立城邦（如赫拉克里亚），以及借战争之机谋求自立的卡帕多西亚诸公国。一面是海、一面是崇山峻岭的黑海南岸诸国，从未被马其顿完全征服。比提尼亚一直是独立的，统治者芝普特斯深谙小国求生之道，从公元前 327 年至前 280 年去世，掌控这片土地长达四十七年之久。波斯贵族米特拉达特斯（Mithradates）还在黑海南岸建立了新政权。上述两国都较为成功，各自延续到公元前 74 年和前 63 年。帕夫拉戈尼亚也获得了类似的独立，但很快就被利西马科斯所控。这些小国君主珍视自身的独立，但不得不接受强邻环伺的事实。

实际上，除色雷斯之外，利西马科斯现在掌控的领土与公 173
元前 318 年安提柯向东扩张前的领土基本相同。这些领土是安
提柯权力的根基，现在对利西马科斯来说也一样。利西马科斯
六十岁出头，还有机会一搏。他最宝贵的新财产是亚洲的希腊
化城邦，这些城邦财力雄厚（来自贸易和自然资源）且不乏
劳动力。伊普苏斯战役后，许多城邦迫于形势主动投降，但安
提柯王朝仍在以弗所、米利都等地保有驻军。毫无疑问，在过
去几年休战期间，许多城邦在其土地上兴建或修复了城墙，以
备不时之需。利西马科斯的首要任务是征服这些城市，巩固其
对小亚细亚的控制，将财富为其所用。经过几年的不懈努力，
他才最终达成目的。

卡山德专程从马其顿前往小亚细亚参加战后会议，结果却
一无所获。但德米特里的缺位和几年前他再创的希腊联盟的崩
溃，令希腊变得脆弱不堪。卡山德无疑志在重夺希腊，而且他
不希望别人干涉。换句话说，卡山德希望其马其顿国王的身份
得到认可，即便王位是通过消灭最后一个阿吉德家族成员而得
的。卡山德得到的仅此而已，毕竟他并未亲自参战。出于同样
的原因，托勒密表面上也是颗粒无收，但其他人对其在最后的
大战中无甚作为并无微词。几年前，托勒密曾奋力迎战，击退
了入侵埃及的安提柯。

但卡山德的兄弟普雷斯塔库斯参加了这场战斗，因而分得
了奇里乞亚。这也许是卡山德执意为之，因为他需要关心自己
家人的利益。卡山德还有一个叫作亚历撒库斯（Alexarchus）
的疯癫兄弟，他获准在马其顿境内的阿陀斯（Athos）半岛建
立名为"圣城"（Ouranopolis）的乌托邦社区。亚历撒库斯把
自己装扮成太阳，他的市民们是"天堂里的孩子"。"圣城"

的官方文书由一种复杂、陈旧的古希腊文书写，晦涩程度比"德尔斐神谕有过之而无不及"。[3] 在一个文学乌托邦和逃避主义文学盛行的时代，一个怪人试图使乌托邦成为现实。

塞琉古的庞大帝国再添美索不达米亚和叙利亚。他获得了至关重要的地中海海岸线，但喜忧参半。首先，叙利亚北部是一个欠发达地区。此处人口不多，相对繁荣，但几乎全是乡村，仅有一座城市（安提柯尚未完工的安提柯尼亚）和几个零星分布的商镇，而且南北都有敌手。其次，厄娄特洛河（Eleutherus）南部海岸线上的城市已落入托勒密之手（除了德米特里控制的提尔和西顿），重掌该地的托勒密不愿将其拱手相让。腓尼基再度成了潜在的火药桶，但大战后双方精疲力竭，托勒密暂获喘息之机。塞琉古声称其没有攻击托勒密是出于友谊，但大家都知道，真正的原因是他无力在海上挑战托勒密。

达成领土协议后，已知世界看似稳定了下来。所有国王都有了自己的核心领土，指定了未来的王位继承人。短期来看，最有可能发生动乱的地方是腓尼基、希腊和小亚细亚西部海岸，因为诸王皆试图牢控所得领土。但他们并不仅仅关注于消化胜利果实，他们仍在寻找扩张之机。伊普苏斯战役后，与其说出现了权力的平衡，不如说形成了一种恐惧的平衡。继业者还将重拾老规矩，即仅会在有利可图的危急时刻对邻国伸出援手。

德米特里的境况

德米特里带着几千人马逃离战场，这些人主要是他指挥的骑兵部队。他藏身于以弗所（在此有一支驻军），痛定思痛。

德米特里现在仅剩的优势就是海军了，他拥有一支庞大的舰队。他占有塞浦路斯、提尔和西顿；原基克拉迪群岛联盟大部和其他重要的爱琴海岛屿（包括优卑亚岛）尚在手中；在赫勒斯滂和爱琴海海岸还有几处据点；希腊本土上几个最重要的港口也未旁落。德米特里有足够的资金来维持海陆兵力。即使在陆上已是强弩之末，但他的海军还是令人生畏的。德米特里生性不服输，他决心继续角逐，这是他从严酷人生中领悟到的唯一真谛。他自恃不乏避风港，觉得可以在海上掀起风浪，只要一有机会就会发动袭击。最终，德米特里决定采取海上劫掠政策。

德米特里从以弗所起航，去往心目中的王国中心雅典。不过，可能受利西马科斯蛊惑（在接下来的几年里，他以捐助为名极力拉拢雅典）的雅典人，转而反对德米特里。此前竭力讨好德米特里的雅典人通过了一项决议，决定从现在开始实行中立。德米特里的妻子黛达弥亚仍是雅典居民，除此之外，他与菲拉所生之子贡那特的安提柯（Antigonus Gonatas，后来的安提柯二世）已十八岁，正在雅典的大学城接受教育；此刻，雅典人把他们撵到了迈加拉。

一个希腊代表团在提洛岛上找到了德米特里。德米特里不失风度地（或冷静地）接受了其羞辱性的决定，并要求归还停泊在比雷埃夫斯港的几艘战舰。为了显示其中立姿态，雅典人同意了。德米特里将家人安置在有驻军把守的科林斯，这是一个比迈加拉更安全的避难所。然后，他乘船前往奇里乞亚，将其他家眷安全送至塞浦路斯。接下来，他开始静待时机。德米特里几乎可以肯定的是，伊普苏斯战役后，他的敌人之间的融洽关系不会持久。

175

德米特里一边等待，一边继续激怒利西马科斯。在公元前300年或前299年，他向色雷斯半岛派出一支数量可观的突袭队。这是一场上不了台面的小仗，此战中，利西马科斯杀死了数千名手下士兵，以平息辎重被德米特里俘获而引发的一场叛乱。[4]在这场冲突中，利西马科斯的前盟友全都作壁上观，无人伸出援手。

塞琉古王朝的拓展

伊普苏斯战役后，塞琉古的当务之急是经营好叙利亚北部。不出几年，塞琉古就毁了安提柯尼亚，着手兴建五座新城。塞琉古按照马其顿传统，用自己和家人的名字给城市命名。"叙利亚四城"包括安条克、塞琉西亚-皮埃里亚（Seleucia Pieria）外港、阿帕美城和劳迪西亚（Laodicea）外港；第五座城市是幼发拉底河畔的塞琉西亚［亦称宙格玛（Zeugma）］，控制了幼发拉底河干流的渡口。这些城市周围都建有堡垒，设计之初就考虑到了安全问题：各城都建有一座坚固的卫城，而卫城并未被城市完全包围，紧急情况下，仍可直接与外界联系。该地区被统称为塞琉西斯（Seleucis），将成为安全无虞又辉煌壮丽的王国要地。[5]

176　　再往东，另一座塞琉西亚城已于巴比伦北部不远之处开工兴建。这座古城毁于公元前311年至前309年的战火，一直未加重建。底格里斯河畔的塞琉西亚旨在于巴比伦之外打造另一个东西方商路要冲——来自兴都库什的陆路商队或在波斯湾入口卸货的货物皆汇聚于此。幼发拉底河畔巴比伦的重要性因而遭到削弱，它沦为了区域性角色，但仍是塞琉古王朝最重要的国库之一。塞琉西亚繁荣起来，成了地区行政首府，很快就带动了波斯湾沿岸地区的经济发展。[6]

这些城市具备多种功效。第一，如同亚历山大大帝及其继业者所建造的其他城市一样，塞琉古的城市通过增加土地使用和刺激当地经济，满足了以游牧民和农民为主的当地人的需求。第二，城市取悦了当地的希腊和马其顿定居者，他们中的许多人（至少在叙利亚）是由安提柯带来的，所以他们可能会像支持安提柯建城一样拥护塞琉古。第三，城市吸引了新移民来发展经济，扩充军队。第四，港口、道路、河流渡口或边城在军事和长途商业领域大有可为。简而言之，短短几年，塞琉古就成功开发了叙利亚北部耕地的巨大潜力，将其打造成一个商业和文化中心。新城的宏大规模与建设速度，无不彰显出无与伦比的帝王气派。

塞琉西斯地区也是对抗叙利亚南部的前线，它提醒着托勒密，迟早会有人把他从非法窃取的腓尼基港口赶走。公元前274年到前168年，该地区至少进行了六次战争，此时罗马人已是整个地中海的权力仲裁人，开始维持某种均势了。

联姻结盟

托勒密自知其对叙利亚南部的侵占是一种挑衅。公元前300年，此前共抗安提柯的联盟有了嫌隙，面对往日盟友塞琉古的剑拔弩张，托勒密寻求与利西马科斯结盟。利西马科斯欣然接受，他看上了托勒密的海军，他需要这支海军助其夺控小亚细亚的沿海领地，并在爱琴海与德米特里抗衡。利西马科斯娶了托勒密之女阿尔西诺伊（Arsinoe）为妻，从而促成了这一同盟。阿尔西诺伊不择手段、极富野心，这将是一场不幸的婚姻。[7]

托勒密和利西马科斯的结盟，令塞琉古陷入孤立。身处潜在敌人包围之中又急需一支海军的塞琉古，除了宿敌德米特里，还能依靠谁呢？因此，几年后，塞琉古向德米特里示好，要娶其女斯特拉托妮丝（Stratonice）为妻。她不仅是德米特里之女，也是安提帕特的外孙女和卡山德的外甥女。时年五十五岁的塞琉古，首次尝试了继业者的通婚伎俩。毫无疑问，他和其他马其顿式君主一样，对一夫多妻制并无好感；但碰巧的是，他的伊朗妻子阿帕玛（Apama）恰在一两年前去世。塞琉古和托勒密的交恶，让德米特里重新入局。

德米特里知道塞琉古想要海军，因此带了一支大舰队去参加塞琉古的婚礼。从塞浦路斯接回斯特拉托妮丝和菲拉前，德米特里抽空在奇里乞亚部署了一支军队，并从基因达国库取走了父亲仅剩的1200塔兰特金条。塞琉古对普雷斯塔库斯的抗议置若罔闻：他更需要与德米特里结盟，而不是普雷斯塔库斯的友谊。于是，德米特里在罗苏斯登陆，塞琉古以国王规格进行了接待。婚礼在德米特里的巨舰（当时最大的船）上举行。

至公元前298年，已形成了两个派系：利西马科斯和托勒密对阵塞琉古和德米特里。双方争夺的重点是小亚细亚和东地中海，卡山德置身事外。卡山德也遇到了麻烦，彼奥提亚-埃托利亚人组成的新联盟切断了他与希腊南部的联系。也许还有其他原因：卡山德一生饱受肺结核的折磨，现在看来很可能已到了晚期。在这种情况下，卡山德宁愿等待，看看这些联盟会给自己带来什么结果。

似乎是为了凸显联盟的进取心，塞琉古和德米特里给利西马科斯治下的希腊城邦致信，表明了他们对这些城邦的善意。不久，德米特里把注意力转向他和塞琉古的另一个对手，并在叙利亚南部发动了袭击。战争似乎迫在眉睫，但托勒密认为塞琉古尚需和平来安定国内。在托勒密的鼓动下，塞琉古促成德米特里和托勒密签订了友好条约，德米特里与托勒密之女托勒梅斯订婚。中东暂时避免了战争。

不安的和平

不过，随之而来的和平并不牢靠，频遭军事挑衅。公元前298年的罗苏斯婚礼后不久，塞琉古将新娘接到正在兴建的安条克，而德米特里又一次开始了战争。在去罗苏斯的路上，德米特里已探查过奇里乞亚的虚实，现在派兵占领了该地。普雷斯塔库斯逃到友人利西马科斯处避难。除此之外，无人做出军事回应。卡山德本应帮助他的兄弟，但德米特里派菲拉去马其顿稳住卡山德。菲拉无疑指出了与德米特里和塞琉古强大联盟作对的种种危险，但决定性因素还在于菲拉的建议符合卡山德的观望策略。事实上，正如我们所看到的，塞琉古接下来促成了德米特里和托勒密的联姻结盟，因此各方实际上有了喘息之机，除了利西马科斯仍继续在小亚细亚蚕食安提柯城邦外，并未发生大规模冲突。

赶走普雷斯塔库斯后，公元前298年至前296年，德米特里将奇里乞亚当作了大本营。接下来的几年对德米特里而言非常关键，他充分抓住时机积蓄力量。他将黎巴嫩的雪松运至提尔和西顿造船，还用基因达国库中的金条在提尔铸币厂铸造钱币，借此招募了一支陆军。伊普苏斯战役后，安提柯王朝其他铸币厂所在之地统统被割让。当然，德米特里的复苏令所有人都感到不安，包括昔日盟友塞琉古。塞琉古现在开始后悔让德米特里恢复实力了。塞琉古企图从德米特里手中买下奇里乞

178

亚，希望借此让其听命于他，但德米特里并不买账，塞琉古又令提尔和西顿归降。据传，德米特里回应称，他决不会因与塞琉古联姻而付出任何代价。[8]

不过，到了公元前296年，德米特里在奇里乞亚的地位已岌岌可危。他只看重如何从此处获利，他的统治并不受欢迎。而且利西马科斯已进行过一次军事干预，试图解救被德米特里围困的一座城镇。尽管我们没有直接的证据，但塞琉古很有可能已准备放弃他所谓的盟友，并与利西马科斯合作来除掉德米特里。无论如何，当德米特里退出奇里乞亚，转移至塞浦路斯时，塞琉古并未伸出援手，而且还与利西马科斯达成协议，将奇里乞亚据为己有。利西马科斯在卡里亚西部给普雷斯塔库斯找了一块更安全（也小得多）的领地。[9]德米特里在塞浦路斯并未久留，希腊的局势让他无法袖手旁观。

动荡的希腊和马其顿

雅典人争取中立之路并不成功。中立的问题在于，他们会自动失去身为保护者的国王施与的恩惠。没过不久，几次严重的粮食歉收就让中立的雅典人几近崩溃。他们不能求助于德米特里，只能指望利西马科斯帮忙。利西马科斯能够为他们提供粮食，但如果他另有所图（或许是结盟）的话，那就打错了算盘。经过一段时间的内乱后，雅典落入了以本土公民拉哈雷斯（Lachares）为首的亲马其顿派系之手。至公元前296年，拉哈雷斯的反对者已离开雅典，并将比雷埃夫斯港打造成民主飞地，再次将城市和港口分隔。拉哈雷斯宣布雅典进入紧急状态，成了雅典的实际统治者。希腊的分裂让德米特里心动了。也许，如同公元前4世纪最后一个十年那样，德米特里可以再度将这座城市作为大本营，进而收服希腊。

马其顿也陷入了混乱。正如所料，卡山德于公元前 297 年死于肺结核。卡山德自公元前 315 年起担任摄政，公元前 305 年起加冕国王，维护了马其顿边境的安全。马其顿的土地已经有二十年未经战火，但卡山德的死给马其顿带来了二十年的动荡与纷乱。尽管卡山德初临马其顿的时机有些不合时宜，初期统治血腥残酷，但他的统治总体上对马其顿是件好事，他证明了自己是父亲安提帕特的合格接班人。在消灭所有竞争对手的过程中，他也并不比马其顿的先王们更加残忍。

卡山德的长子腓力四世继承了王位，但四个月后也死于肺结核。腓力四世的病情此前大概已很明显，所以卡山德在去世前为两个幼子包办了婚姻（尽管他们还是十几岁的孩子），以确保王位继承不出现问题。安提帕特、亚历山大分别娶了利西马科斯之女和托勒密之女。

在母亲塞萨洛尼丝的摄政下，安提帕特一世和亚历山大五世实行共治，但两人关系不睦。国家陷入分裂，兄弟两人皆极力拉拢支持者：亚历山大统治着马其顿西部，安提帕特统治着东部，以阿克西乌斯河（Axius）为界。马其顿被两个龃龉不断的毛头小子一分为二，内战一触即发。

公元前 296 年返回希腊时，德米特里至少在某种程度上想要探明马其顿的虚实。多年来，他一直想方设法让自己成为故乡的国王——但他对自己的故乡所知甚少，因为自幼就离开了家乡，去弗里吉亚投奔父亲。但德米特里此刻意在雅典，希望拉哈雷斯的对手能助其一臂之力（结果徒劳无功）。然而，在途中他遭遇了一场风暴，许多船只被毁。在希腊登陆后，他紧急致信提尔和西顿，要求再派船来。在等待船只到来期间，他

180

趁机攻打了伯罗奔尼撒的一些城邦。在一次围攻中，德米特里被一支弩箭刺穿了下颌和嘴部，险些丧命。

公元前295年，当德米特里再次进攻雅典时，大部分增援舰只尚未抵达。这次的进攻很有成效，他成功切断了所有进城的补给线。没过多久，雅典就陷入了一场致命的饥荒。从相关轶事中可见一斑：一位父亲为了一只死老鼠和儿子争得不可开交，哲学家伊壁鸠鲁要为公社成员们数豆子，每日定量分配。[10]

雅典的高等教育

伊壁鸠鲁并非雅典唯一的哲学家，而雅典作为希腊世界大学城的地位是无可匹敌的。伊壁鸠鲁的父母是萨摩斯岛上的雅典移民，他年轻时就来到雅典这座城市。当时所有的雅典人都按照亚历山大大帝的"流亡者归国令"离开了萨摩斯岛。公元前306年，他返回雅典并购置了一些财产，为自己和信徒建造了一个名叫"花园"的公社。几年后，来自塞浦路斯基提翁（Citium）的年轻思想家芝诺（Zeno）也创立了自己的学派，该学派会在雅典集市上一个著名的柱廊里举办讲座和研讨会，因此被称为柱廊学派或斯多葛学派。[11] 两个更古老的学派——柏拉图创立的学院派和亚里士多德的逍遥学派，仍在蓬勃发展。雅典是公认的世界文化中心，吸引了哲学家和各派别学者。人气最高的哲学家简直就是超级明星，他们的演讲能吸引成百上千的听众。

新哲学思潮中最成功的是伊壁鸠鲁学派和斯多葛学派，这两种学派观点各异，各自争鸣，积怨颇深。不过，二者也并非不可调和。正如我们在考察希腊化时代的美学时所看到的那样，艺术家们愈加注重个人情感的表达。对个体的关注也是该时期各哲学流派的一大特点。哲学不再偏好于柏拉图的形而上学或亚里士多德的博学等抽象范畴，开始用自我完善的承诺来吸引更广泛的受众。这就是希腊化时代各新学派的术语仍适用于今日普通民众的原因：尽管这些词义随着时代变迁而改变，但我们仍可形容某类人是禁欲主义者或享乐主义者（不可知论者或愤世嫉俗者亦然），但一般不再使用柏拉图主义者或亚里士多德主义者这样的说法。对多数哲学家来说，关怀普罗大众、更接地气的雅典，是一个比王宫更令人向往之地。

所有的哲学流派都开始探讨个人生活方式，并提供了实现目标的路径。他们都将哲学视作医治人性弊端的良方，但在何为问题根源及如何获得启蒙上见解各异。希腊化时代哲学的三个主要分支是逻辑学（发现万事万物真相的方法）、物理学（世界的本质和支配世界的法则）和伦理学（如何获得幸福），前两个分支从属于第三个。例如，对伊壁鸠鲁学派而言，理解世界的本质是为了将思想从恐惧中解放出来，从而达到精神上的宁静。[12]

希腊化时代的哲学与今日哲学截然不同：此时的哲学不是在图书馆和学堂里进行概念分析，尽管三类哲学分支都不乏错综复杂的理论与论证。当代哲学家折服于古代哲学的基本要素，但希腊化时代的哲学是一种生活方式，也是一门学术学科。因此，哲学家展现一种强调贫穷或至少是提倡节俭的公众形象，以此来宣传他们教化的成功：哲学家已超越了肤浅的世俗价值，也可教育其他人效仿自己。他们眼中的理想学生，是那些发现自己与世界格格不入之人。

这一时期的哲学发展，无疑反映了所处时代的暴力和不确定性。普通民众无力改变世界，但他们至少可以尝试改变自己及其内心世界。这就是新哲学思潮的魅力所在。在希腊化时代早期，没有一个哲学流派鼓励弟子积极投身政坛。此时的哲学主要是出世隐士的心仪之物，与同一时期文学上的逃避主义如出一辙。

从公元前3世纪至前2世纪，哲学学派一直享有辉煌。教化和博学开始被视作独立职业，而非怪癖；各流派在大大小小的问题上百家争鸣；知识变得系统化，在希腊化世界传播开来，并首次作为一种处世之道而被珍视。初等教育并未受太多冲击，但在初等教育与受教于哲人或修辞学教师之间出现了一个过渡阶段。在初等教育的基础上，希腊人重视基础教育的"读、写、算"三要素训练和文化适应，青少年时期的男子可能会学习语法、修辞、逻辑和几何，并接受军事训练。教育大大推动了希腊化进程，不难发现，世界各地的希腊化体育馆不再仅局限于健身，而且开始涉及希腊文化的更多方面。

不过，已开始成为高等教育重点的修辞学，并不存在哲学流派中的那种独创性。在希腊化时代早期，雅典人就列出了十位权威修辞学大师，[13] 他们的演讲被反复研究和模仿。学究式纯粹主义者拒绝使用大师作品中不曾出现的词语或修辞手法。这是一种备受推崇的朴素的"阿提卡式"（阿提卡就是雅典所在的地区）风格。"阿提卡式"修辞和华丽的亚洲式修辞都有各自的拥趸，两派常会爆发论战，甚至拳脚相加。尽管如此，修辞学派仍蓬勃发展，不断完善其理论体系，凭借修辞魅力俘获了各类作家、演说家和政治家。

但即便是雅典的哲学家，在饥饿面前也很难保持其圣人般的超脱姿态。对许多人来说，饥荒似乎就是世界末日。德米特里志在夺城，却无人伸出援手。不过，拉哈雷斯没有轻易放弃。他抢劫神庙里的财宝，将其熔成金币支付军饷，平息了一场眼看要发生的军中叛乱。甚至连雅典的象征、帕特农神庙举世闻名的雅典娜雕像的金袍都未能幸免于难。托勒密派出了一支由一百五十艘船组成的庞大舰队，但靠近雅典时，发现数量是其两倍的德米特里海上舰队驶来，便知趣地撤退了。拉哈雷斯落荒而逃。公元前 295 年 4 月，饥饿的雅典人向德米特里敞开了大门。他们在公元前 301 年羞辱了德米特里，并不指望得到什么宽恕。

　　德米特里戏剧性地进入了雅典。他命令在狄俄尼索斯剧场举行全体大会，然后在会场四周布置了警卫，从后面进入会场，默默地走下台阶，经过就座的人群，径直走到台上。他宣布迅速分发粮食——对饥民来说，这真是雪中送炭——但也开始在雅典和比雷埃夫斯港，以及几个边远城镇和要塞驻军。现在不是让自由思想作祟之时。他要确保让支持自己的寡头集团成为统治精英。毫无疑问，德米特里是作为占领者而非解放者第三度君临雅典的。

183

第十五章 德米特里的垮台

德米特里重回雅典后，立即着手夺取其他希腊城邦。马其顿和小亚细亚的继业者此时无暇他顾。公元前294年，伯罗奔尼撒半岛上的城邦成了德米特里的首批目标。但在伯罗奔尼撒战役行将结束时，马其顿传来的消息打乱了他的节奏。如其所料，德米特里的家乡马其顿遇到了麻烦，他需要尽快北上。

在马其顿，安提帕特一世（长亚历山大五世几岁的那位幼主）想当然地认为，自己一旦成年，自会继承整个王国；然而，他的母亲塞萨洛尼丝坚持认为，他应该和弟弟共治王国。安提帕特一世因此谋杀了自己的生母。即使对马其顿王室来说，此种弑母之举也是一项严重的罪行，况且塞萨洛尼丝还是亚历山大大帝同父异母的妹妹。此后，安提帕特一世将弟弟赶出了马其顿西部，独占了王国。亚历山大五世于是请德米特里助其重夺王位。德米特里把二十五岁的儿子安提柯留在雅典，让他负责希腊事务，自己向北进军，参加兄弟之战。

但德米特里花了很长时间才从南方脱身，与此同时，亚历山大五世也在四处寻找援手。伊庇鲁斯的皮洛士是奥林匹娅斯的堂侄，也是亚历山大大帝的堂表兄弟，曾与卡山德为敌（卡山德曾支持其在伊庇鲁斯的王位竞争者）。公元前303年，德米特里娶了皮洛士的姐妹黛达弥亚为妻。从伊庇鲁斯出逃的皮洛士，在德米特里的宫廷中过着流亡生活，后在十八岁时随安提柯参加了伊普苏斯战役。公元前 299 年，为了与托勒密搞好关系（这种关系好景不长），德米特里把年轻的皮洛士作为人质送给托勒密，以示善意。结果，皮洛士和托勒密相处得不错，还娶了他的一个女儿为妻。公元前 298 年黛达弥亚死后，皮洛士觉得再无理由亲近德米特里，转而将托勒密视作盟友。在托勒密的资助下，皮洛士于公元前 297 年重夺伊庇鲁斯。亚历山大五世正是向这样的强邻求援的。

让皮洛士帮忙代价高昂，但近在眼前的他能很快施以援手。他拿到了与伊庇鲁斯王国接壤的两州及其他马其顿属地，为下一步向希腊西部拓展扫清了障碍。上述马其顿领土大多是被腓力二世和卡山德兼并的。

皮洛士轻而易举地把安提帕特一世赶出了西马其顿，但仅此而已。利西马科斯是安提帕特一世的岳父，皮洛士不想激怒利西马科斯，即便他正忙于平息好战的盖坦人（Getae）领导的一场起义。利西马科斯摆出干涉的架势，逼迫皮洛士撤军——当然，皮洛士不会放弃所获的新领土。皮洛士的撤退为两兄弟的和解铺平了道路。利西马科斯希望马其顿已做好准备，抵御即将到来的德米特里。

德米特里抵达马其顿边境第乌姆（Dium）时，亚历山大五世向他道谢，告诉德米特里这里不再需要他的帮忙了。没有人敢这样对待德米特里——安提帕特王朝的毛头小子更没这种资格。德米特里假装满不在乎，说自己在南边还有要务。他邀请亚历山大五世参加告别晚宴，席间将其除掉。可怜的亚历山大五世羊入虎口。不安的德米特里安排了一场作秀公审，在马其顿士兵面前宣称自己的行为是出于自卫，亚历山大五世一直蓄谋除掉自己。也许德米特里所言不虚。两人之间相互猜忌，以至于在宴会期间，当德米特里起身要离开房间时，亚历山大五世跟在后面，确保他始终在其视野中。德米特里走过门口时，向卫兵低声吩咐道："杀了那个跟着我的人。"[1]

丢掉了西马其顿的安提帕特一世逃到色雷斯，利西马科斯让他放弃抵抗。利西马科斯很快就与德米特里签订了和约，最近的惨痛经历让利西马科斯领略到了新邻的咄咄逼人，但利西马科斯审时度势地劝说德米特里，让他放弃声索伊普苏斯战役后落入其手的小亚细亚希腊城邦。安提帕特一世已无价值，利西马科斯很快就把他杀了。这便是安提帕特王朝的终结，他们曾先后作为总督和国王，统治马其顿最好的领土近四十年之久。

马其顿国王德米特里一世

德米特里终于得偿所愿，成了马其顿国王。亚历山大五世死后不久，他手下的王公贵族们就在德米特里军队的包围下，同意他加冕称王，他也如愿受到了全军大会的拥戴。但德米特里尚需在马顿赢得人心，于是开始采用剿抚结合的传统方式巩固统治。他平息了色萨利的一场起义，并采取措施确保希腊中部的安全，彼奥提亚人与埃托利亚人在此重建联盟，对抗在南部征伐的德米特里父子。在伯罗奔尼撒半岛，现在只有斯巴达人反对德米特里，但他们掀不起大浪。

在国内，德米特里想方设法来为自己正名。他大肆宣扬父亲安提柯忠于阿吉德家族的品行，强调了安提帕特王朝的非正统性，并不失时机地重提卡山德谋害亚历山大四世的旧事。德米特里与菲拉的婚姻也派上了用场：对于已无后代的卡山德来说，其姐妹菲拉代表了一种延续性。讽刺的是，菲拉的存在，让德米特里成了卡山德与父亲此前倾力打垮的对手们的继承人。

为了确保色萨利的安全并另辟良港，德米特里上台伊始就开始兴建德米特里阿斯（Demetrias），选址点位于帕加塞湾（Pagasae，今沃洛斯附近）湾口。这座城市很难被攻陷，几十年来，一直被历任马其顿国王视为"希腊枷锁"之一：[2]只要他们手握重兵把守住德米特里阿斯、哈尔基斯（Chalcis）和科林斯（比雷埃夫斯港也是一个不错的选择）的港口，他们就可在希腊本土随意调兵，并限制其他航运。当时大多数的商业运输都走海路。

德米特里大力兴城建港，以至于忽视了其他地方的形势变化——或许是他根本无力应对。德米特里应已放弃了小亚细亚的希腊城邦，而利西马科斯在公元前294年底前已占领了这些地方。同年夏，托勒密达成夙愿，收复了塞浦路斯。该岛的防御由菲拉负责，但她最终被困萨拉米斯，被迫投降。托勒密大度地放走了德米特里的所有家眷，让他们满载礼物和"荣誉"回到马其顿。托勒密王朝此后牢控塞浦路斯，直到它在二百五十年后被罗马人征服。

如前所述，利西马科斯正忙于在多瑙河沿岸的色雷斯北部与盖坦人作战。公元前297年，好战的盖坦人利用利西马科斯深陷小亚细亚之机，发动了战争。利西马科斯派儿子阿加托克勒斯去对付盖坦人，但战事进展不顺：阿加托克勒斯被俘，利西马科斯被迫求和，将女儿嫁给盖坦国王，并归还所占领的土地。但公元前293年，利西马科斯了结小亚细亚战事后就率兵亲征，打算收复此前被迫放弃的领土。不过，战事仍不顺利；尽管对细节所知甚少，但可以肯定的是，盖坦国王德罗米契底

187

（Dromichaetes）两次打败了杰出将领利西马科斯，利西马科斯本人被俘。他被关押在盖坦人的都城赫利斯（Helis，可能是今斯韦什塔里，后在此发现一座古墓，所葬之人可能是德罗米契底夫妇）。[3] 被俘的利西马科斯尽受优待，后来被释放，再次向盖坦人割地，并留下人质保证不会再战。此后利西马科斯再未试图染指色雷斯内陆。

公元前 292 年利西马科斯焦头烂额之际，德米特里并未念及旧情（利西马科斯此前很快就认可了他对马其顿的统治），率领一支远征军进入小亚细亚和色雷斯。此举昭示了德米特里的野心，也是一种宣战。对利西马科斯而言幸运的是，在友人皮洛士和托勒密的支持下，中部希腊联盟联合发动起义，德米特里不得不返回希腊。事实上，在德米特里回来前，其子安提柯已成功击退彼奥提亚人，并将底比斯围困（次年攻陷）。但德米特里还是前功尽弃，因为皮洛士在此时侵入了色萨利。德米特里全力进攻皮洛士，达成目标的皮洛士选择了撤退。

皮洛士的撤退是战术性的：他决意牺牲德米特里，为伊庇鲁斯开疆拓土。两年后，即公元前 290 年，皮洛士在埃托利亚大败德米特里（这场辉煌的胜利为他赢得了"亚历山大第二"的称号），[4] 但失去了克基拉岛（Corcyra，又称科孚岛）。该岛主人，即遭皮洛士冷落的前妻拉纳莎（Lanassa），一怒之下将岛给了德米特里。[5] 拉纳莎还嫁给了德米特里。公元前 288 年，德米特里疾病缠身，皮洛士趁机侵入了色萨利和马其顿。德米特里被迫带病亲征，把皮洛士赶了出去。

两位国王战至力竭，最终议和，承认了德米特里占有克基拉岛、皮洛士占有马其顿属地（亚历山大五世在绝望之时所献）的现状。德米特里因此处于有利态势：马其顿虽小，却在其手中获得了统一；他还和最强大的敌人签订了和约；在希腊中部，只有埃托利亚人仍不老实；他还暂时稳住了伯罗奔尼撒。德米特里拥有最好的舰队，还能召集一支庞大的陆军。这对"围城者"德米特里来说不啻一个转折点，他开始重温父亲安提柯一统天下的美梦了。也许，德米特里最大的敌人正是自己。

骄纵的德米特里

德米特里的统治极尽浮夸，喜好臣民阿谀诌媚。公元前290年发生的一件事很能说明问题。德尔斐将于当年举办四年一度的皮提亚运动会（该运动会知名度仅次于奥林匹亚运动会）。但埃托利亚人控制了德尔斐，只许友邦参会。几周后，德米特里来到南方，改在雅典举办运动会。

德米特里和拉纳莎大张旗鼓地入城，让人想起了十多年前德米特里的诸多出格之举，彼时他将帕特农神庙当成了寝宫。救世主德米特里，以及被誉为谷母神得墨忒耳（Demeter）的王后，给饥肠辘辘的雅典人带来了粮食。雅典人当时疯狂追捧德米特里，不仅焚香、献上花冠和祭酒，还写了一首令人错愕的赞美诗，诗中写道："虚无缥缈的诸神远在天边，无暇倾听，不垂青我等与众生，我们眼见您下凡，有血有肉，非石木之物。"[6] 诗文尽是阿谀奉承之词，但接下来也明确表达了希望国王粉碎埃托利亚人的威胁之意。 189

对这种诌媚之举，许多雅典人悔不当初，而整个希腊世界对这位新统治者的怨恨与日俱增。德米特里不可能成为希腊人翘首以盼的领袖，因为他必须将刚冒头的叛乱打压下去，并向臣民征收重税以再开战端。关于希腊城邦自由的言论已销声匿迹，公元前 291 年至前 285 年，托勒密夺走了德米特里的基克拉迪群岛和其他爱琴海属地，重新控制了公元前 306 年丧失的爱琴海入口，强化了其对爱琴海海岸的掌控。在对外征服中，承诺减税、尊重地方议会与军事实力同样重要。对托勒密王朝历任国王而言，爱琴海的统治地位令其在安全和贸易上皆受益匪浅。

托勒密最终将德米特里从西顿和提尔逐出，牢牢控制了腓尼基。但托勒密已是强弩之末：公元前 285 年，七十多岁高龄的托勒密退位，让位给托勒密二世。他可能得了绝症，两年后死于病榻——身为继业者的托勒密一生足够辉煌。在他统治埃及的大部分时间里，"安全至上"一直是他的座右铭。

尽管遭受损失，德米特里还是坚持留在马其顿。但他是一个天生的独裁者，这不是马其顿人的风格。德米特里从未学会统御之术，不懂得如何在受人爱戴与遭人痛恨之间找到平衡。他奢侈的生活方式和拒人千里之外的做派，导致民怨沸腾。马其顿国王应该乐于倾听臣民们的请愿，但德米特里不是这样的。据传，有一次德米特里把一捆请愿书扔进了河里——即便他没有这样做，他也不是什么关心民众疾苦的君王。[7]指责他是东方式君主的言论，对他的声誉没有任何好处。他所戴的那顶象征兼治欧亚的双冠，也没有给他的形象加分。[8]

德米特里无视不满的呼声，开始准备大规模入侵亚洲。但骄傲的马其顿贵族们不愿祖国仅成为东征的起点，他们也不想在面积广袤的亚洲某王国中仅扮演无足轻重的边缘角色。腓力二世和亚历山大大帝这样做是没问题的，因为那是为了给马其顿带来更大的荣耀。然而这场针对马其顿同胞的战争，却是不得民心的国王为了个人荣耀而发动的。在数万人已离开故土的情况下，再将大量马其顿人带往东部并不是什么好主意，因为这个国家的人口已经减少了。

但德米特里并非卡山德，他不满足于统治马其顿，他和亚历山大大帝一样沉迷于战争。正如亚历山大当初从马其顿出发，从波斯国王手中夺取了整个亚洲一样，德米特里至少也想夺得利西马科斯的小亚细亚。与当初仅凭三万七千名步骑兵入侵亚洲的亚历山大相比，德米特里集结了一支逾十万人的庞大军队，同时在马其顿和希腊的造船厂建造了一支五百艘战船的舰队。"围城者"造了一些前所未有的大船，还用上了最好的造船技师。很难搞清这些船只的准确设计，但相较于配置三排桨手的普通战船（因此得名"三桨座战船"），德米特里可能造出了"十五"和"十六"桨座的战船。[9]

除了武备外，德米特里的战前准备自然少不了宣传。首先，他运用"希腊自由"这一古老而有力的口号来反对利西马科斯。在地方层面，佩拉的一座著名公共建筑展示了一些具有象征意义的绘画，后来，一栋罗马别墅把这些画的复制品当作了壁画。[10] 其中一幅画将德米特里的父母描绘成了亚洲的国王和王后，意在表明德米特里征服亚洲是理所当然的，而其他几幅画则显示了马其顿凭借征服成为亚洲统治者的正当性。但历史上的天命论者最终往往不会成功。

希腊化时代早期的宗教

在继业者打造的新世界中，包容的命运之神所代表的天命，在经历希腊化洗礼的民众的精神生活中扮演了重要角色。但是，对命运之神的崇拜只是众多的新宗教现象之一。希腊化时代早期的社会流动性，将人们从传统中彻底解放，人们史上首次能够相对自主地选择崇拜对象。就在几十年前，苏格拉底还因不崇拜雅典诸神而被送上法庭；类似的审判很快就变得难以想象，因为个人崇拜随着各种新老民间崇拜一起得以发展。除了佑护社区和领袖，人们还希望诸神能保佑自己。[11]

希腊宗教是多神论的，但希腊化时代的一大革新是，人们逐渐开始信仰单一主神。公元前4世纪早期，以柏拉图和亚里士多德为代表的哲学大家开始提倡单一主神，这一思潮找到了肥沃的土壤。该思想得以充分发展，部分要归功于智力水平的提高，但主因还在于社会条件，即人们此时生活的世界更为广阔。过去，信神和崇拜往往与特定的地点联系在一起，有时甚至离不开特定的家族，但现在越来越多的人远离故乡，定居异地。受众相对较少、兼具宗教和社会职能的俱乐部推广了新传统，但人们仍在为数不多的神殿里礼拜。

强烈的个人主义文化思潮带动了还原论的发展。我们已在当时的美学和哲学中看到了这种潮流。在宗教上，这不仅意味着人们愈加信奉符合其胃口的少数神灵，更重要的是人们开始关心个人的救赎。这种"接纳信徒的秘密仪式"（即"秘仪"）能给个人提供救赎或至少是获得更美好的来世的机会。在希腊化时代早期，雅典附近的海滨小镇厄琉西斯（Eleusis，又译埃琉西斯）对得墨忒耳和珀耳塞福涅（Persephone）的祭祀，以及北爱琴海美丽的萨莫色雷斯岛（Samothrace）对众神的崇拜是其中最著名的。两地的神殿相当古老，据说伊阿宋和快船"阿尔戈号"上诸英雄曾驻留萨莫色雷斯岛，完成入教仪式后，才继续启程寻找金羊毛；据说是得墨忒耳本人促成了厄琉西斯秘仪——但希腊化时代才是它们的黄金时代。马其顿王室的资助令萨莫色雷斯岛上的建筑更加恢宏；腓力二世为圣殿建造了第一批石屋；安提帕特以腓力三世阿里达乌斯和亚历山大四世二王之名，建造了一座引人注目的石亭；利西马科斯的妻子阿尔西诺伊则出资建造了一个独特的圆形多层建筑，那也许是个旅馆。[12]

塞拉皮斯（Sarapis）是最为成功的准一神教主神之一，拥有治愈疾病的神力，也是奇迹的创造者。对塞拉皮斯的崇拜要归功于托勒密一世，[13]塞拉皮斯神庙是亚历山大城最气派的建筑之一。塞拉皮斯实际上是埃及神祇（某种兼具奥西里斯和阿匹斯特点的复合神），有远见的托勒密将其打造成了一个欧洲神灵。他借用了黑海沿岸希腊城邦锡诺普（Sinope）所崇拜的哈迪斯的肖像，将塞拉皮斯及其妻子伊希斯（Isis）打造成了神秘宗教新的主神。信徒们开始将伊希斯和塞拉皮斯视为宇宙万物的阴阳起源。准一神论与救赎论的结合是不可抗拒的，托勒密为迎合亚历山大城多元文化主义所打造的宗教崇拜传遍了整个已知世界。

奥林匹斯山上的众神——宙斯和他的大家族——继续在希腊城邦的各种仪式上受到崇拜，并由继业者推广：塞琉古声称自己是阿波罗的直系后裔；安提柯家族和托勒密则分别拉上了赫拉克勒斯和狄俄尼索斯。但奥林匹亚诸神似乎不太深得人心，这些神灵一直以一种拟人化的方式呈现，但现在越来越多的人开始崇拜抽象的、没有个性的神灵：名誉之神、诽谤之神、和平之神、胜利之神、羞耻之神现在统统都有了祭坛。

到目前为止，最普遍的神祇崇拜的对象就是命运之神。在一个瞬息万变的世界里，唯一确定的就是不确定性。命运之神是伟大、感性和女性化的，将伊希斯视为命运女神的早期设定，带动了各地敬奉塞拉皮斯和伊希斯。法勒鲁姆的德米特里写了一本关于命运女神的书，书中他借当下大事揭示了女神的伟力：仅仅几十年前，波斯人还是世界统治者，马其顿人默默无闻，是命运女神扭转了乾坤。[14] 塞琉古在叙利亚新都安条克修建了一座宏伟的命运女神殿，殿中安放了一座著名的宗教雕塑。命运女神不仅受到个人崇拜，也作为整个城邦或人民的女神而受到公共崇拜（正如法勒鲁姆的德米特里所说的波斯人和马其顿人的命运反转）。在环地中海地区和更远之处，凡是有希腊人或受希腊化影响的地方，都能发现对命运女神的崇拜。

德米特里的垮台

193　　德米特里的扩张野心足以威胁到其他国王，于是国王们联合起来反对德米特里，我们称之为第五次继业者战争。安提柯王朝再次成为众矢之的，成了继业者国王们联合抗击的敌人。"利西马科斯、托勒密和塞琉古频频致信皮洛士，让其加入联盟"，[15] 皮洛士撕毁了与德米特里签订的和约，投身联盟。很明显，德米特里无望取胜，他的狂妄自大终招致四面受敌。

　　公元前 288 年初，托勒密的舰队前往希腊南部，企图煽动希腊城邦叛乱，利西马科斯和皮洛士从东、西两路进攻马其顿。皮洛士采用了继业者的老套路，声称亚历山大大帝出现在其梦中，答应助其一臂之力。德米特里让儿子安提柯到希腊南部去应付托勒密的威胁。还不知皮洛士已叛变的德米特里，将军队集中在东部对付利西马科斯。听闻皮洛士入侵的德米特里调头接敌，但众叛亲离、不得人心，手下士兵先后投奔利西马科斯和皮洛士。

　　这样的政变是最为致命的。在位六年后，德米特里最终被军队或高级将领赶出了自己的王国。但马其顿不得不再次忍受一国二主带来的动荡。皮洛士强调了自己与亚历山大大帝的血缘关系（他是亚历山大的二级表亲）来为其统治正名，并占领了西马其顿（几年后又占领了色萨利）；利西马科斯获得了王国东部——这对他来说是一个重大斩获，因为那里拥有丰富的自然资源。凭借其在小亚细亚已拥有的资源，他现在垄断了黄金的最佳产地。

德米特里不得不乔装改扮，逃往卡桑德里亚。年迈的菲拉自知不妙，服毒自尽。尽管德米特里的事业很不稳定，但他和菲拉的婚姻似乎历久弥坚。她显然是一个令人敬畏的女人，甚至在她年轻的时候，其父就向她请教军政大事，她还有自己的宫廷、王伴和护卫官，在雅典等地备受崇拜。菲拉是希腊化时代后期强势、独立王后的早期典型。

德米特里从卡桑德里亚启程，在希腊南部与儿子安提柯会合。他现在身边仅剩舰队、王伴骑兵，以及尚能担负的若干雇佣兵。令人惊讶的是，财力充足的德米特里还能在科林斯立足，在接下来的两年里，甚至又重建了陆军。不过，公元前286年春，雅典人抓住时机，奋起反抗德米特里。那些拒绝倒戈的安提柯王朝驻军在战场上被击败。托勒密让司菲都斯（Sphettus）的卡里阿斯（Callias），一个为他效力的雅典人，自基克拉迪群岛派出一千名精锐，保护庄稼免受德米特里军队的破坏。

德米特里带着超乎想象的大队人马来到雅典，被围的雅典人向皮洛士求援。此时一支托勒密舰队出现在比雷埃夫斯附近的海面上，仍疯狂渴望将战火烧至亚洲的德米特里，此后被困雅典长达数年。德米特里与托勒密和皮洛士达成了协议，双方都不愿再战。雅典仍维持无驻军状态，但德米特里获准在比雷埃夫斯和附近的要塞驻军。在雅典人看来，这是休战协议，而非条约。据说皮洛士到来后，建议雅典人再也不要让国王进入城墙。[16] 这也许是皮洛士对自己野心的一种自我约束。

德米特里将尚存的欧洲领地交给儿子安提柯，立即赶往小亚细亚。令利西马科斯不安的是，托勒密的爱琴海舰队并未阻止德米特里对小亚细亚的入侵。德米特里开局不错，米利都按照预先约定向其倒戈。在米利都，德米特里见到了托勒密的前妻、菲拉的妹妹欧律狄刻。公元前298年，德米特里和其女托勒梅斯订婚，现在她带女儿来完婚了。但这桩婚姻并不是德米特里与托勒密的和解：这对夫妇订婚以来的十二年间，情况已经发生了变化，与托勒密关系不睦而遭流放的欧律狄刻另有他图。她的儿子在埃及的前景堪忧，她想借与德米特里结盟来为其子争权：托勒密长期宠幸贝勒尼基（Berenice）和她所生之子。实际上，托勒密次年就将王位让给了贝勒尼基之子，也就是托勒密二世。欧律狄刻的儿子托勒密·克劳诺斯（Ptolemy Ceraunus），绰号"闪电"，某些恶意宣传将其所获绰号归咎于"他变幻无常和阴险的性格"，[17] 但该绰号恰恰体现了他所拥有的力量。

对德米特里而言，公元前285年的战事开局不错。他收复了一些沿海城镇，包括以弗所（如果此前所说的利西马科斯的防御工事已经到位的话，以弗所很可能是变节投敌了），随后利西马科斯在吕底亚和卡里亚的总督都举手投降，将土地拱手相让。人心所向的德米特里迅速取得了成功。在伊普苏斯战役前，小亚细亚长期处于安提柯王朝统治之下，一度兴盛，似乎不少当地居民想重享旧日时光。

　　与此同时，皮洛士侵入了色萨利，引起了北方安提柯的注意，而雅典人试图驱逐比雷埃夫斯的安提柯王朝驻军。一年前，他们成功说服了一位驻雅典指挥官率部下叛变。雅典人这次又在比雷埃夫斯故技重施，但以惨败告终。守将佯装投诚，夜间打开城门让雅典士兵进城，落入圈套的雅典人被一网打尽。

　　在小亚细亚，德米特里尽管取得了初步的成功，但失去了主动权。虎父无犬子，利西马科斯的儿子阿加托克勒斯同样是一名优秀将领。他把德米特里引入内陆——与 1920 ~ 1921 年土耳其对付入侵的希腊人时所用战术如出一辙，同时通过夺回德米特里后方刚刚占领的领土（包括萨第斯和米利都）来切断他与海岸的联系。如此一来，德米特里在米利都的舰队要么逃到更远的海岸避难，要么投降。随着补给线被切断，德米特里的希望迅速破灭，雇佣兵开始临阵脱逃。德米特里声称对此并不在意，因为他能从米底招募到更多的人（他打算从亚美尼亚到达米底）。德米特里此时显然已失去理智，对败给阿加托克勒斯十分恼火。虽然兵力已大不如前，但德米特里仍对塞琉古构成了威胁。

　　德米特里也许是打算鼓动那些骨子里不安分的东方总督们起义，与其合力推翻塞琉古。但这纯粹是一厢情愿，何况塞琉古在公元前 294 年或前 293 年让其子安条克——"风雨飘摇的大厦中唯一的定海之锚"[18]——出任共治王，并派他到东部去平息叛乱。从长远来看，对于幅员如此辽阔的一个王国来说，安排共治王是明智之举，而且对东方人来说，他们也可以接受一个拥有一半伊朗血统、在巴比伦长大的共治王。与此同时，塞琉古将妻子斯特拉托妮丝送给了安条克。尽管不乏斯特拉托妮丝和安条克的荒谬情事,[19] 但塞琉古最关心的应是尽力维持家族的稳定,因为斯特拉托妮丝生下的任何男童都可能成为安条克的对手。塞琉古还想借机拴住德米特里,同时表明他们之间的关系已经疏远。

196   所以,帝国东部并未发生德米特里所期盼的起义。他并未前往亚美尼亚,而是去了南方,疾病横行加上逃兵不断,导致其人马越来越少。阿加托克勒斯未阻止他翻越金牛座山脉进入奇里乞亚,不过在各要隘加强了防守,以防德米特里杀回马枪。德米特里现在成了塞琉古的心病。塞琉古忍了德米特里一段时间,但在公元前 284 年春采取行动,将德米特里困在山里。德米特里展开了游击战予以反击,甚至威胁要进入叙利亚,但很快就再次被病魔击倒。

德米特里卧病在床之时,军中临阵脱逃的现象愈演愈烈。即便如此,他在康复后仍发动了一场决定性战役。在人手如此之少的情况下作战太不理智了;塞琉古拒绝和德米特里兵戎相见,他宁愿等到敌营士气低落,然后一战而胜。此战最终虎头蛇尾。两军近距离接触,据说塞琉古未戴头盔,亲自走到德米特里阵前,呼吁敌方士兵放下武器。德米特里的士兵们知道塞琉古在尽力挽救他们的性命,最终抛弃了德米特里。[20]

塞琉古将前岳父关在奥伦梯河(Orontes)岸边的阿帕美城,那里虽然很舒服,但戒备森严。安提柯求塞琉古放了他的父亲,利西马科斯则请求处死德米特里。塞琉古对两人之请皆置之不理,并指责利西马科斯表现得像一个野蛮人。[21] 实际上,塞琉古希望德米特里活着,并由自己看管,在需要时还可利用他来对付剩下的敌人。沦为走卒的德米特里无脸见人,致信希腊,放弃了王位,传位于安提柯。公元前 282 年 3 月,终日酗酒、多年疾病缠身的德米特里走到了人生的尽头，他死时才五十岁出头。他的骨灰被归还给了马其顿，安提柯举行仪式埋葬先王，正式加冕称王。

对皇权的极度贪婪毁了德米特里：他应该经营好马其顿和希腊，而不是沉溺于更宏伟的大梦。他从未真正有过征服世界的机遇，没有像亚历山大、安提柯，以及我们即将看到的塞琉古那样的时运。德米特里的统治只持续了六年，但如果他知道后来儿子安提柯顺利继承了马其顿王位的话，他应该会感到欣慰。德米特里的后代此后一直统治着马其顿，直至公元前168年被罗马人推翻。

第十六章　最后的继业者

利西马科斯于公元前 323 年接管的色雷斯，与百年前希腊最落后地区色萨利非常相似：由于地形和历史原因，该地被分割成一个个州，各州由其首领统治，实力突出的首领会谋求一统色雷斯。利西马科斯接管此地时，恰逢奥德里西亚统治者索瑟斯三世［王城是富饶的索瑟波利斯（Seuthopolis）］崛起。[1]

索瑟斯控制了大部分的内陆地区，利西马科斯只能待在海滨之地，在此定居的希腊人也只能尽量沿河岸上游建立堡垒。从理论上讲，双方签有互不侵犯条约，但亚历山大大帝去世后，索瑟斯发动了全面叛乱。利西马科斯上任后的当务之急就是平叛。这是一场激烈的冲突，导致利西马科斯无法在拉米亚战争中给安提帕特施以援手。利西马科斯获胜，索瑟斯不得不再次承认马其顿对色雷斯的宗主权，但这并非决定性的胜利，索瑟斯还保有色雷斯的大部分腹地。十年后，在"独眼"安提柯的怂恿下，索瑟斯再度叛乱，结果又一次被利西马科斯打败。

但利西马科斯的心病不止索瑟斯一人。在奥德里西亚和海姆斯（Haemus）山脉以北，多瑙河畔的好战部落盖坦人，联合索瑟斯或与其他部落一道，屡屡侵扰利西马科斯的领地。腓力二世于公元前 340 年前后吞并色雷斯时并未征服盖坦人，只是和他们达成了某种和解。对利西马科斯来说，谈判同样比战争更为有效。

甚至连当地希腊人也不友好。这些希腊人定居在希腊世界的前哨，长期以来习惯了在恶劣环境中求生；很少有人觉得需要花钱寻找靠山，反马其顿政客们也不断对他们进行洗脑。但对当地希腊人的财富（主要是从奴隶和谷物贸易中所赚的财富）征税，是利西马科斯唯一可靠的收入来源。利西马科斯别无选择，只能靠武力掌控局面，并在当地驻军——这不是什么明智之举。

希腊人根深蒂固地认为，色雷斯人是由好战首领所统治的一群原始部落，这是一种极大的误解。色雷斯人当然有尚武文化，但马其顿人也和色雷斯人一样有自己的尚武文化，二者同样都将希腊语作为官方语言，雇佣希腊工匠和手工业者，自然资源极为丰富。如果利西马科斯没能驾驭索瑟斯，他可能会像腓力二世对马其顿那样对待色雷斯。夹在东边的波斯帝国、南边不断扩张的希腊城邦和北方好战的斯基泰人之间的色雷斯，仍能开拓并保持自己的文化和领土，这很好地体现了他们的尚武精神和足智多谋。

连年征战及对内陆部落的鞭长莫及，导致利西马科斯长期缺乏资源。他从未完全控制过内陆，领土主要由半岛和海滨地区组成。但通过考古发现（在古希腊作家不太感兴趣的那些领域，考古往往是我们获取信息的唯一渠道：与阿伊哈努姆城一样，没有考古的话，我们甚至都不知道索瑟波利斯城的存在），我们看到，尽管利西马科斯未能征服色雷斯部落，但对他们的文化产生了巨大影响。马其顿人的到来在城市化、货币化和自然资源开发方面带来了迅速的变化。讽刺的是，索瑟斯正是借助这些进步守护了领地，免遭带来上述变革的入侵者的进犯。

盛极一时的利西马科斯

公元前 310 年前后，边境安定的利西马科斯开始专注于国内振兴，建造了新都莱西马基亚。没过几年，自感已征服核心领土的利西马科斯便自封为王。到公元前 302 年，他已有足够的精力来关注更广泛的问题而不仅仅是色雷斯。所获收益立竿见影、令人瞩目。他领导联军在伊普苏斯战胜了安提柯王朝的军队，并将小亚细亚纳入版图。

至此，利西马科斯巩固了新地盘（主要通过兴修城市和军事殖民），并将亚洲的希腊城邦组成联盟，由他指任总督以便治理。[2] 公元前 284 年，利西马科斯获得了帕夫拉戈尼亚，并重夺独立城邦赫拉克里亚-潘提卡，当地统治者、利西马科斯妻子阿玛斯特里丝蹊跷而死。作为报复，利西马科斯将两个继子当作嫌疑人处决，兼并了这座富有的城邦。不过，他最重要的斩获是在公元前 288 年兼并了东马其顿。他现在拥有一个出色的王国，本应处境不错，但长期以来他一直在可怜的王国里不停地与野蛮人纠缠。在很长一段时间里，他在财富和招募雇佣兵方面也无法与其他继业者匹敌，但他从小亚细亚的国库中获取了一笔财富，并能够利用其资源获得丰厚的年收入。

利西马科斯的统治并不比前任严酷，但仍牢牢控制着王国内的希腊城邦。利西马科斯不想惹麻烦，他需要安定。公元前280 年代中期，年近七旬的利西马科斯需要抓紧时间了。他想建造一座马其顿的亚历山大城，他铸造的钱币将自己刻画成了亚历山大的继承人，暗示了他对进一步扩张的渴望。大埃及的托勒密二世很老实；塞琉古就在卧榻之侧，但他很明智，不会主动挑事。只有一支舰队、控制着"希腊枷锁"的安提柯——如同伊普苏斯战役后的德米特里一样，虽处于低谷但并未出局，在雇佣兵的帮助下，紧攥着仅剩的几处地盘；而占领了西马其顿的皮洛士就显得碍眼了，利西马科斯的目光自然投向了西边。

马其顿的瓜分者签有和约，但那仅是权宜之计。皮洛士发现以前的盟友——托勒密和埃托利亚人渐渐离他远去。埃托利亚人实际上已被利西马科斯收买，托勒密今后在叙利亚对抗塞琉古时还要利西马科斯帮忙，也不愿与其为敌。利西马科斯与雅典结盟，彻底孤立了皮洛士。利西马科斯又在马其顿内部开展了一场宣传运动，粗暴地将伊庇鲁斯人描述为外来入侵者。

在这一时期的剧变中，皮洛士与安提柯结盟，欲联合希腊本土对抗利西马科斯。皮洛士从安提柯处补充了一些雇佣兵，但公元前284年，当他和利西马科斯发生冲突时，手下很多人都投奔了利西马科斯，利西马科斯顺势占领了西马其顿和色萨利。这不仅使皮洛士退至伊庇鲁斯，而且也在他和安提柯之间打入了一根楔子。实际上，皮洛士此后再未试图在希腊本土扩张。不久之后，皮洛士把注意力转向了西方，在与势头正猛的罗马人的对抗中一度战果颇丰。皮洛士应邀帮助意大利南部的希腊人对抗不断扩张的罗马人，虽然接连三战告捷，但仍输掉了战争。罗马人兵源充足，而皮洛士却被榨干了血。这就是我们为何用"皮洛士式（Pyrrhic）胜利"来代指惨胜或得不偿失。

分裂的王廷

于是，马其顿又迎来了十年之内的第五位国王。祸不单行，公元前287年，一场地震几乎毁了都城莱西马基亚。虽然城市很快得到重建，但有些人将其视作一种不祥之兆，认为地震预示着利西马科斯的新都终将不保。³利西马科斯强大的力量和咄咄逼人的野心令人警惕，强敌们纷纷站出来反对他，战争一触即发。

公元前300年，托勒密一世将十几岁的女儿阿尔西诺伊嫁给了六十多岁的利西马科斯为妻；公元前293年前后，他又将之前许配给亚历山大五世的吕珊德拉（Lysandra）嫁给了利西马科斯之子、王位继承人阿加托克勒斯。吕珊德拉是托勒密与第一任妻子欧律狄刻所生之女，阿尔西诺伊是其与第二任宠妻贝勒尼基所生。讽刺的是，贝勒尼基是欧律狄刻的侄女，此前她在担任欧律狄刻随从期间被托勒密看上。

公元前285年，当托勒密指定托勒密二世为继承人时，贝勒尼基派就已完胜欧律狄刻派。这是一场典型的王位继承纠纷，是继业者的一夫多妻制造成的：同父异母的王子们成了王位竞争者。欧律狄刻之子、未能继承埃及王位的托勒密长子托勒密·克劳诺斯，此时也住在利西马科斯的王宫里。他简直是长子未必能继承王位的生动写照。

201　　　看到托勒密让位于其子、塞琉古任命安条克为共治王的阿加托克勒斯，可能会感到失望，因为年迈的父亲并不打算传位于他。甚至连安提柯此前也和其子德米特里一起称王。对利西马科斯来说，他可能对觊觎王权的阿加托克勒斯感到忧虑，阿加托克勒斯曾以自己的名字为一座城市命名，并在铸有其头像的钱币上刻了王冠。事实上，阿加托克勒斯的所作所为未经父亲许可，他已在小亚细亚打造了某种半独立王国，拥有国库、铸币厂，大概还有自己的军队。阿加托克勒斯成功将德米特里赶出小亚细亚，这为他赢得了希腊各城邦及大批显贵的拥戴，让他有了自己的势力。但无论出于什么借口——可能与阿尔西诺伊的弟弟继承了埃及王位有关——利西马科斯现在看好阿尔西诺伊所生诸子，而非他和妮卡亚的独子阿加托克勒斯。

阿加托克勒斯召集支持者，发动了一场宫廷政变。但该时期的史料十分匮乏，我们甚至不知道双方是否兵戎相见。不过，无论是因为落败还是落入圈套，阿加托克勒斯还是没逃过父亲之手，被关进了监狱。不久，利西马科斯杀了他，很可能是让克劳诺斯动的手。[4] 这起杀子事件对利西马科斯的事业没有任何好处，导致了随之而来的大动荡（被残酷镇压）。那些从大清洗中幸存下来的人逃走了，许多人来到了塞琉古宫中，包括吕珊德拉：她恨同父异母的姐妹阿尔西诺伊，就像欧律狄刻恨贝勒尼基一样。他们请求塞琉古出手相助，在兵家必争之地又播下了战争的种子。

这无疑是个人大展宏图的时代。在投奔塞琉古的人当中有一个叫菲莱泰罗斯（Philetaerus）的人，他也和阿尔西诺伊关系不睦。菲莱泰罗斯本是安提柯王朝负责看管帕加马金库的一名军官，在伊普苏斯战役前投奔了利西马科斯，伊普苏斯战役后，利西马科斯让他官复原职，继续任帕加马总督。帕加马最大的特点是城防相对坚固，安提柯和利西马科斯都在此设有国库。当时，帕加马国库有 9000 塔兰特（约 50 亿美元）。菲莱泰罗斯提出用这些钱财为塞琉古招兵，双方约定，一旦打败利西马科斯，菲莱泰罗斯就可以统治一个独立的帕加马。塞琉古同意了——从短期看这是合理的，但他的继任者可能会后悔，因为帕加马的阿塔洛斯王国（Attalid kingdom）很快就会崛起，开始在小亚细亚挑战塞琉古王朝。从现存遗迹尤其是柏林帕加马博物馆展出的兴建于公元前 2 世纪上半叶壮观的宙斯祭坛中，我们可一睹阿塔罗斯王国的财富和辉煌。⁵ 王国享国百余年，直到公元前 133 年被遗赠给罗马人。

不败枭雄

利西马科斯王国的混乱引起了塞琉古的注意。自从伊普苏斯战役后，塞琉古一直致力于稳固和经营他的帝国，而现在他准备扩张了。任何一个拥有塞琉古般资源并面临如此良机的继业者，都会做同样的事情——即使他们像塞琉古一样已年近八旬。在继业者看来，这就是拥有资源的全部意义：用所拥有的资源来获取更多的土地和资源。塞琉古的宣传家为帝国的扩张造足了声势：据说塞琉古和亚历山大同岁，曾救过亚历山大并短暂加冕。除了散播传奇外，塞琉古还让政客在小亚细亚的希腊城邦为其谋利。

公元前 282 年 7 月，塞琉古集结了军队和战象，倾巢而出（他在塞琉西亚的阿帕美城建了一个牧场），⁶ 向小亚细亚进军。利西马科斯名义上的盟友托勒密二世袖手旁观，也许是希望塞琉古能同时除掉他那麻烦的同父异母兄弟。塞琉古早在冬天来临之前就越过了金牛座山脉，并在利西马科斯王国境内的小亚细亚一侧扎营过冬。此举非常大胆，但似乎未遇阻力。该地区一定是忠于阿加托克勒斯的人的地盘。

公元前 281 年 1 月底，塞琉古开始作战，同时派出舰队前往西海岸，帮助希腊各城邦的支持者。塞琉古善施恩惠，赢得了各城邦的好感；他采用了安提柯王朝的老一套，让人觉得他是一个比利西马科斯更适合的国王。有几个城邦爆发了派系冲突，但更多的城邦作壁上观，看看谁能在这场不可避免的决战中胜出，然后再决定归顺谁。

塞琉古起初如入无人之境。利西马科斯决定在小亚细亚西部与其交战，这可能是利西马科斯出于维持对亚洲希腊城邦某种程度的控制而做出的战术安排，但与此同时，饱受逃兵所困的利西马科斯似乎已感无助。公元前281年2月，第六次继业者战争暨一系列继业者战争的收官之战，在萨第斯以西的"丰饶平原"库鲁佩迪安（Corupedium）打响。关于战争的细节已无从知晓，但对塞琉古来说这是一场完胜。年迈的利西马科斯战死沙场，阿尔西诺伊让一名侍女扮作自己，自己身着破衣从以弗所（此地一度以她的名字命名）逃走。阿尔西诺伊的侍女被杀，阿尔西诺伊最终来到马其顿的卡桑德里亚，利西马科斯在此曾被奉为神明，她可以在此得到庇护。阿尔西诺伊带着一笔可观的财产和利西马科斯的一些雇佣兵，有一定资本让卡桑德里亚保持自治，不受马其顿统治。塞琉古是最后一位亚历山大继业者，他雄心勃勃，准备效仿亚历山大，实现帝国梦想。

对在世统治者的狂热崇拜

利西马科斯在小亚细亚的统治结束了，前朝子民无不拍手称快——这并非因为他的严酷统治，而是因为在安提柯治下安享太平的民众不愿再忍受连绵的战火。历史学家普鲁塔克讲过这样一个故事：一个农民在挖洞，别人问他在做什么，农民回答："在找安提柯。"[7]利西马科斯的灭亡和改朝换代预示着和平，各城邦自然对他们的新主人流露出感激之情，利姆诺斯岛甚至给塞琉古奉上尊号。

在本书中，我们不时地提到对继业者的崇拜，人们不仅在他们死后，而且还如崇拜此刻的塞琉古一样，在他们还活着的时候就开始崇拜了。埃及法老托勒密不仅被当地臣民中的传统主义者视作神灵，而且在罗得岛也被当作救主来崇拜，就像安提柯和德米特里在雅典备受尊崇一样。安提柯还在小亚细亚西北部的斯凯帕西斯（Scepsis）享有尊号，德米特里在雅典先后共获三个尊号。在公元前 324 年的奥林匹亚运动会上，亚历山大大帝要求所有希腊城邦将他当作神来膜拜，此前已有一些城邦自愿为之。在卡桑德里亚短暂的独立时期，利西马科斯在此受到了如同在卡里亚的普里埃内（Priene）一般的崇拜。为了向安提柯和德米特里致敬，提洛岛专门创立了运动会。向亚历山大及继业者授予尊号的做法尚未成为普遍惯例，但已在相当广泛的地区流行开来。[8]

204 　　在亚历山大和继业者之前，已经有在世即享有尊号的君主了。公元前 5 世纪末，将萨摩斯岛从雅典人统治中解放出来的斯巴达将军吕山德（Lysander）被尊为救主。公元前 4 世纪中叶，西西里岛希腊城邦叙拉古的专制君主狄奥尼修斯一世（Dionysius Ⅰ）强迫臣民授予他尊号。[9]个人崇拜现象在继业者时代加速发展，体现了这一时代的不同寻常之处。

　　荷马的《奥德赛》大约成书于公元前 8 世纪末，是关于希腊人神明观的奠基性文献之一。按书中记载，有一次，奥德修斯被冲上岸，几乎快要死了，但被美丽的瑙西卡（Nausicaa）公主搭救。获救的奥德修斯告诉瑙西卡，如果他能回家，"他会将她当作女神，天天为她祈祷，因为她给了他生命"。[10]在一个多神崇拜的世界里，众神可以呈现各种形态，甚至以人类的样貌出现。一个具象化的神，同时也是凡人。具象化的神被人认可，自然是一种非常感人的经历。

　　但你怎么知道你面对的是神呢？从他或她的神迹、他或她所做的超乎寻常之事中，我们能够知晓。众神打破了人类的藩篱，以异乎寻常、出人意料之举拯救了人类。救了罗得岛的托勒密，或拯救了雅典的德米特里，取得的非凡成就甚至算得上神迹，证明了他们是神的化身，不亚于虚构的瑙西卡公主。这一点在公元前311年斯凯帕西斯的一项谕旨中尤为明显：正是因为带来了和平与自治，安提柯当时才被授予尊号。[11]几乎无一例外的是，继业者都是在赢得大胜后才被授予尊号的。

继业者让人感慨良多。"他骑在马背上，实现了所有士兵的梦想——胜利；我抬头仰望他，他靠着天赋、勇气和对军队的信任赢得了胜利，我想，有此成就的古人，一定会被奉若神明。"[12]罗伯特·E.李（Robert E. Lee）的一名助手描述了他在钱斯勒斯维尔（Chancellorsville）战役中的表现，捕捉到了类似的情感体验。我们可简单地把它当成一种对统帅军事魅力的认可，但古希腊人会认为这是一种神似的存在。

在希腊宗教中，主客观可以此种方式合二为一，所以如果罗伯特·E.李被认为是具象化的神，那他就是神——这也有助于解释为何这种崇拜不会持久。当最初的情感冲动消散后，特别是当地缘政治环境发生变化时，被神化的人就可能被视作普通人，那些从一开始就不盲从之人所说的话将得到人们的倾听。神已走下了神坛。

因此，神化继业者最初是对拯救苍生或其他惊世伟业一种自发的情感流露。不仅城邦会英雄崇拜，而且有证据表明个人同样如此。[13]被刚刚发生的壮举所感动的人，都不禁想表示感恩。当国王本人进行祭祀时，一般是祭祖或祭社稷，不会祭祀自己。是其他人把在世国王视为神明。

不过，国王们也主动凸显了其代表的神性。例如，我们在钱币上发现了一系列头饰：狮皮、象皮、公（绵）羊角、公牛角、山羊角、条纹王冠、翼状王冠。每种头饰都让人想起某种偶像崇拜。[14] 一些国王把自己的头像印在钱币上，这本身就说明了问题，因为按照传统，一般会将神印在钱币上。继业者很清楚自我神化能带来政治上的好处，正如他们的最终继承人——近代欧洲君主都坚信自己拥有神权一样。

综合多种因素，将统治者当作神来崇拜是情有可原的。首先，英雄崇拜是一种现象：为了纪念其超人之举，认可其对社区所做的贡献，就连成功的运动员死后也能享有尊号（即便与神无关）。其次，无论是在马其顿还是东方都有悠久的传统，认为国王受众神垂青，王权是神性的体现。[15]

再次，希腊宗教大体上是仪式性的，几乎不涉及教义。人们长期在仪式中浸染，生出一种处世之道：你将祭品"视作"真实之物——仿佛面包和酒就是血与肉，仿佛祭烟真能将你的祈祷和愿望带往神明所在之处。仪式带来了力量和情感寄托，这只是将人神化的一小步。这并不意味着统治者非人即神：他可以人神合一。许多读者可能会觉得这太离谱了，不少学者也试图对此轻描淡写。也许，我们应该认为继业者只是接受了尊号，而非真的被视作神明。但在一个建立于行为之上的宗教中，授予尊号恰恰是对神性的一种认可。

最后，正如前一章所提到的，当时出现了对奥林匹亚诸神某种程度的弱化和怀疑。乌托邦作家、麦西尼的欧伊迈罗斯（卡山德的友人），深受公元前5世纪旧说的影响，认为奥林匹亚众神不过是做出了非凡成就的凡人——比如得墨忒耳发明了谷物种植法，狄俄尼索斯发明了葡萄栽培。事实上，欧伊迈罗斯甚至将"将军、统帅和国王"统统视作正在被塑造的神。[16]公元前 297 年，在雅典人为进城的德米特里所唱的赞美诗中，奥林匹亚诸神已远在天边。在一个战争的世界里，这样的观点是不足为奇的：尽管雅典人为神灵祭祀和祈祷，但他们还是一直挨饿，直至德米特里的到来才拯救了他们。

如果我们抛开犹太教和基督教的成见（尤其是认为神无所不知和无所不能的一神论），就能明白，对继业者的神化是对其超人能力和拯救苍生壮举的一种自然反应，还透着借此安抚城市救主与城市毁灭者的些许渴望。这也不难理解：即使在我们当今如此发达的时代，人们还是会将能给他们带来极致情感冲动的人或物视为神明。在一个幻灭的时代，正统教派往往无法提供这种满足感，因此各路"大师"和埃尔维斯·普雷斯利（Elvis Presley，即猫王）被奉若神明。无论如何，希腊化时代早期的世界并不认同犹太教和基督教的准则；而继业者引起了人们的强烈共鸣，足以封神。

托勒密·克劳诺斯

除了大埃及和割让给旃陀罗笈多的领土外，塞琉古此时控制了从爱琴海到阿富汗的整个亚洲——几乎相当于整个昔日的波斯帝国。埃及国王一定觉得自己将会是下一个目标，因为塞琉古已将托勒密·克劳诺斯收入麾下，可能会支持他争夺埃及王位。总的来说，知趣的亚洲希腊城邦对塞琉古表示欢迎，但利西马科斯在萨第斯和其他地方的驻军不得不被赶走。

塞琉古只花了几个月的时间就解决了面临的问题，对小亚细亚的未来做了规划，然后才合理地采取了下一步行动。公元前 281 年夏，塞琉古穿过赫勒斯滂海峡，向莱西马基亚进军，同时对利西马科斯的欧洲领地提出了领土要求。有了色雷斯和

207

马其顿，塞琉古实际上统治了世界。他甚至比安提柯还要更接近于实现亚历山大的梦想。

没有任何军队可以抵挡塞琉古——他是"征服者中的征服者"[17]。但即便是大军统帅，作为个人也是脆弱的。公元前281年9月，背信弃义的克劳诺斯趁两人一起在莱西马基亚附近骑马时杀了塞琉古。克劳诺斯已决定放弃埃及——这是一块难啃的骨头，他想趁乱在欧洲站稳脚跟。讽刺的是，塞琉古曾经收留了这个杀害他的凶手。对塞琉古这样勇敢、极富开拓精神的继业者来说，这是一个悲惨的结局。但至少，塞琉古让安条克与其共治，保持了帝国的稳定。

最后两位正宗的继业者——与亚历山大相识并随他一起征战的利西马科斯和塞琉古，在几个月内先后倒在血泊中。伊普苏斯战役后的四名主要竞争者在几年内纷纷离世：公元前283年，托勒密归天；公元前282年，德米特里殒命；公元前281年，利西马科斯和塞琉古命断小亚细亚。继业者的逝去成了一道分水岭，亚历山大帝国的分裂最终固化，尽管过了好几年才最终定型。尽管正统继业者的雄心暂未散去，但下一代国王们更乐于安守楚河汉界，井水不犯河水。在继业者战争的收局阶段，马其顿受害尤巨。

克劳诺斯在莱西马基亚举行了全军大会，被拥立为马其顿国王。在加入塞琉古军队前，有不少士兵曾为利西马科斯效命，并不怎么忠于塞琉古。菲莱泰罗斯从克劳诺斯手中赎回塞琉古的遗骸，在帕加马举行火化仪式后，将骨灰送给了安条克。毕竟，菲莱泰罗斯是在名义上属于安条克的领土上建立了独立王国的。安条克将塞琉古的骨灰葬于塞琉西亚-皮埃里亚，并在墓上方建了一座神庙，对塞琉古王室的祭祀由此展开。

但此种修礼之举都是后话。安条克当时正向西进军以恢复小亚细亚的秩序，此时的小亚细亚一盘散沙，只有零星的驻军把守。但见风使舵的叙利亚人伺机发动了一场叛乱，牵扯了安条克的精力，托勒密王朝也趁机在小亚细亚攻城略地。直到公元前279年，安条克才派军进入小亚细亚，阻止了局势继续恶化。在库鲁佩迪安战役和利西马科斯、塞琉古死后的两年里，托勒密王朝的军队取得了重大胜利，控制了从吕西亚到希俄斯岛（Chios）的一大片小亚细亚海岸线。安条克的将领阻止了其进一步扩张，但并未收复失地，转而北进。他信守塞琉古与菲莱泰罗斯达成的协议，并未打帕加马的主意，而是侵入了比提尼亚，比提尼亚统治者芝普特斯此时也在趁乱扩大地盘。对比提尼亚的入侵失败了，这可不是个好兆头。

与此同时，在欧洲，"准王位觊觎者"安提柯试图赶在"王位觊觎者"克劳诺斯前到达马其顿，但无功而返。克劳诺斯已被军队拥立为王，正寻求进一步为自己正名。克劳诺斯无疑让马其顿人想起了声称是腓力二世私生子的托勒密，好像他的血管里也流淌着阿吉德家族的神圣血液。他还打起了利西马科斯的遗孀、身在卡桑德里亚的阿尔西诺伊的主意。卡桑德里亚的归附将向马其顿人证明，克劳诺斯志在重整河山、振兴马其顿。

克劳诺斯另辟蹊径。他没有强夺卡桑德里亚，而是提出要娶同父异母的姊妹阿尔西诺伊。这不仅能得到卡桑德里亚，还能让杀死塞琉古、替利西马科斯报仇的克劳诺斯成为其继承人。阿尔西诺伊最终同意了这桩婚事——即便连古代作家都对此感到困惑，因为这桩婚姻显然一开始就注定结局可悲。这是

208

一个令人心寒的故事，一个女人一心只想成为马其顿王后，一个恶人在无所不能的神明面前假装对她发誓，说他会指定她的儿子为继承人。[18]

这对新婚夫妇很快就闹翻，克劳诺斯杀了阿尔西诺伊和利西马科斯所生的两个儿子，他们死在了"母亲的怀里"。[19]阿尔西诺伊一定是蠢透了，要么就是走投无路地相信克劳诺斯会承认其子为继承人；克劳诺斯与她的儿子是竞争对手。她的长子此前已经逃走，阿尔西诺伊很快也逃离马其顿。她先去了萨莫色雷斯岛，然后去了埃及，嫁给了她的亲弟弟托勒密二世，第三度成为王后，并将埃及法老的兄妹（姐弟）结婚传统引入了马其顿王室。

顺利统治马其顿的克劳诺斯，尽力安抚皮洛士和托勒密二世。他给即将出征意大利的皮洛士提供了一支部队，并向他同父异母的兄弟保证，他不再觊觎埃及王位。克劳诺斯不希望外部势力干涉，他在国内的麻烦已经让他焦头烂额：他要应付桀骜不驯的贵族和虎视眈眈的王位争夺者。但凯尔特人部落正四处寻找土地，多年来，他们一直在边境上惹是生非；卡山德此前就不得不屡屡应付凯尔特人的侵扰。最近，渴望土地的凯尔特人的大规模劫掠已愈演愈烈：他们基本将色雷斯的奥德里西亚王国洗劫一空。公元前279年，一大群凯尔特人逼近马其顿。克劳诺斯自认为能应付这种情况。凯尔特人希望得到大量钱财，然后就去其他地方寻找土地，但克劳诺斯选择了武力解决。马其顿军队惨遭屠戮，克劳诺斯的人头被插在长矛上示众。

凯尔特人继续横冲直撞，但他们不擅于攻城。人们惊恐地躲在城镇和堡垒里，眼睁睁地看着自己的土地惨遭洗掠蹂躏。

卡桑德里亚趁机再度自治。一些凯尔特人深入希腊中部，但被以埃托利亚人为首的希腊联军击退。庞大的游牧部落被驱散：一些人在色雷斯定居，而另一些人在小亚细亚西部大肆劫掠达十年之久，后来在卡帕多西亚和弗里吉亚的部分地区建立了独立王国加拉太（Galatia），该王国一直延续到罗马时期。

安提柯二世

克劳诺斯只统治了马其顿两年，未指定继承人。马其顿陷入无政府状态：五名王位争夺者展开激烈竞争，暂得王位之人最多不超过几周就会被赶下台。其中一人叫安提帕特（卡山德的外甥），因其为王时间恰与季风期相吻合，而被戏称为"季风"（Etesias，即今 meltemi，该季风每年 5 月下旬开始，持续时间不超过四个月）。

安条克离开叙利亚，来到了西部。此前他承认了托勒密王朝攫取的小亚细亚和爱琴海领地，作为回报，埃及方面在他率舰队前往萨第斯与步兵会合时并未进行阻挠。对安条克来说幸运的是，芝普特斯已死，他的两个儿子正在争夺王位。实际上，凯尔特人最初是应比提尼亚王子之邀进入小亚细亚的，旨在助其争夺王位。不过，即便比提尼亚暂且可以忽略，凯尔特人和安提柯却仍在安条克的王国中横行。

考虑到自己在希腊岌岌可危的地位——几乎没什么地盘，敌人也很多（包括近期崛起的斯巴达），再加上小亚细亚的乱局，公元前 279 年，安提柯决定像父亲一样向小亚细亚拓展。计划进行得很顺利，但也许并非像安提柯所期望的那样。安条克到达后，双方发生了小规模冲突，但后来达成了协议。根据协议，安提柯将把亚洲留给安条克，而安条克也不再干涉欧洲事务。这是一个意义重大的时刻：如果安提柯能够获得王位，这将是亚历山大死后第一次实现权力平衡，三位国王不会再觊觎对方的领土了。为了确保和平，安提柯和安条克结成了双姻亲：安条克已经娶了安提柯的姐妹斯特拉托妮丝，安提柯现在又娶了安条克的一个姐妹。

安提柯第一次从亚洲侵入马其顿未获成功。但在公元前277年，安提柯等到了天赐良机，他在色雷斯遇到了一支一万八千人的凯尔特人军队，他们正准备离开希腊。安提柯把他们诱入莱西马基亚附近的埋伏中一网打尽。凯尔特人的这场溃败是如此彻底，以至于安提柯认为他得到了恐惧之神潘神（Pan）的庇护。后来，安提柯让宫廷诗人为潘神写了一首赞美诗，并将潘神的头像印在了钱币正面。马其顿近在眼前，已消除了凯尔特人威胁的安提柯，俨然成了勇者和救世主。公元前276年，安提柯（雇佣了一些战败的凯尔特人，扩充了军队）赶走了最后的王位觊觎者，夺回了卡桑德里亚和色萨利，自立为王。安提柯是在公元前283年，即被囚的德米特里退位当年即位的。他此后一直稳坐王位，于公元前239年去世，享年八十岁。

尾　声

亚历山大对继业者产生了持久的影响，随着那些与他相知之人的逝去，效仿他建功立业的梦想也灰飞烟灭。当然，此后依然会有战争，但规模相对有限。塞琉古王朝的继承人当然想从托勒密王朝手中夺取叙利亚南部，但一般不指望夺取埃及；皮洛士把安提柯赶出马其顿好几年，但冲突仅限于希腊本土。211三个伟大的希腊化王国最终定型：托勒密二世拥有大埃及，安条克拥有亚洲，安提柯拥有马其顿，而且各家似乎都无意染指他国。过去，边界只是暂时的，每个国王都希望扩大自己的领土；此时，各国对海洋、河流、山脉和沙漠等自然边界给予了更多的尊重。亚历山大建立统一的希腊帝国的梦想仍未实现。最终，是罗马人建立了横贯东西的大帝国。

罗马征服史讲述了历史的无情。公元前 167 年，长期坚持斗争的马其顿王国最终不敌，被四个隶属于罗马的共和国所取代；二十一年后，南部希腊人终遭弹压，科林斯城被摧毁。公元前 133 年，帕加马的阿塔罗斯三世畏惧染指小亚细亚的罗马人，把王国遗赠给了罗马人，以避免大规模的流血冲突。公元前 74 年，比提尼亚的尼克美狄斯三世（Nicomedes III）效仿阿塔罗斯，臣服于罗马。公元前 62 年，希腊最后一位自由斗士、本都的米特拉达梯六世（Mithradates VI）被迫自杀，前塞琉古王国分裂成罗马帝国的一个个行省。公元前 58 年，罗马人吞并了塞浦路斯，早在大约四十年前，罗马人已从托勒密王朝手中取得昔兰尼加。公元前 30 年，克里奥佩特拉七世（Cleopatra VII）和马克·安东尼（Mark Antony）的风流韵事葬送了埃及，又一个继业者王国成了罗马行省。

但即使在被罗马征服后，这些东罗马行省仍不乏希腊特色。随着时间的推移（始于公元 285 年，在公元 364 年正式成形），罗马当局将帝国划分为东、西两部分，承认了文化上的差异。在东部，拜占庭（现更名为君士坦丁堡）帝国比西罗马帝国多存在了一千年，并与来自更远东方的各支强权冲突不断：波斯萨珊人（Sasanians）、阿拉伯人，最后是奥斯曼土耳其人。所有这些改变世界的大事都是亚历山大及其继业者的遗产，因为正是他们的雄心壮志造就了希腊化的东方。

但这份遗产并非仅带来了冲突和死亡。他们创造的新世界的青春活力，确实被战争磨平了棱角，但人们仍可立足于过去，并就人类命运、个人价值，以及艺术和文学形式进行开创性思考。哲学日趋复杂，达到了新高度，但同时也更接地气了；艺术家们运用写实主义的新准则进行创作；在无休止的战争的推动下，科学和技术以惊人的速度发展。讽刺之处在于，见证了辉煌和高雅文化的希腊化时代，正是由亚历山大及其继业者肆无忌惮的残暴所开创的。不过，也许正是出于这个原因，这段历史可以教会我们，即使在时局最黑暗之时也要满怀希望，贪婪、毁灭的黑暗势力不会横行无忌。

212

大事年表

历史	文化
公元前 323 年亚历山大大帝去世(6 月 11 日);巴比伦会议;墨勒阿革洛斯被杀;帝国领土重新分配;亚历山大四世诞生;腓力三世和亚历山大四世共治马其顿帝国	约公元前 325 年,科斯岛的普拉克萨哥拉斯(医学理论)活跃于世
公元前 323~前 322 年,希腊(拉米亚战争)和巴克特里亚的希腊人发动叛乱	
公元前 322 年,列昂纳托斯去世;佩尔狄卡斯安抚卡帕多西亚和吕考尼雅;托勒密吞并昔兰尼加;德摩斯梯尼去世;雅典失去萨摩斯岛	公元前 322 年,亚里士多德去世;泰奥弗拉斯托斯继承亚里士多德衣钵,成为学园领袖;希佩里德斯发表葬礼演说
公元前 321 年,佩尔狄卡斯安抚皮西迪亚;托勒密劫持亚历山大遗骸;佩尔狄卡斯迎娶妮卡亚,追求克里奥佩特拉;阿狄亚嫁与腓力三世;安提柯逃往希腊	
公元前 320~前 319 年,第一次继业者战争(托勒密、安提柯、克拉特鲁斯对阵佩尔狄卡斯)	公元前 320~前 290 年,雅典出现了剧作家米南德,底比斯出现了哲学家克拉底
公元前 320 年,欧迈尼斯在小亚细亚获胜;克拉特鲁斯战死,佩尔狄卡斯被暗杀;特里帕拉迪苏斯会议封安提帕特为摄政、安提柯为"亚洲将军";帝国领土进行了再次分配;托勒密吞并叙利亚南部	约公元前 320 年,出现了天文学家皮坦尼的奥托利科斯,伊利亚的哲学家庇罗

历史	文化
公元前 319 年,安提帕特随国王返回马其顿;安提柯打败欧迈尼斯和佩尔狄卡斯残部;波利伯孔取代安提帕特成为摄政	公元前 319 年,雅典修建了色拉西洛斯(Thrasyllas)和尼西亚斯(Nicias)纪念碑
公元前 318~前 316 年,第二次继业者战争(安提柯和卡山德对阵波利伯孔和欧迈尼斯)	
公元前 318 年,安提柯消灭小亚细亚的敌人;卡山德加入安提柯阵营;欧迈尼斯成为波利伯孔的"亚洲将军";波利伯孔宣布希腊为自由城邦	
公元前 317~前 307 年,法勒鲁姆的德米特里为卡山德统治雅典	
公元前 317 年,腓力三世表明支持卡山德;安提柯在伊朗击败欧迈尼斯	
公元前 316~前 279 年,卡山德统治马其顿	
公元前 315 年,安提柯将塞琉古逐出巴比伦	公元前 315 年,雕刻家西锡安的利西普斯去世;文学家索里(Soli)的阿拉托斯(Aratus)诞生
公元前 315~前 301 年,安提柯统治亚洲和小亚细亚	
公元前 315~前 311 年,第三次继业者战争(利西马科斯、托勒密、卡山德对阵安提柯、德米特里和波利伯孔)	
公元前 315 年,安提柯吞并腓尼基;《提尔宣言》发表	
公元前 315~前 314 年,围攻提尔;安提柯侄子托勒密在小亚细亚	

续表

历史	文化
公元前 313 年,安提柯收复卡里亚;托勒密最终获得塞浦路斯;利西马科斯拯救色雷斯	公元前 313 年,亚历山大城成为托勒密王国都城
公元前 313~前 312 年,安提柯侄子托勒密在希腊发展	
公元前 312 年,托勒密入侵巴勒斯坦;加沙之战	
公元前 311 年,塞琉古重夺巴比伦尼亚;托勒密放弃巴勒斯坦;安提柯、托勒密、利西马科斯和卡山德达成"君主间的和平";安提柯攻击纳巴泰人	
公元前 311~前 309 年,巴比伦尼亚之战(塞琉古对阵安提柯和德米特里)	
公元前 311~前 304 年,塞琉古获取东方总督辖地	
公元前 310 年或前 309 年,卡山德谋杀亚历山大四世	约公元前 310 年,马萨利亚的皮西亚斯环绕不列颠群岛;埃及建立托勒梅斯城;出现了人种学家阿布德拉(Abdera)的赫卡塔埃乌斯(Hecataeus,又译赫克特斯),以及史学家萨摩斯岛的杜里斯(Duris)和陶洛米尼姆人提麦乌斯(Timaeus)
公元前 309 年,波利伯孔杀害赫拉克勒斯,安提柯杀害克里奥佩特拉,托勒密杀害托勒密(安提柯的侄子)	公元前 309 年,莱西马基亚奠基
公元前 309~前 308 年,托勒密觊觎希腊	
公元前 307~前 301 年,第四次继业者战争(安提柯和德米特里先后对阵托勒密和卡山德,利西马科斯和塞琉古)	
公元前 307~前 304 年,四年希腊战争(卡山德对德米特里)	

历史	文化
公元前 307 年,德米特里夺取雅典	公元前 307 年,安提柯尼亚奠基
公元前 306 年,德米特里夺取塞浦路斯(围攻萨拉米斯);安提柯和德米特里称王	公元前 306 年,伊壁鸠鲁在雅典创立公社
公元前 305~前 304 年,围攻罗得岛;安提柯王朝入侵埃及及失败;托勒密、利西马科斯、卡山德和塞琉古称王	约公元前 305~前 260 年,绘制了埃盖和莱夫卡迪亚(Lefkadia)的墓室壁画
公元前 305~前 285 年,托勒密一世统治埃及	
公元前 305~前 281 年,塞琉古统治亚洲	
公元前 304~前 303 年,德米特里控制希腊	
公元前 302 年,德米特里重新建立希腊同盟;德米特里和卡山德在色萨利对峙;利西马科斯和普雷佩劳斯入侵小亚细亚;安提柯进军小亚细亚	
公元前 301 年,托勒密在叙利亚南部驻军;伊普苏斯战役;安提柯败亡;雅典人驱逐德米特里	
公元前 301~前 294 年,利西马科斯巩固小亚细亚	
	约公元前 300 年,基提翁的芝诺创立了斯多葛学派;还出现了诗人科斯岛的菲勒塔斯、地理学家墨西拿的狄凯阿克斯、哲学家波利斯提尼斯(Borysthenes)的彼翁(Bion)和佩拉的马赛克镶嵌画
	公元前 300~前 290 年,塞琉西亚发展;《安条克的命运》(雕塑)制成
公元前 299 年,德米特里突袭色雷斯	

续表

历史	文化
公元前 298 年,德米特里夺取奇里乞亚	
公元前 297 年,卡山德、腓力四世去世;皮洛士重占伊庇鲁斯	
公元前 297~前 294 年,安提帕特一世和亚历山大五世任马其顿国王	
公元前 296 年,塞琉古吞并奇里乞亚	
公元前 295 年,德米特里从拉哈雷斯手中夺取雅典	公元前 295 年,科洛封的画家阿佩利斯、萨摩斯岛的诗人阿斯克莱皮亚德斯去世
公元前 294 年,德米特里夺取马其顿;亚历山大五世和安提帕特一世被杀;托勒密收复塞浦路斯	
公元前 294~前 288 年,德米特里统治马其顿	
公元前 294 年或前 293 年,安条克成为塞琉古王国共治王	
公元前 293~前 292 年,利西马科斯被盖坦人囚禁	约公元前 293 年,德米特里阿斯奠基,亚历山大博物馆奠基
公元前 292 年,德米特里入侵小亚细亚,返回希腊平息叛乱	
公元前 291~前 285 年,托勒密夺占爱琴海属地、提尔和西顿	约公元前 290 年,出现了乌托邦作家麦西尼的欧伊迈罗斯
公元前 288~前 286 年,第五次继业者战争(德米特里对阵托勒密、皮洛士、利西马科斯和塞琉古)	
公元前 288 年,利西马科斯和皮洛士瓜分马其顿;菲拉自杀	
公元前 286~前 284 年,德米特里在小亚细亚和奇里乞亚征战	

历史	文化
公元前 285 年,托勒密一世传位于托勒密二世	约公元前 285 年,叙拉古的数学家阿基米德诞生;《旧约》在亚历山大城开始被翻译;亚历山大城的泽诺多托斯(Zenodotus)编纂荷马史诗
公元前 284 年,利西马科斯从皮洛士手中夺取西马其顿	
公元前 283 年,托勒密一世去世;德米特里传位于安提柯二世	
公元前 283~前 282 年,小亚细亚内战;利西马科斯杀害阿加托克勒斯	
公元前 282~前 281 年,第六次继业者战争	
公元前 282 年,德米特里在囚禁中去世;塞琉古入侵小亚细亚	
公元前 281 年,库鲁佩迪安战役;利西马科斯阵亡;托勒密·克劳诺斯行刺塞琉古	
公元前 281~前 279 年,托勒密·克劳诺斯在马其顿称王;托勒密二世在小亚细亚取得重大进展	
	约 280 年,数学家欧几里得写成《元素》;萨摩斯岛的古希腊天文学家阿利斯塔克(Aristarchus)发展了日心说;出现了希腊诗人忒奥克里托斯、卡利马库斯(Callimachus)、波西迪普斯(Posidippus)
公元前 279 年,凯尔特人入侵马其顿和希腊;托勒密·克劳诺斯被杀;马其顿陷入混乱;安提柯二世和安条克一世的和平协议确认了帝国的分裂	

人物列表

一些读者可能对希腊化时代早期较为陌生。如今，只有亚历山大这一人物家喻户晓。在本书中，我未提及那些过于边缘化的小人物——例如，我可以举出七个叫"亚历山大"的人。但即便如此，有些人还是觉得书中人物过于庞杂。但随着阅读的深入和对人物的熟悉，这种情况应该会好很多。我在此提供了一份书中主要历史人物的列表，供参考。人物列表后面，附有家谱世系图。

阿狄亚：库娜涅的女儿；腓力三世阿里达乌斯的妻子；结婚后改名为欧律狄刻；联合丈夫反对波利伯孔；公元前317年，在奥林匹娅斯的逼迫下自杀。

阿加托克勒斯：利西马科斯与妮卡亚之子；因与德米特里对抗时表现出色而成为名将；后来与父亲利西马科斯因继位问题闹翻，公元前283年或前282年被利西马科斯杀死。

阿尔塞塔斯：佩尔狄卡斯的兄弟，在佩尔狄卡斯死后坚持战斗；公元前319年被安提柯打败；后在试图越狱时被杀。

亚历山大：波利伯孔的儿子；波利伯孔联军统帅之一；安提柯的反卡山德希腊盟友；公元前315年投靠卡山德，但很快被杀。

马其顿的亚历山大三世（公元前336~前323年在位）：亚历山大大帝；东征前稳固了马其顿；公元前334~前330年，

征服了波斯帝国；公元前 323 年在巴比伦去世，由此触发了继承危机。

马其顿的亚历山大四世（公元前 323~约前 309 年在位）：亚历山大大帝之子；成年前被卡山德杀害。

马其顿的亚历山大五世（公元前 297~前 294 年在位）：卡山德之子；马其顿统治者，或与其兄弟安提帕特一世共治的共治王；后被德米特里所杀。

亚历撒库斯：卡山德性情古怪的兄弟，在阿陀斯半岛建有一个名为"圣城"的乌托邦社区。

阿玛斯特里丝：波斯公主；公元前 324 年春，在苏萨的集体婚礼上嫁给了克拉特鲁斯；后又嫁与赫拉克勒斯-潘提卡的统治者狄奥尼修斯；狄奥尼修斯死后，任摄政并与安提柯联盟；公元前 302 年与利西马科斯结婚；约公元前 284 年，被其子所杀。

安提贞尼斯：精锐步兵团指挥官；公元前 320 年，被任命为苏锡安那总督；公元前 317 年，伽比埃奈战役后被安提柯残忍杀害。

安提柯二世：德米特里之子；公元前 276~前 239 年任马其顿国王。

"独眼"安提柯：亚历山大大帝的弗里吉亚总督；公元前 323 年、前 320 年两次连任；公元前 320 年成为安提帕特的"亚洲将军"；以此为跳板，至公元前 314 年已成为整个亚洲的统治者；公元前 301 年，死于伊普苏斯战役。

亚洲的安条克一世（公元前 281~前 261 年在位）：塞琉古之子；公元前 294 年至前 293 年，成为共治王，负责东方总督辖区。

安提帕特：亚历山大大帝东征期间任马其顿总督；亚历山大大帝死后，在与佩尔狄卡斯的竞争中失势，但在公元前320年重任摄政，一年后因年迈去世。

马其顿的安提帕特一世（公元前 297～前 294 年在位）：卡山德之子，统治者或与其兄弟亚历山大五世共治马其顿的共治王；约公元前293年，被利西马科斯所杀。

阿帕玛：伊朗贵族；公元前324年春，在苏萨的集体婚礼上嫁与塞琉古；与其他强迫婚姻不同，二人的婚姻历久弥坚；公元前300年前后去世。

阿瑞斯托诺斯：亚历山大大帝的护卫官；在第一次继业者战争中忠于佩尔狄卡斯；在马其顿隐退，公元前316年，在马其顿被卡山德所杀。

阿里达乌斯：亚历山大大帝同父异母的兄弟，参见马其顿的腓力三世。

阿里达乌斯：马其顿贵族，率领运送亚历山大大帝遗体的送葬队伍；公元前320年，任临时共同摄政；同年任赫勒斯滂-弗里吉亚总督，公元前319年被安提柯罢免。

阿尔西诺伊：托勒密一世与妻子贝勒尼基之女；先后嫁给利西马科斯、托勒密·克劳诺斯（同父异母的兄弟）和托勒密二世（亲弟弟）；首位生前即获尊号的女性。

阿桑德：公元前323年，被任命为卡里亚总督，公元前320年连任；起初是安提柯的盟友，但在公元前315年叛变；公元前313年，再度听命于安提柯。

阿塔罗斯：最初是墨勒阿革洛斯的盟友，但很快投靠佩尔狄卡斯；佩尔狄卡斯死后起兵的叛乱者之一；公元前319年，败于安提柯；后在企图越狱时被杀。

巴耳馨：亚历山大大帝的伊朗贵族情妇、赫拉克勒斯生母；公元前309年，被波利伯孔和卡山德所杀。

贝勒尼基：托勒密一世的情妇、宠妻；托勒密二世和阿尔西诺伊的母亲。

马其顿的卡山德（公元前316~前305年任摄政；前305~前297年任国王）：安提帕特之子；未能继承摄政；曾与安提柯结盟，公元前316年占领马其顿；与塞萨洛尼丝结婚；杀死了罗克珊娜和亚历山大四世，参与杀害了赫拉克勒斯；加入反安提柯联盟，公元前301年助联军打败安提柯。

旃陀罗笈多（公元前320~前298年在位）：古印度孔雀王朝的创立者；与塞琉古发生冲突，赢得了大片领土。

克利图斯：克拉特鲁斯副手，在拉米亚战争（公元前323~前322年）中指挥马其顿海军；最早忠于佩尔狄卡斯，后变节；公元前320年，获任吕底亚总督，公元前319年被安提柯罢免；公元前318年败于安提柯后身亡。

克里昂米尼：生长于埃及；公元前331年，被亚历山大大帝任命为埃及总督或财务官；公元前322年，被托勒密一世所杀。

克里奥佩特拉：马其顿的亚历山大大帝的妹妹；摩洛希亚的亚历山大一世的妻子；丈夫去世后，统治摩洛希亚；曾先后同列昂纳托斯、佩尔狄卡斯和托勒密一世订婚；公元前309年末或前308年初，被安提柯所杀。

克拉特鲁斯：亚历山大大帝最信任的将领之一；亚历山大大帝死后占领奇里乞亚；在拉米亚战争中与安提帕特结盟，此后对付佩尔狄卡斯和欧迈尼斯；公元前320年，在与欧迈尼斯的交战中身亡。

克拉特西波丽丝：亚历山大（波利伯孔之子）之妻；公元前315年亚历山大死后，她在西锡安和科林斯建立了一块飞地；该地于公元前309年被托勒密一世接管。

库娜涅：亚历山大大帝同父异母的妹妹；阿狄亚的母亲；公元前321年，疑被阿尔塞塔斯误杀。

大流士三世：波斯帝国阿契美尼德王朝末代国王；公元前330年被亚历山大大帝击败后，被自己人所杀。

黛达弥亚：皮洛士的姐妹；曾为亚历山大四世未婚妻，后与"围城者"德米特里结婚。

法勒鲁姆的德米特里：在卡山德授意下，公元前317～前307年任雅典统治者；后被"围城者"德米特里赶走；最终逃往亚历山大城。

"围城者"德米特里："独眼"安提柯之子兼继承人，为人自负、乖张；公元前4世纪末，是安提柯的左膀右臂；伊普苏斯战役后恢复实力，公元前294～前288年统治马其顿；实力不足仍欲入侵亚洲，后被塞琉古软禁，死于公元前282年。

德摩斯梯尼：腓力二世和亚历山大大帝的顽固反对派，提醒雅典同胞警觉马其顿对雅典和希腊南部的图谋；涉嫌侵吞哈帕拉斯钱款而遭流放；拉米亚战争前返回雅典，安提帕特在战争胜利后欲置其于死地；公元前322年，在卡劳利亚（Calauria）逃亡期间自杀，享年六十二岁。

卡迪亚的欧迈尼斯：腓力二世和亚历山大大帝的书记官；公元前323年，任卡帕多西亚总督；佩尔狄卡斯死后继续战斗，公元前319年被安提柯击败；公元前318年与安提柯结盟，后与波利伯孔结盟；公元前317年伽比埃奈战役后，被安提柯所杀。

欧律狄刻：安提帕特之女；托勒密一世发妻；托勒密·克劳诺斯、托勒梅斯和吕珊德拉的母亲。

欧律狄刻：参见阿狄亚。

哈帕拉斯：亚历山大大帝的亲密王伴，负责帝国财政；亚历山大大帝从印度半岛返回时，他带着一大笔钱潜逃，先后落脚塔尔苏斯、雅典，在雅典利用手中钱财资助了拉米亚战争；公元前323年，在克里特岛被杀。

赫费斯提翁：亚历山大大帝的密友、情人及副手；公元前324年死于酗酒，他的死令亚历山大大帝悲痛欲绝。

赫拉克勒斯：亚历山大大帝私生子；本非马其顿王位竞争者，公元前309年，波利伯孔欲扶持其为王，但后来奉卡山德之命将其杀害。

伊奥劳斯：安提帕特之子；亚历山大大帝斟酒师的身份令人怀疑他毒死了亚历山大大帝；约公元前320年去世；公元前317年，墓碑遭奥林匹娅斯亵渎。

拉哈雷斯：约公元前297年开始统治雅典，后于公元前295年被德米特里击败。

拉纳莎：叙拉古国王阿加托克勒斯之女；在与德米特里结婚前，与皮洛士有过短暂的婚姻。

列昂纳托斯：亚历山大大帝的护卫官；在亚历山大大帝死后的权力斗争中被佩尔狄卡斯击败；属于安提帕特阵营，作为克里奥佩特拉的丈夫，也觊觎马其顿王位；公元前323年，死于拉米亚战争初期。

利奥斯典纳斯：公元前323～前322年的拉米亚战争中指挥希腊军队，于此战中阵亡。

吕珊德拉：托勒密一世和欧律狄刻之女；先后与亚历山大

五世、阿加托克勒斯结婚；丈夫阿加托克勒斯被生父利西马科斯处死后，逃往塞琉古王国。

利西马科斯：亚历山大大帝的护卫官；公元前 323 年任色雷斯总督，公元前 320 年续任；经营色雷斯多年，公元前 4 世纪末开始显露才华，公元前 301 年，率联军在伊普苏斯战役中对阵安提柯和德米特里；夺取小亚细亚，并于公元前 284 年接管马其顿；公元前 283 年，王国陷入内战；公元前 281 年，在库鲁佩迪安战役中败亡。

墨勒阿革洛斯：亚历山大大帝手下的步兵指挥官；公元前 323 年亚历山大大帝死后，试图夺权，但被佩尔狄卡斯所杀。

米南德：亚历山大大帝王伴；公元前 331 年，被亚历山大大帝任命为吕底亚总督；亚历山大大帝死后，于公元前 323 年获连任，但在公元前 320 年被人取代。

雅典的米南德：首屈一指的新喜剧作家。

梅涅劳斯：托勒密一世的兄弟；约公元前 315 年起任塞浦路斯总督，公元前 306 年，败于"围城者"德米特里。

克里特岛的尼阿库斯：亚历山大大帝最信任的将军；亚历山大大帝死后，投入安提柯麾下，最终成为年轻的德米特里的谋士。

涅俄普托勒摩斯：亚历山大大帝宫廷里的摩洛希亚王子；佩尔狄卡斯令其在小亚细亚帮助欧迈尼斯，但他加入安提帕特阵营；公元前 320 年，死于与欧迈尼斯的战场决斗。

妮卡亚：安提帕特之女，先后与佩尔狄卡斯和利西马科斯结婚；阿加托克勒斯之母。

尼卡诺尔：安提帕特之子；公元前 320 年任卡帕多西亚总督，公元前 319 年被安提柯驱离；公元前 317 年，死于奥林匹娅斯之手。

尼卡诺尔：卡山德手下将领，公元前319年至前317年任比雷埃夫斯守将，公元前317年被卡山德处死。

奥林匹娅斯：马其顿国王腓力二世的妻子，亚历山大大帝的母亲，亚历山大四世的祖母；安提帕特的敌人，公元前330年被流放至故乡伊庇鲁斯；公元前317年受波利伯孔之邀返回马其顿；公元前316年，被卡山德所杀。

培松：亚历山大大帝护卫官；公元前323年任米底总督；公元前320年任临时联合摄政；过于野心勃勃，公元前316年被安提柯所杀。

佩尔狄卡斯：亚历山大大帝的护卫官；亚历山大大帝死后，挟二王以令诸侯；为了遏制其野心，爆发了第一次继业者战争；公元前320年，入侵埃及时被手下所杀。

朴塞斯塔斯：亚历山大大帝的护卫官，公元前323年任波西斯总督，公元前320年连任；公元前316年，被向东扩张的安提柯推翻。

菲拉：安提帕特之女；先后嫁给克拉特鲁斯和"围城者"德米特里，公元前288年自杀而亡。

菲莱泰罗斯：先后替安提柯、利西马科斯管理帕加马金库；在利西马科斯王国内战期间，于公元前283年逃往塞琉古处；在塞琉古的帮助下，成为帕加马王国的开国君主。

马其顿的腓力二世（公元前359~前336年在位）：伟大马其顿的开创者；统一了马其顿；大幅提高了马其顿的军事实力；遇害前计划入侵波斯帝国；其子亚历山大大帝继承了他的东征遗愿。

马其顿的腓力三世（公元前323~前317年在位）：本名

阿里达乌斯：亚历山大大帝同父异母的兄弟，智力低下；先后为墨勒阿革洛斯、佩尔狄卡斯和阿狄亚所用；后被奥林匹娅斯下令处死。

马其顿的腓力四世（公元前 297 在位）：卡山德之子，在位数月，后去世。

普雷斯塔库斯：卡山德的兄弟；从公元前 313 年起，一直是卡山德在希腊的得力干将；伊普苏斯战役后，得到奇里乞亚，但公元前 298 年该地被德米特里夺走；于利西马科斯的帮助下，在卡里亚建立独立王国。

托勒密："独眼"安提柯的侄子，公元前 4 世纪最后十年在战场上表现优异；曾于公元前 310～前 309 年在希腊中部短暂独立，后在科斯岛被托勒密所杀。

波利伯孔：亚历山大大帝去世时，在奇里乞亚任克拉特鲁斯的副手；公元前 320 至前 319 年，在马其顿任安提帕特副手；公元前 319 年，取代去世的安提帕特出任摄政；奥林匹娅斯的盟友；后被卡山德驱逐，盘踞于伯罗奔尼撒半岛；公元前 309 年，为重获权力，试图让赫拉克勒斯登上王位；大约死于公元前 303 年。

普雷佩劳斯：自公元前 315 年起为卡山德手下将领；公元前 301 年伊普苏斯战役后，其生活轨迹未见史料记载。

托勒梅斯：托勒密一世和欧律狄刻之女；后成为"围城者"德米特里的妻子之一。

埃及的托勒密一世（公元前 323～前 305 年任总督；公元前 305～前 285 年任国王）：亚历山大大帝的护卫官；公元前 323 年任埃及总督，公元前 320 年连任；致力于在埃及周边打造缓冲区；成功化解对埃及的两次入侵（公元前 320 年和前

306年）；在爱琴海地区成功扩张了势力，但公元前309年试图夺取希腊未遂；公元前285年，传位于托勒密二世；公元前283年去世。

埃及的托勒密二世（公元前285~前246年在位）：托勒密一世与贝勒尼基之子，并非托勒密一世长子。

托勒密·克劳诺斯：托勒密一世和欧律狄刻之子、托勒密一世长子；因父亲宠幸贝勒尼基而与王位无缘；先后流亡于利西马科斯和塞琉古的宫廷；杀死塞琉古后，公元前281年至前279年自立为马其顿国王；后死于凯尔特人的入侵。

伊庇鲁斯国王皮洛士（公元前306~前302年、前297~前272年在位）：奥林匹娅斯的堂侄，亚历山大大帝的堂表兄弟，敢闯敢拼；与德米特里多次联手又叛离；后来成为罗马人的眼中钉，曾短暂做过西西里岛国王。

罗克珊娜：巴克特里亚公主，公元前327年成为亚历山大大帝的发妻；亚历山大大帝死时，罗克珊娜已怀有身孕，几个月后亚历山大四世出生；约公元前309年，与其子一起被卡山德所杀。

亚洲的塞琉古一世（公元前305~前281年在位）：亚历山大大帝死后，先后与佩尔狄卡斯、安提帕特结盟，力量迅速上升；公元前320年，任巴比伦尼亚总督；公元前316年，被安提柯赶出巴比伦；公元前311年，戏剧性地重返故地；保住了巴比伦，并自幼发拉底河以东建立了自己的王国；伊普苏斯战役后，兼并了叙利亚；库鲁佩迪安战役后，拿下了小亚细亚；企图夺取马其顿时，被托勒密·克劳诺斯所杀。

色雷斯的索瑟斯三世（约公元前330~约前300年在位）：利西马科斯厌恶之人，奥德里西亚国王，色雷斯内陆的实际统治者。

斯特拉托妮丝：德米特里的女儿，安提帕特的外孙女，卡山德的外甥女；先后与塞琉古一世和安条克结婚。

泰莱斯福鲁斯：安提柯的侄子；公元前312年在希腊战绩平平；在伊利亚曾短暂独立。

塞萨洛尼丝：亚历山大大帝同父异母的妹妹；公元前316年被卡山德俘获，后与其结婚；未能阻止安提帕特一世和亚历山大五世交恶；被安提帕特所杀。

比提尼亚的芝普特斯（公元前327～前280年在位）：独立王国比提尼亚的统治者；曾归顺安提柯，伊普苏斯战役后再度起事。

谱　系

这些谱系并不完整。查阅更完整的版本和更多的支系，请参见 F. W. Walbank et al. （eds），*The Cambridge Ancient History*，vol. 7. 1：*The Hellenistic World*（2nd ed.，Cambridge：Cambridge University Press，1984），484－91；或者 P. Green，*Alexander to Actium：The Historical Evolution of the Hellenistic Age*（Berkeley：University of California Press，1990），732－9。

阿吉德王朝

腓力二世
（娶妻七人，其中有：）

伊庇鲁斯的奥林匹娅斯

拉里萨（Larissa）的
菲莉涅（Philinna）

克里奥佩特拉
（与伊庇鲁斯的
亚历山大一世结婚）

亚历山大三世/大帝
（与巴克特里亚的罗克珊娜结婚）

腓力三世阿里达乌斯
（娶阿狄亚，阿狄亚婚后
叫作欧律狄刻）

亚历山大四世

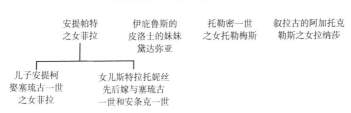

安提柯家族

"独眼"安提柯
（娶斯特拉托妮丝为妻）

"围城者"德米特里
（先后娶妻六人，其中有：）

| 安提帕特之女菲拉 | 伊庇鲁斯的皮洛士的妹妹黛达弥亚 | 托勒密一世之女托勒梅斯 | 叙拉古的阿加托克勒斯之女拉纳莎 |

儿子安提柯娶塞琉古一世之女菲拉　　女儿斯特拉托妮丝先后嫁与塞琉古一世和安条克一世

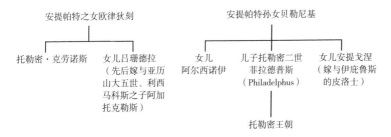

托勒密家族

托勒密一世
（娶妻四或五人，其中有：）

安提帕特之女欧律狄刻　　　　　　安提帕特孙女贝勒尼基

托勒密·克劳诺斯　　女儿吕珊德拉（先后嫁与亚历山大五世、利西马科斯之子阿加托克勒斯）　　女儿阿尔西诺伊　　儿子托勒密二世菲拉德普斯（Philadelphus）　　女儿安提戈涅（嫁与伊庇鲁斯的皮洛士）

托勒密王朝

　　值得注意的是，最终嫁给自己的亲弟弟托勒密二世的阿尔西诺伊，此前曾先后嫁与利西马科斯及她同父异母的兄弟托勒密·克劳诺斯；而托勒密二世曾娶过利西马科斯的女儿、另一个叫作阿尔西诺伊的女人。

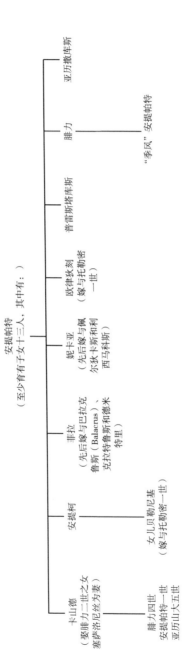

安提帕特家族

安提帕特
（至少育有子女十三人，其中有：）

卡山德
（娶腓力二世之女
塞萨洛尼丝为妻）

安提柯

菲拉
（先后嫁与巴拉克
鲁斯（Balacrus）、
克拉特鲁斯和德米
特里）

妮卡亚
（先后嫁与佩
尔狄卡斯和利
西马科斯）

欧律狄刻
（嫁与托勒密
一世）

普雷斯塔库斯

腓力

亚历撒库斯

"季风"安提帕特

腓力四世
安提帕特一世
亚历山大五世

女儿贝勒尼基
（嫁与托勒密一世）

摩洛希亚王室

阿尔塞塔斯一世

涅俄普托勒摩斯一世　　　　　　　　阿利巴斯（Arybbas）

女儿奥林匹娅斯　　　　　　　　　　埃阿喀得斯（Aeacides）
（嫁与马其顿的腓力二世）

亚历山大大帝

儿子皮洛士　　　　　　　　　　女儿黛达弥亚
（先后娶：托勒密一世之女安提戈　　　（嫁与德米特里）
涅、叙拉古的阿加托克勒斯之女拉
纳莎、托勒密·克劳诺斯之女为妻）

利西马科斯家族

利西马科斯
第一次婚姻：娶安提帕特之女妮卡亚

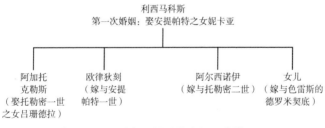

阿加托　　欧律狄刻　　　　　阿尔西诺伊　　　　女儿
克勒斯　　（嫁与安提　　　（嫁与托勒密二世）　（嫁与色雷斯的
（娶托勒密一世　帕特一世）　　　　　　　　　　德罗米契底）
之女吕珊德拉）

第二次婚姻：娶赫拉克勒斯-潘提卡的阿玛斯特里丝
第三次婚姻：娶托勒密一世之女阿尔西诺伊

特密苏斯的　　　　利西马科斯　　　　　腓力
托勒密

注 释

缩写词

Ager = Ager, S. , 1996, *Interstate Arbitrations in the Greek World* ,
337-90 BC (Berkeley: University of California Press).

Austin = Austin, M. , 2006, *The Hellenistic World from Alexander to the*
Roman Conquest: A Selection of Ancient Sources in Translation
(2nd ed. , Cambridge: Cambridge University Press).

Bagnall/Derow = Bagnall, R. , and Derow, P. , 2004, *The Hellenistic Period:*
Historical Texts in Translation (2nd ed. , Oxford: Blackwell) (1st
ed. title: *Greek Historical Documents: The Hellenistic Period*).

Burstein = Burstein, S. , 1985, *The Hellenistic Age from the Battle of*
Ipsos to the Death of Kleopatra Ⅶ (Cambridge: Cambridge
University Press).

Curtius = Quintus Curtius Rufus, *History of Alexander*.

DS = Diodorus of Sicily, *Library of History*.

FGrH = Jacoby, F. , *Die Fragmente der griechischen Historiker*
(Berlin: Weidmann, 1923 - 58; CD-ROM ed. , Leiden:
Brill, 2004).

Grant = Grant, F. , 1953, *Hellenistic Religions: The Age of Syncretism*
(Indianapolis: Bobbs-Merrill).

Harding = Harding, P. , 1985, *From the End of the Peloponnesian War*
to the Battle of Ipsus (Cambridge: Cambridge University
Press).

Heckel/Yardley = Heckel, W., and Yardley, J. C., 2004, *Alexander the Great:*
　　　　Historical Texts in Translation (Oxford: Blackwell).

　　Justin = Marcus Junianus Justinus, *Epitome of the Philippic History of*
　　　　Pompeius Trogus.

　　SSR = Giannantoni, G., 1990, *Socratis et Socraticorum Reliquiae*,
　　　　4 vols. (Naples: Bibliopolis).

　　Welles = Welles, C. B., 1934/1974, *Royal Correspondence in the Hellenistic*
　　　　Period (New Haven: Yale University Press; repr. Chicago:
　　　　Ares).

前　言

1. Plutarch, *Life of Alexander* 8.2.

2. 参见 I. Morris, "The Greater Athenian State," in Morris and Scheidel,
   2009: 99-177；需注意的是，波利比乌斯在讨论罗马帝国之前存在的
   帝国时，并未提及雅典"帝国"（*Histories* 1.2）。

3. Willa Cather, *O Pioneers!*, p.44, Penguin ed.

第一章　亚历山大大帝的遗产

1. 见 Arrian, *Anabasis* 24-6，书中还讲到了亚历山大临终前的其他情况；
   相关资料还可参见 Heckel/Yardley, 272-80 的译文。

2. 普鲁塔克和阿里安分别在 *Life of Alexander* 73-7 和 *Anabasis* 24-6 中描述了
   相关症状。对死因最主要的简单猜测包括疟疾（Engels, 1978a;
   Hammond, 1989b: 304-5）、腹膜炎（Ashton, Parkinson, 1990）、急性外
   科手术并发症（Battersby, 2007）和脑炎（Marr, Calisher, 2003）。
   Bosworth（1971）指出，基于历史原因，不能排除亚历山大死于中毒的情
   况；Schep（2009）认为，亚历山大可能死于疾病。Depuydt（1997）有关
   亚历山大死亡时间的权威研究，对我们帮助很大。

3. Curtius 10. 10. 14.

4. Plutarch，*Life of Agesilaus* 15. 4.

5. 关于希佩里德斯：Ps. -Plutarch，*Lives of the Ten Orators* 849f。关于卡山德：Plutarch，*Life of Alexander* 74. 2-3。故事听起来有点夸张，但可能也说出了部分事实。

6. 文件称作 the *Royal Ephemerides* 或 *Royal Journal*，可参阅 Bosworth 和 Hammond 分别于 1971 年、1988 年所做的研究。Heckel 在 2007 年指出，该文件是用来宣传的伪作。有人对此并不认同，如 Pearson，"The Diary and Letters of Alexander the Great," *Historia* 3（1955），429-55；repr. in Griffith 1966，1-27. in Griffith 1966。

7. DS 16. 93. 7；Justin 9. 6. 5-6.

8. "总督辖区"是指阿契美尼德帝国的某一省份，"总督"就是某省的长官。

9. 关于亚历山大开创性的执政风格，见 Fredricksmeyer（2000）和 Spawforth（2007）的相关研究；关于亚历山大对东方人的态度，见 Bosworth（1980）的研究。

10. Carney，2001. 猜测始于古代，见 Plutarch，*Life of Alexander* 77. 5；DS 18. 2. 2。

11. Bosworth，2000；Heckel，1988；文本可见 Heckel/Yardley，281-89. Heckel 雄辩地指出伪作早在公元前 316 年就已出现，但 Bosworth 主张出现于公元前 308 年的观点似乎更为合理。

12. 塔兰特是希腊最大的货币单位。本书中，我假设 1 塔兰特的购买力相当于 60 万美元。希腊的货币并不能完全自由兑换，但物有所值：塔兰特是一种重量单位，1 塔兰特接近 26 公斤（略超过 57 磅）。换算如下：36000 欧布鲁斯＝6000 德拉克马＝60 米纳斯＝1 塔兰特。本书所述时期的雇佣兵，每天全部开销最多需 2 德拉克马，见 Griffith，1935/1984：294-307。

13. DS 18. 4. 1-6. 一些学者对"最后计划"的全部或部分真实性提出了

质疑，参见 Hampl in Griffith，1966；Hammond，1989b：281-85。

14. 参见 Fraser，1996。

15. DS 18.8.2-7；Justin 13.5.2-7；Curtius 10.2.4.

16. DS 18.8.4.

17. Justin 13.1.12，这显然是事后诸葛亮的说法。

18. Arrian，*Anabasis* 7.26.3；Curtius 10.5.5；Justin 12.15.8；DS 17.117.4.

第二章　巴比伦会议

1. 波斯的相关传统，见 Briant，2002：302-15；马其顿的相关传统，见 Hammond，1989a：54-5。

2. Curtius 对此进行了某种曲解。

3. Curtius（10.6-10）认为消息的扩散是因为会场内有普通士兵。但关于此事件的其他研究中都未提及这一点（Justin 13.2 4；DS 18.2 3；Arrian，*After Alexander* fr.1-18）。我认为这是一种强调消息扩散的夸张或不当的写作手法。除此之外，我基本上还是采信了 Curtius 的说法。不过，Curtius 和所有相关研究中存在一个令人难以置信的严重问题，即与会人员起初无人关注阿里达乌斯，直到他们被迫关注起他来。现存文献读起来更像是对主要问题的戏剧化描述，而非对相关提议的可信记载。巴比伦会议的其他相关研究，见 Atkinson，Yardley，2009；Bosworth，2002，ch.2；Errington，1970；Meeus，2008；Romm，2011，ch.2。

4. Curtius 10.5.4.

5. Bosworth，1992：75-9.

6. Arrian，*After Alexander* fr.1.3；关于希腊短语的含义，见 Anson，1992；Hammond，1985；Meeus，2009a。

7. Justin 13.4.4.

8. Errington，1970.

9. 关于更多细节，参阅 DS 18.3；Curtius 10.1-4；Arrian，*After Alexander* fr.1.5-8；Dexippus fr.1；with Appendix 2 in Heckel，1988。

10. 维尔吉纳阿吉德墓葬，位于今阿吉德古迹附近的一座村庄，参见 Andronicos，tempered by Borza，1990：253-66，and by Borza，Palagia，2007。

11. Carney，*Olympias*，61.

第三章 叛乱

1. R. G. Kent，*Old Persian：Grammar，Texts，Lexicon* （2nd ed.，New Haven：Yale University Press，1953），151-2. Alternatively：http：//www. livius. org/aa - ac/achaemenians/XPh. html.

2. Curtius 9. 7. 11.

3. DS 18. 7. 1.

4. DS 18. 7. 2.

5. 参见 Billows，1990：292-305；Billows，1995：146-82；Briant，1978/1982；Fraser，1996。有关帝国建设和大规模移民之间的联系，参见 Pagden，2001。

6. 参见 Lecuyot in Cribb and Herrmann，2007：155-62。关于该市的历史，参见 Holt，1999。该遗址近年来遭到了塔利班的劫掠和严重破坏。

7. 相关铭文参见 Burstein，49；还可参见 Holt，1999：175。

8. 该会馆首次见于公元前 287 年的一段铭文，但此前早已是一个著名的组织了，见 *IG* II^2 1132。

9. Holt，1999：44.

10. Robertson，1993：73.

11. 关于皮西亚斯，参见 B. Cunliffe，*The Extraordinary Voyage of Pytheas the Greek* （New York：Penguin Books，2003）。

12. "科伊内"是学术上所说的希腊化时代新世界的一个重要特征，该阶段始自公元前 323 年亚历山大去世，以公元前 30 年马其顿最后一位统治者去世而告终。该词源自希腊语动词，意为"操希腊语"。

13. 曼涅托和贝罗索斯的作品分别参见 *FGrH* 609、*FGrH* 680。关于这两位历史学家，参见 J. Dillery，"Greek Historians of the Near East：Clio's 'Other' Sons," in J. Marincola（ed.），*A Companion to Greek and Roman Historiography*，vol. 1（Oxford：Blackwell，2007），221-30。

14. 拉米亚战争的主要书面记载，参见 DS 18. 8-18；Plutarch，*Life of Phocion* 23-9，*Life of Demosthenes* 27-31；Hyperides 6（*Funeral Speech*）。

15. 奥林匹娅斯帮助希腊人一事很难解释，参见 Carney，2006：67-8。

16. Arrian，*After Alexander* fr. 12（cf. Plutarch，*Life of Pyrrhus* 8. 2）.

17. Hyperides 6（*Funeral Speech*）.

18. Plutarch，*Life of Demosthenes* 30. 5.

19. 历史学家波利比乌斯对雇佣兵的描述，13. 6. 4。另参见 Niccolò Machiavelli，*The Prince*，ch. 12："这样的军队是一盘散沙，他们野心勃勃，不服管教，背信弃义，对朋友傲慢，遇到敌人贪生怕死，人神不敬。"

20. 1980 年，在约旦进行了一场有关咒符和咒文的讨论。

21. 关于一夫多妻制等，见 Ogden，1999。

第四章　佩尔狄卡斯、托勒密和亚历山大的遗骸

1. 如埃及的伊纳罗斯（Inarus）在公元前 454 年的遭遇（见 Ctesias fr. 14. 39 Lenfant），以及阿里奥巴尔赞（Ariobarzanes）在公元前 362 年的事例（见 Harpocration s. v. "Ariobarzanes"）。　235

2. Pausanias，*Guide to Greece* 1. 6. 3.

3. 我们有幸看到了被译为 Austin 29 和 Harding 126 的修宪文本 SEG 9. 1。昔兰尼加并未彻底摆脱政治上的麻烦，但它一直在托勒密的手中，直到公元前 96 被罗马人征服。

4. Arrian，*After Alexander* fr. 1. 22-3；Polyaenus，*Stratagems* 8. 60.

5. Bosworth，1993：425.

6. 这是亚历山大一生中最为人津津乐道的话题。参见 Cartledge，2004：265 - 70；Lane Fox，1973：200 - 18。文本出自 Heckel/Yardley，217-22。

7. 详情见 DS 18.26-27。关于灵柩的情况，参见 Miller，1986，更多情况参见 Erskine，2002。

8. DS 18.27.4.

9. Aelian, *Miscellany* 12.64.

10. 关于亚历山大城的亚历山大艺术品，参见 Stewart，1993，Index s. v. "Alexandria"。

11. 关于托勒密寻求合法性的研究，参见 Bingen，2007，ch.1。

12. 关于欧迈尼斯、塞琉古所做之梦，分别参见 DS 18.60.4 - 6、DS 19.90.4；关于塞琉古与阿波罗的传说，参见 Justin 15.4.2-6。

13. 少数相关文献收录于 *FGrH* 138。

14. 克拉特鲁斯纪念碑，参见 Plutarch, *Life of Alexander* 40.5；刻有图案的青铜墓基保存完好，见 Fouilles de Delphes 3.4.2, no.137。克拉特鲁斯的做派，参见 Arrian, *After Alexander* fr.19；列昂纳托斯的做派，参见 Arrian, *After Alexander* fr.12（cf. Plutarch, *Life of Pyrrhus* 8.2）。关于镶嵌画，参见 Stewart，1993：130-50。关于阿尔塞塔斯的坟墓，参见 Stewart，1993：312。关于继业者谋求合法性的研究，参见 Meeus，2009c。

15. 关于亚历山大死后的影响，参见 Errington，1976；Goukowsky，1978，1981；Lianou，2010；Meeus，2009c；Stewart，1993。

16. 更多有关情况可参见 Cartledge，2000。

17. J. K. Davies in Walbank et al.，1984：306.

18. Plutarch, *Life of Alexander* 14.2-5 讲述了这一著名的故事，完整文本可在 *SSR* V b31-49 中找到。

19. *SSR* V H 70.

20. Diogenes Laertius, *Lives of Eminent Philosophers* 10.119; Epicurus, *Vatican*

Sayings 58.

21. Posidippus 63, Austin/Bastianini.

22. Posidippus 55, Austin/Bastianini.

23. *Palatine Anthology* 12. 46.

24. 关于希腊化时代女性受教育情况，参见 Pomeroy，1977。

25. 关于女性捐款者，参见 Burstein 45。关于担任公职的女性，参见
H. W. Pleket，*Epigraphica*，vol. 2：*Texts on the Social History of the Greek World*（Leiden：Brill，1969），nos. 2，5，170。关于自己签署婚姻契约的女性，参见 *P. Tebt.* 104。

26. Thucydides，*The Peloponnesian War* 3. 82. 8；参见 J. de Romilly，*The Rise and Fall of States According to Greek Authors*（Ann Arbor：University of Michigan Press，1977）第三章中的精彩评论。

第五章 第一次继业者战争

1. 在本书涉及的四十年里，阿加托克勒斯（Agathocles）先后统治了叙拉古（Syracuse）和西西里，并几乎在北非击败了迦太基人。公元前304 年，打败对手后，阿加托克勒斯自封为叙拉古国王。他死于公元前 289 年。再往北一点，罗马人正强迫所有意大利北部部落臣服于罗马。南方的希腊人将是罗马的下一个目标。

2. Plutarch，*Life of Eumenes* 7. 4-7.

3. 关于腓力二世的军事改革，参见 Hammond，1989a，ch. 6。

4. Polybius，Histories 5. 84. 3；关于古代战象，参见 Scullard，1974；Epplett，2007。

5. 关于"埃及已是用长矛赢得的土地"的说法，参见 DS 18. 39. 5，20. 76. 7。

6. Schlumberger，1969.

7. 由于信息来源互相矛盾，很难对阿狄亚·欧律狄刻在特里帕拉迪苏斯峰会上的行为进行还原；可参见 Carney，2000：132-34。

8. DS 18. 39. 2. 有关地盘划分的更多详情，参见 DS18. 39. 5-6 以及

Arrian, *After Alexander* fr. 1. 34-8（=Austin 30）。

9. Arrian, *After Alexander* fr. 1. 34.

第六章　波利伯孔的上位

1. Plutarch, *Life of Eumenes* 11. 3-5.

2. DS 19. 16.

3. DS 18. 58. 2.

4. DS 18. 56. 8.

5. 关于希腊化时代初期的希腊城邦，参见 Billows, 1990, ch. 6；Billows, 2003；Chamoux, 2003, ch. 6；Dixon, 2007；Gruen, 1993；Shipley, 2000：186-207。

6. Polybius, *Histories* 15. 24. 4.

7. 在这方面，Welles 能举出很多例子。

8. Bagnall/Derow 14，可追溯至公元前 283 年。

9. 参见 Chaniotis, 2005：116-17。

10. McNicoll and Milner, 1997：103.

11. 参见 Chamoux, 2003：209-10。从公元前 206 年的一份文献中可以看出，小城邦几乎无力承担自身防务的开销。

12. Austin 54；Bagnall/Derow 13.

第七章　卡山德的胜利

1. 关于波利伯孔麦加洛波利斯之战的详情，参见 DSI 8. 70-71。

2. Plutarch, *On the Fortune of Alexander* 338a.

3. 参见 Murray, 2012。

4. Theophrastus, *Characters* 8. 6.

5. 如 Aristophanes, *Acharnians* 628-58, *Frogs* 389-90。

6. Vitruvius, *On Architecture* 7. 5. 2-3；参见 Pollitt, ch. 9。

7. Green, 1990：234. 在我看来，Robert Wells 的译本最完美地展现了忒奥克里托斯的风格，见 *Theocritus：The Idylls*（New York： Carcanet，1988）。

8. Pliny，*Natural History* 34. 65.

9. Aelian，*Miscellany* 2. 3；Pliny，*Natural History* 35. 95.

10. DS 19. 11. 6；Aelian，*Miscellany* 13. 36. 号称以腓力三世阿里达乌斯命名的月球陨石坑阿里亚代乌斯（Ariadaeus）可能是一种误称。

11. 更多细节，参见 DS 19. 51. 2-5。

12. 2 号墓墓主的身份极富争议。我在文中采纳了 Borza 和 Palagia 在 2007 年的最新研究成果，但也有观点认为，墓主是腓力二世本人及其第七任暨最后一任妻子，最早发现坟墓的 Andronicos 提出的这一主张仍非常流行，也为游客所认可。关于狩猎的绘画，参见 Saatsoglou - Paliadeli，2007。

13. 有关这座城市后来的一些历史，参见 Mark Mazower，*Salonica，City of Ghosts*（London：Harper Collins，2005）。

第八章 会猎伊朗：追杀欧迈尼斯

1. 主要的古代文献来源包括 DS 18. 58-63，73，19. 12-5，17-32，34. 7-8，37 - 44；Plutarch，*Life of Eumenes* 13 - 9. 特别需要指出的是，Bosworth，2002，ch. 4. 的研究对我帮助很大。

2. 有关欧迈尼斯离开或逃离巴比伦尼亚的更多细节，参见 DS 19. 12. 3-13. 5。

3. DS 19. 41. 1.

4. Curtius 4. 15. 7.

5. DS 19. 46. 1.

6. DS 19. 48. 3.

7. 更多旃陀罗笈多的治国细节，参见 Mookerji，1966/1999。

8. 藏于 *FGrH* 715。

9. 也可能不是酒后闹事。烧毁宫殿可能是亚历山大蓄意为之：考古学家认定，在放火前，房间里的财宝就已被清空。可参见 Fredricksmeyer，2000：145-9。

10. Phylarchus fr. 12 (*FGrH* 81 F12).

11. 关于安提柯统辖亚洲的证据寥寥无几。相关情况参见 Billows, 1990, chs. 7 and 8。

12. Arrian, *Anabasis* 2. 4. 8-9；Curtius 4. 1. 13-14.

第九章 "亚洲之王"安提柯

1. DS 19. 56. 2.

2. Ps. -Aristotle, *Oeconomica* 1345b-1346a；关于安提柯时代的税种分配，参见 Billows, 1990：289-90；更多详情参见 Aperghis, 2004b：117-35。

3. *SIG*³ 344 = Welles 3, Ager 13, Austin 48.

4. Theophrastus, *Inquiry into Plants* 4. 8. 4.

5. DS 19. 90. 4；还可参见 Appian, *Syrian History* 56。

6. 文本参见 DS 19. 61. 1-3 = Austin 35。

7. DS 19. 63. 2.

8. DS 19. 63. 4.

9. 根据现存的一段铭文（*IG* II ²450），公元前 314 年与前 313 年之交的冬季，阿桑德去了雅典，但并不清楚他是在普雷佩劳斯远征卡里亚之前还是之后去的。

第十章 塞琉古复位

1. Plutarch, *Life of Demetrius* 6. 1.

2. 有关与纳巴泰人交战的详情，参见 DS19. 94-100. 2。

3. *The Devil's Dictionary*（1911），s. v.

4. 文本可见 Austin 38-9；Bagnall/Derow 6；Harding 132。

5. Plutarch, *Life of Demetrius* 7. 3.

6. AD（Astronomical Diaries）1-309, obv. 9, 参见 http：//www. livius. org/cg-cm/chronicles/bchpdiadochi/diadochi_06. html。

7. ABC（*Assyrian and Babylonian Chronicles*）10：rev. 23 - 25，参见

http：//www. livius. org/di-dn/diadochi/diadochi_t23. html。

8. Plutarch, *Life of Demetrius* 19. 4.

第十一章　鏖战希腊

1. DS 19. 105. 4.

2. 直到公元前 305 年，埃及仍在使用，见 *P. Dem. Louvre* 2427，2440。

3. Plutarch, *On Spinelessness* 530d. 有媒体猜测，2009 年在维尔吉纳发现的新
王室墓穴墓主是赫拉克勒斯，但现在下结论还为时过早。参见 http：//
www. ekathimerini. com/4dcgi/_w_articles_politics_0_31/08/ 2009_110269。

4. Green 这样评价托勒密，称其是"审慎约束野心的楷模"（引自 Ellis，
1994：66）。

5. DS 20. 37. 2.

6. 参见 Dixon，2007：173-75。

7. 关于克里奥佩特拉的更多信息，参见 Carney，2000a；Meeus，2009。

8. DS 20. 106. 2-3.

9. Habicht，1997：153-54.

10. Plutarch, *Life of Demetrius* 10. 3.

11. 关于亚历山大图书馆，参见 Canfora，1990；Collins，2000；Erskine，1995。

12. Fraser，1972；Green，1990，ch. 6 对亚历山大城进行了最为权威的
描述，但篇幅相对较短。

13. 关于"七十士译本"，参见 Collins，2000。

14. 此前尤利乌斯·恺撒时期那场著名的大火并未像一贯被认为的那样
毁了图书馆主馆。参见 Canfora，1990：66-70。

15. P. -A. Beaulieu in Briant and Joannès，2006：17-36。

16. 可参见 Plato，*Timaeus* 22a-23b。

17. 忒奥克里托斯赞美托勒密二世的《田园诗（十七）》就是一个典型
的例子。

18. "在人口众多的埃及，一群书生气的文人，在'缪斯的鸟笼'里没

完没了地争论，就为混口饭吃"，讽刺作家 Timon of Phlius 这样写道
（fr. 60 Wachsmuth；fr. 12 Diels）。

第十二章　安提柯折戟

1. *IG* Ⅱ² 469.9-10. 感谢牛津大学古代文献研究中心提供的有关该敕令的照
片，参见 http：//www. csad. ox. ac. uk/CSAD/Images/200/Image286. html。

2. 参见 P. Anderson，"The Divisions of Cyprus，"*London Review of Books*
30.8（April 24，2008），7-16；或登录 http：//www. lrb. co. uk/v30/
n08/perryanderson/thedivisions-of-cyprus。

3. Plutarch，*Life of Demetrius* 17.5；参见 Appian，*Syrian History* 54；DS20.
53.2。

4. Plutarch，*Life of Demetrius* 25.4；还可参见 Plutarch，*Precepts of Statecraft*
823c - d；Phylarchus fr.31 （*FGrH* 81 F31）。有关讨论，见
Hauben，1974。

5. Bosworth，2002：246.

6. 希腊化时代君主制的性质历来备受争议。参见 Austin，1986；Bosworth，
2002，ch.7；Bringmann，1994；Beston，2000；Chamoux，2003，ch.7；Gruen，
1985；Ma，2003；Smith，1988；Walbank，1984。

7. Niccolò Machiavelli，*The Prince*，ch.14.

8. Plutarch，*Life of Demetrius* 42.3.

9. Plutarch，*Whether Old Men Should Engage in Politics* 790a.

10. Appian，*Syrian History* 61.

11. 达雷尔在 *Reflections on a Marine Venus*（London：Faber and Faber，
1953）一书中名为"The Sunny Colossus"的章节中，对攻城情况进
行了生动叙述。达雷尔的观点并非毫无根据，但 Berthold，1984：
66-80 的观点更为合理。

12. Polybius，*Histories* 12.13.11. 关于希腊化时代的技术进步，参见 Lloyd，
1973，ch.7；相关技术细节，参见 Oleson，2008。A. Rehm 的"古典汽

车"（Antike Automobile）是对德米特里蜗牛的理论重构，见 *Philologus* 317（1937），317-30。

13. Plutarch, *Life of Demetrius* 24. 1.

14. 如 DS 22. 92. 3, Plutarch, *Life of Demetrius* 2. 2。

15. *The Flatterer*, fr. 4 Arnott；Athenaeus, *The Learned Banqueters* 587d. 这是米南德喜剧中一个士兵的台词，剧中士兵通常与德米特里长得很像。参见 S. Lape, *Reproducing Athens：Menander's Comedy, Democratic Culture, and the Hellenistic City*（Princeton：Princeton University Press, 2004），61-3。

16. Heckel, 1992：188.

17. 联盟章程的相关片段留存了下来：*IG* IV² 1. 68 = Austin 50；Harding 138；Bagnall/Derow 8；Ager 14。

18. Plutarch, *Life of Demetrius* 3.

第十三章　托勒密和塞琉古王国

1. 有关塞琉古王朝沿用阿契美尼德王朝习俗的研究，参见 Aperghis, 2008；Briant, 1990, 2010；Briant and Joannès, 2006；Kuhrt and Sherwin-White, 1988, 1994；McKenzie, 1994；Sherwin-White and Kuhrt, 1993；Tuplin, 2008；Wolski, 1984。埃及托勒密王国在这方面的情况参见 Manning, 2010。

2. Curtius 9. 1. 1-2.

3. 关于马其顿早期的立宪政体到了何种程度有相当深入的讨论，本段落只是一带而过，参见 Adams, 1986；Anson, 1985, 1991, 2008；Borza, 1990（ch. 10）；Carlier, 2000；Errington, 1974, 1978, 1990 （ch. 6）；Greenwalt, 2010；Hammond, 1989, 1993, 1999, 2000；Hammond and Walbank, 1988；Hatzopoulos, 1996；Lock, 1977；Mooren, 1983, 1998；O'Neil, 1999, 2000。

4. Leriche in Cribb and Herrmann, 2007：131, 134.

5. 2 世纪的一段马其顿铭文显示了体育馆日益凸显的重要性，以及管理者日益增长的公民权力，参见 Austin 137 = Bagnall/Derow 78。

6. Eddy, 1961: 19.

7. 有关埃及托勒密王朝初期税收情况的更多研究，参见 Bingen, 2007; Thompson, 1997。亚洲塞琉古王国初期的有关情况参见 Aperghis, 2004b。

8. 如 Polybius, *Histories* 30. 26. 9 中描述的安条克四世（公元前 175～前 164 年在位）。

9. *P. Tebt.* III 703（= Bagnall/Derow 103, Burstein 101, Austin 319）向我们展示了一名小吏应如何维持收益并确保体系的平稳运转。*P. Rev.*（= Bagnall/Derow 114, Austin 296-97）是理解托勒密王朝税收体系的另一重要文献；另见 Bingen, 2007: 157-88 中的评注。

10. 当然，我们很难得出精确的数字，参见 Manning, 2010: 125-27。

11. Jenkins, 1967: 59.

12. 如 *P. Col. Zen.* II 66 = Bagnall/Derow 137, Austin 307; *P. Ryl.* IV 563 = Bagnall/Derow 90; *P. Lond.* 1954 = Austin 302; *P. Cairo Zen.* 59451 = Austin 308。

第十四章　德米特里卷土重来

1. Will, 1984: 61.

2. Plutarch, *Life of Demetrius* 30. 1.

3. Athenaeus, *The Learned Banqueters* 98d.

4. Polyaenus, *Stratagems* 4. 12. 1. 参见 Bosworth, 2002: 248-49。欲了解普鲁塔克所述的俘获辎重的情况，参见 *Life of Demetrius* 31. 2。

5. 参见 Grainger, 1990a。

6. Polybius, *Histories* 5. 46. 7, 54. 12.

7. 本书涵盖的时间段并未涉及阿尔西诺伊的诸多非凡经历，欲了解更多情况，可参见 Carney, 2000a: 173-77; Macurdy, 1932/1985: 111-30; S. Burstein, "Arsinoe II Philadelphos: A Revisionist View," in W. L. Adams and E. N. Borza (eds), *Philip II, Alexander the Great and the Macedonian Heritage* (Washington, DC: University Press of America, 1982), 197-212。

8. Plutarch, *Life of Demetrius* 33. 1.

9. 和其他继业者一样，普雷斯塔库斯将其管辖的城邦重新命名，赫拉克里亚成了普雷斯塔奇亚（Pleistarcheia）。城墙大概是由普雷斯塔库斯所建，是保存最完好的希腊化时代早期防御工事之一。参见 McNicoll and Milner, 1997：75-81。

10. Plutarch, *Life of Demetrius* 34. 2.

11. 柱廊是包含书房和/或议事厅的场所，建有一段长长的覆顶过道来遮风挡雨，它是很受欢迎的聚会场所。雅典集市上重建的阿塔罗斯柱廊就是典型的此类建筑。

12. 希腊化时代哲学的治愈功效近年才逐渐被学术界认可，就此特别对 Hadot（2002）的研究致谢；Sharples（2006）的研究也是体现这种新思维的优秀作品。

13. 这些修辞学大师是：安提丰（Antiphon）、安多西德（Andorcides）、吕西亚斯（Lysias）、伊索克拉底、伊塞乌斯（Isaeus），德摩斯梯尼、埃斯基涅斯（Aeschines）、莱库古（Lycurgus）、希佩里德斯和德纳库斯（Deinarchus）。

第十五章　德米特里的垮台

1. Plutarch, *Life of Demetrius* 36. 12.

2. Polybius, *Histories* 18. 11. 5 指出，该说法是后来马其顿国王腓力五世（前 222~前 179 年在位）杜撰的。

3. Delev, 2000.

4. Plutarch, *Life of Pyrrhus* 8. 2.

5. Plutarch, *Life of Pyrrhus* 10. 5.

6. Duris of Samos, fr. 13 Jacoby；全文参见 Austin 43, Burstein 7, Grant p. 67。

7. Plutarch, *Life of Demetrius* 42. 2.

8. Plutarch, *Life of Demetrius* 41. 3.

9. Plutarch, *Life of Demetrius* 43. 5. 更多相关情况，参见 Murray，2012。

10. 关于希尼斯特（P. Fannius Synistor）在伯斯科雷阿莱（Boscoreale）的别墅，参见 Billows，1995：45-55。

11. 有关希腊化时代的宗教情况，参见 Chamoux，2003，ch. 9；Mikalson，2006；Potter，2003；Shipley，2000：153-76。

12. 萨莫色雷斯和厄琉西斯的宗教崇拜情况，分别参见 Cole，1984；Mylonas，1961。

13. Plutarch, *On Isis and Osiris* 361f-362a；Tacitus, *Histories* 4. 83-4（= Austin 300）.

14. Demetrius of Phalerum fr. 82a Stork/van Ophuijsen/Dorandi.

15. Lund，1992：98.

16. Plutarch, *Life of Pyrrhus* 12. 4.

17. Memnon of Heraclea, fr. 1. 5. 6 Jacoby. 后来一位希腊化时代国王也取名为克劳诺斯，即公元前 226 年到前 223 年在位的叙利亚国王——塞琉古三世克劳诺斯。

18. 出自 Plutarch, *Life of Demetrius*，显示出"锚"对塞琉古家族的重要性。传说阿波罗神在塞琉古母亲怀孕后给了她一个刻有船锚图形的戒指，塞琉古诞生时身上也有一个类似船锚的胎记，而且其后代子孙也都有这个胎记。

19. Plutarch, *Life of Demetrius* 38. 7；Appian，59-61.

20. Plutarch, *Life of Demetrius* 49. 2.

21. Plutarch, *Life of Demetrius* 51. 3.

第十六章　最后的继业者

1. Dimitrov and Čičikova（1978）详细记载了发掘索瑟波利斯古城的情况。

2. 令人遗憾的是，有关利西马科斯治理王国的情况的史料极度匮乏。有关情况参见 Lund，1992，ch. 5。

3. Justin 17. 1. 3.

4. Memnon of Heraclea, fr. 1. 5. 6 Jacoby.

5. 关于帕加马雕塑，参见 Pollitt, 1986, ch. 4。

6. Strabo, *Geography* 16. 2. 10.

7. Plutarch, *Life of Phocion* 29. 1.

8. 该话题极具争议，从持怀疑态度到认可将人神化，不一而足。可参见
   Badian, 1981; Balsdon, 1950, 1966; Bosworth, 2003b; Cawkwell, 1994;
   Chaniotis, 2003; Dreyer, 2009; Fredricksmeyer, 1979, 1981; Green, 1990
   (ch. 23), 2003; Habicht, 1970; Hamilton, 1984; Sanders, 1991。

9. 吕山德的有关情况，参见 Plutarch, *Life of Lysander* 18, based on Duris of
   Samos。狄奥尼修斯的有关情况，参见 DS 16. 20. 6 with Sanders 1991。关
   于前亚历山大时代的个人崇拜现象，参见 Fredricksmeyer, 1979, 1981。

10. Homer, *Odyssey* 8. 467–8.

11. *OGIS* 6 = Austin 39.

12. Sir Frederick Maurice (ed.), *An Aide de Camp of Life: Being the Papers
    of Colonel Charles Marshall, Assistant Adjutant General on the Staff of
    Robert E. Lee* (London: Little, Brown, 1927), 173.

13. 对统治者的个人崇拜的相关证据并不多，可参见 Smith, 1988, 11. 1-2。

14. Smith, 1988: 39–41.

15. 关于古希腊文学中的相关观点（在年代上肯定晚于继业者时代），
    参见 Diotogenes, *On Kingship* fr. 2, pp. 73 – 4 in H. Thesleff, *The
    Pythagorean Texts of the Hellenistic Period* (Abo: Abo University Press,
    1965)。波斯帝国阿契美尼德王朝的相关情况，可参见 Briant, 2002:
    240-41；马其顿的相关情况，参见 Hammond, 1989a: 21-2。

16. Euhemerus T4e Jacoby. 欧伊迈罗斯相关情况，参见 Ferguson, 1975,
    ch. 7; Gutzwiller, 2007: 189-90。有关起源于公元前 5 世纪的这种思
    潮，参见 Prodicus of Ceos fr. 5 Diels/Kranz。

17. Justin 17. 2. 1.

18. Justin 24. 2.

19. Justin 24. 3. 7；利西马科斯幸免于难的儿子（也叫托勒密）此后竞争马其顿王位未果，在皮西迪亚的特密苏斯（Telmessus）城邦建立了一个独立王国。

参考书目

本书参考书目篇幅之长是有充分理由的。有关继业者时代的所有可信文献几乎都不可考，遗留下来的资料也残缺不全、疑点重重，令这一时代成了学者们研究的沃土。我写这本书的目的就是要尽可能地吸引更多的读者。这意味着我并未涉及学术上的争论，也大体上没有用其他观点和立场来打断本书的脉络。注释很大程度上局限于引用引文，以及提醒读者注意重大争议。因此，下面的列举旨在对想进行更深入、更细致阅读的读者提供帮助。我省略了很多书目和文章，特别是那些不是用英文写的。在我看来不可缺少或至少是同类中最有用的作品，我用星号进行了标记。当然，古代的文献都是必不可少的。

古代资料

在亚历山大大帝及继业者时代遗失的文献中，最大的损失要属卡迪亚的希洛尼摩斯（Hieronymus）的作品了，他曾先后跟随欧迈尼斯（可能是其堂表兄弟）、"独眼"安提柯、"围城者"德米特里和安提柯二世亲历了时局的变更。参见 J. Hornblower, *Hieronymus of Cardia*（Oxford：Oxford University Press, 1981）, and J. Roisman, 'Hieronymus of Cardia：Causation and Bias from Alexander to His Successors', in. E. Carney and D. Ogden（eds）, *Philip II and Alexander the Great：Father and Son, Lives and Afterlives*（New York：Oxford University Press, 2010）, 135-48。

留存于世的最重要文献要属西西里的狄奥多罗斯（生活于公元前1世纪晚期）的了。他的《历史图书馆》（*Library of History*）的第18~20卷，是有关继业者时代的唯一连续记载，尽管公元前302年后所留文献少得可怜。有人以暗流传统或佐证的形式填补了一些空白：Appian, *Syrian*

History 52-64（公元 2 世纪 = *Roman History* 11. 52-64）；Q. Curtius Rufus，*The History of Alexander*（公元 1 世纪），book 10；Justin（M. Junianus Justinus，很可能在公元 3 世纪）对 Pompeius Trogus（公元前 1 世纪晚期），*Philippic History*，books 13-17 的汇编；Cornelius Nepos（公元前 1 世纪），*Lives of Eumenes, Phocion*；Plutarch（first/second cent. ce），*Lives of Alexander, Eumenes, Demetrius, Demosthenes, Phocion, Pyrrhus*；Polyaenus（公元 2 世纪），*Stratagems*，esp. book 4。

　　一些支离破碎的史料也是相关的，其中最重要的是阿里安（L. Flavius Arrianus，公元 2 世纪）的历史著述 *After Alexander*（残篇，令人惋惜的是，公元 9 世纪的 Photius of Constantinople 对其只有简短的概述）。其他史料包括 P. Herennius Dexippus（公元 3 世纪），*After Alexander*（残篇，同样由 Photius of Constantinople 概述）；Duris of Samos（公元前 4 或前 3 世纪）；Memnon of Heraclea Pontica（公元 2 世纪）；以及 Philochorus of Athens（公元前 4 或前 3 世纪）。F. Jacoby 整理了这些零碎的史料，见 *Die Fragmente der griechischen Historiker*（Berlin：Weidmann，1923 – 58；CD – ROM ed，Leiden：Brill，2004）：Arrian 文献见 *FGrH* 156；Dexippus 文献见 *FGrH* 100；Duris 文献见 *FGrH* 76；Hieronymus 文献见 *FGrH* 154；Memnon 文献见 *FGrH* 434；Philochorus 文献见 *FGrH* 328。I. Worthington 正在对 Jacoby 的成果进行修订，Brill 出版社将以各种版式进行出版。

　　阿里安的文献还被收录在 A. Roos 和 G. Wirth 于 1967 年编纂的陶伯讷文库（Teubner）阿里安文集第二卷中。Jacoby 和 Teubner 的文本并未收录后来发现的两份文献。两份文献的最佳版本分别是 A. B. Bosworth，"Eumenes, Neoptolemus and PSI XII 1284," *Greek, Roman, and Byzantine Studies* 19（1978），227 – 37，以及 B. Dreyer，"The Arrian Parchment in Gothenburg：New Digital Processing Methods and Initial Results," in W. Heckel et al.（eds.），*Alexander's Empire：Formulation to Decay*（Claremont：Regina，2007），245–63。W. Goralski 对一些文献进行了翻译和简要的评价，见 "Arrian's *Events after Alexander*：Summary of Photius and Selected Fragments," *Ancient World* 19（1989），81–108。

文字资料译本

阿庇安、狄奥多罗斯、尼波斯和普鲁塔克相关著作的译本，很容易在哈佛大学出版社出版的勒布古典图书馆丛书中找到。不过，这些译本有点过时；狄奥多罗斯和阿庇安的译本版权已经过了保护期，但在网上也可以找到。还可参阅 Curtius: *Quintus Curtius Rufus: The History of Alexander*, trans. by J. C. Yardley, introduction by W. Heckel (London: Penguin, 1984)。关于查士丁可参阅 *Justin: Epitome of the Philippic History of Pompeius Trogus*, trans. by J. C. Yardley, introduction by R. Develin (Atlanta: Scholars Press, 1994)。

文献来源的摘录，以及碑文、楔形文字文本和纸莎草纸的译本，已被收录在许多资料手册中：

Ager, S., 1996, *Interstate Arbitrations in the Greek World*, *337–90 BC* (Berkeley: University of California Press). [inscriptions and literary sources]

*Austin, M., 2006, *The Hellenistic World from Alexander to the Roman Conquest: A Selection of Ancient Sources in Translation* (2nd ed., Cambridge: Cambridge University Press). [literary sources, inscriptions, papyri]

Bagnall, R., and Derow, P., 2004, *The Hellenistic Period: Historical Texts in Translation* (2nd ed., Oxford: Blackwell) (1st ed. title: *Greek Historical Documents: The Hellenistic Period*). [inscriptions and papyri]

Burstein, S., 1985, *The Hellenistic Age from the Battle of Ipsos to the Death of Kleopatra VII* (Cambridge: Cambridge University Press). [literary sources, inscriptions, papyri]

Grant, F., 1953, *Hellenistic Religions: The Age of Syncretism* (Indianapolis: BobbsMerrill). [inscriptions and literary sources]

Harding, P., 1985, *From the End of the Peloponnesian War to the Battle of Ipsus* (Cambridge: Cambridge University Press). [inscriptions and literary sources]

*Heckel, W., n.d., *The Successors of Alexander the Great: A Sourcebook* (http://www.ucalgary.ca/~heckelw/grst341/Sourcebook.pdf). [almost entirely literary sources］

Heckel, W. , and Yardley, J. C. , 2004, *Alexander the Great：Historical Texts in Translation* （Oxford：Blackwell）. ［literary sources］

Inwood, B. , and Gerson, L. , 1997, *Hellenistic Philosophy：Introductory Readings* （2nd ed. , Indianapolis：Hackett）. ［literary sources］

Sage, M. , 1996, *Warfare in Ancient Greece：A Sourcebook* （London：Routledge）. ［literary sources, inscriptions, papyri］

Van der Spek, R. , and Finkel, I. , n. d. , *Babylonian Chronicles of the Hellenistic Period* （http：//www. livius. org/cg－cm/chronicles/chron00. html）. ［cuneiform sources］

Welles, C. B. , 1934/1974, *Royal Correspondence in the Hellenistic Period* （New Haven：Yale University Press；repr. Chicago：Ares）. ［inscriptions］

希腊化时代早期的年代追溯

追溯希腊化时代早期的事件，是非常复杂和极富争议的。目前有两种基本的年代追溯模式，但许多学者都会对两种模式进行综合优化，而不是全盘采用某一模式。为了更好地了解情况，请参阅 P. Wheatley, "An Introduction to the Chronological Problems in Early Diadoch Sources and Scholarship," in W. Heckel et al. （eds. ）, *Alexander's Empire：Formulation to Decay* （Claremont：Regina, 2007）, 179－92。在本书中，我采纳了 T. Boiy, *Between High and Low：A Chronology of the Early Hellenistic Period* （Berlin：Verlag Antike, 2008） 中关于这一棘手问题的研究成果。Boiy 还列有一个权威的参考书目 （截至 2007 年），感兴趣的读者可以参考。

二手文献

Abel, F.-M., 1937, "L'expédition des grecs à Pétra en 312 avant J.-C.," *Revue Biblique* 46, 373-91.

Adams, W. L., 1983, "The Dynamics of Internal Macedonian Politics in the Time of Cassander," *Ancient Macedonia* 3, 2-30.

Adams, W. L., 1984, "Antipater and Cassander: Generalship on Restricted Resources in the Fourth Century," *Ancient World* 10, 79–88.

Adams, W. L., 1986, "Macedonian Kingship and the Right of Petition," *Ancient Macedonia* 4, 43–52.

Adams, W. L., 1991, "Cassander, Alexander IV and the Tombs at Vergina," *Ancient World* 22, 27–33.

Adams, W. L., 1997, "The Successors of Alexander," in L. Tritle (ed.), *The Greek World in the Fourth Century* (London: Routledge), 228–48.

*Adams, W. L., 2004, *Alexander the Great: Legacy of a Conqueror* (London: Longman).

Adams, W. L., 2006, "The Hellenistic Kingdoms," in Bugh 2006a, 28–51.

Alcock, S., et al. (eds.), 2001, *Empires: Perspectives from Archaeology and History* (Cambridge: Cambridge University Press).

*Algra, K., et al. (eds.), 1999, *The Cambridge History of Hellenistic Philosophy* (Cambridge: Cambridge University Press).

Andronicos, M., 1992, *Vergina: The Royal Tombs* (Athens: Athenon).

Anson, E., 1977, "The Siege of Nora: A Source Conflict," *Greek, Roman, and Byzantine Studies* 18, 251–56.

Anson, E., 1985, "Macedonia's Alleged Constitutionalism," *Classical Journal* 80, 303–16.

Anson, E., 1986, "Diodorus and the Date of Triparadeisus," *American Journal of Philology* 107, 208–17.

Anson, E., 1988, "Antigonus, the Satrap of Phrygia," *Historia* 37, 471–77.

Anson, E., 1990, "Neoptolemus and Armenia," *Ancient History Bulletin* 4, 125–28.

Anson, E., 1991, "The Evolution of the Macedonian Army Assembly (330–315 BC)," *Historia* 40, 230–47.

Anson, E., 1992, "Craterus and the *Prostasia*," *Classical Philology* 87, 38–43.

Anson, E., 2004, *Eumenes of Cardia: A Greek among Macedonians* (Leiden: Brill).

Anson, E., 2006, "The Chronology of the Third Diadoch War," *Phoenix* 60, 226–35.

Anson, E., 2008, "Macedonian Judicial Assemblies," *Classical Philology* 103, 135–49.

Aperghis, G. G., 2004a, "City Building and the Seleukid Royal Economy," in Z. Archibald et al. (eds.), *Making, Moving and Managing: The New World of Ancient Economies, 323–31 BC* (Oxford: Oxbow), 27–43.

*Aperghis, G. G., 2004b, *The Seleukid Royal Economy: The Finances and Financial Administration of the Seleukid Empire* (Cambridge: Cambridge University Press).

Aperghis, G. G., 2008, "Managing an Empire—Teacher and Pupil," in S. Darbandi and A. Zournatzi (eds.), *Ancient Greece and Ancient Iran: Cross-Cultural Encounters* (Athens: National Hellenic Research Foundation), 137–47.

Archibald, Z., 1998, *The Odrysian Kingdom of Thrace: Orpheus Unmasked* (Oxford: Oxford University Press).

Ashton, N., 1977, "The *Naumachia* near Amorgos in 322 BC," *Annual of the British School at Athens* 72, 1–11.

Ashton, N., 1983, "The Lamian War—A False Start?," *Antichthon* 17, 47–63.

Ashton, N., 1993, "Craterus from 324 to 321 BC," *Ancient Macedonia* 5, 125–31.

Ashton, N., and Parkinson, S., 1990, "The Death of Alexander the Great: A Clinical Reappraisal," in A. M. Tamis (ed.), *Macedonian Hellenism* (Melbourne: River Seine), 27–36.

*Atkinson, J. (ed.), and Yardley, J. C. (trans.), 2009, *Curtius Rufus: Histories of Alexander the Great, Book 10* (Oxford: Oxford University Press).

*Austin, M., 1986, "Hellenistic Kings, War and the Economy," *Classical Quarterly* n.s. 36, 450–66.

Austin, M., 2001, "War and Culture in the Seleucid Empire," in T. Bekker-Nielsen and L. Hannestad (eds.), *War as a Cultural and Social Force: Essays in Warfare in Antiquity* (Cophenhagen: Royal Danish Academy of Science and Letters), 90–109.

*Austin, M., 2003, "The Seleukids and Asia," in Erskine 2003, 121–33.

*Badian, E., 1961/1966, "Harpalus," *Journal of Hellenic Studies* 81 (1961), 16–43 (repr. in Griffith 1966, 206–33).

Badian, E., 1962/1964, "The Struggle for the Succession to Alexander the Great" (a review article originally published in *Gnomon* 34), in id., *Studies in Greek and Roman History* (Oxford: Blackwell), 262–69.

Badian, E., 1981, "The Deification of Alexander the Great," in H. J. Dell (ed.), *Ancient Macedonian Studies in Honor of Charles F. Edson* (Thessaloniki: Institute for Balkan Studies), 27–71.

Bagnall, R., 1976, *The Administration of the Ptolemaic Possessions outside Egypt* (Leiden: Brill).

*Bagnall, R., 1984, "The Origins of Ptolemaic Cleruchs," *Bulletin of the American Society of Papyrologists* 21, 7–20.

Bagnall, R., 1997, "Decolonizing Ptolemaic Egypt," in Cartledge et al. 1997, 225–41.

Baker, P., 2003, "Warfare," in Erskine 2003, 373–88.

Balsdon, J. P. V. D., 1950/1966, "The "Divinity" of Alexander," *Historia* 1, 363–88 (repr. in Griffith 1966, 179–204).

Barr-Sharrar, B., and Borza, E. (eds.), 1982, *Macedonia and Greece in Late Classical and Hellenistic Times* (Washington, D.C.: National Gallery of Art = Studies in the History of Art, vol. 10).

Battersby, C., 2007, "What Killed Alexander the Great?," *The Australian and New Zealand Journal of Surgery* 77, 85–7.

Bayliss, A., 2006, "Antigonus the One-Eyed's Return to Asia in 322: A New Restoration for a *Rasura* in IG II² 682," *Zeitschrift für Papyrologie und Epigraphik* 155, 108–26.

Baynham, E., 1994, "Antipater: Manager of Kings," in Worthington 1994a, 331–56.

Baynham, E., 2003, "Antipater and Athens," in Palagia/Tracy 2003, 23–9.

Bengtson, H., 1987, *Die Diadochen: Die Nachfolger Alexanders des Grossen (323–281 v. Chr.)* (Munich: Beck).

Bennett, B., and Roberts, M., 2008/2009, *The Wars of the Successors, 323–281 BC*, vol. 1: *Commanders and Campaigns;* vol. 2: *Battles and Tactics* (Barnsley: Pen & Sword).

Berlin, A., 1997, "Between Large Forces: Palestine in the Hellenistic Period," *Biblical Archaeologist* 60, 2–51.

*Berthold, R., 1984, *Rhodes in the Hellenistic Age* (Ithaca, N.Y.: Cornell University Press).

Beston, P., 2000, "Hellenistic Military Leadership," in H. van Wees (ed.), *War and Violence in Ancient Greece* (London/Swansea: Duckworth/The Classical Press of Wales), 315–35.

Billows, R., 1989, "Anatolian Dynasts: The Case of the Macedonian Eupolemos in Karia," *Classical Antiquity* 8, 173–206.

*Billows, R., 1990, *Antigonos the One-Eyed and the Creation of the Hellenistic State* (Berkeley: University of California Press).

*Billows, R., 1995, *Kings and Colonists: Aspects of Macedonian Imperialism* (Leiden: Brill, 1995).

Billows, R., 2003, "Cities," in Erskine 2003, 196–215.

*Bingen, J., 2007, *Hellenistic Egypt: Monarchy, Society, Economy, Culture*, ed. R. Bagnall (Berkeley: University of California Press).

Boiy, T., 2010, "Royal and Satrapal Armies in Babylon during the Second Diadoch War. The *Chronicle of the Successors* on the Events during the Seventh Year of Philip Arrhidaeus (= 317/316 BC)," *Journal of Hellenic Studies* 130, 1–13.

*Borza, E., 1990, *In the Shadow of Olympus: The Emergence of Macedon* (Princeton: Princeton University Press).

Borza, E., and Palagia, O., 2007, "The Chronology of the Macedonian Royal Tombs at Vergina," *Jahrbuch des Deutschen Archäologischen Instituts* 122, 81–126.

Borza, E., and Reames-Zimmerman, J., 2000, "Some New Thoughts on the Death of Alexander the Great," *Ancient World* 31, 22–30.

*Bosworth, A. B., 1971, "The Death of Alexander the Great: Rumour and Propaganda," *Classical Quarterly* n.s. 21, 112–36.

Bosworth, A. B., 1980, "Alexander and the Iranians," *Journal of Hellenic Studies* 100, 1–21.

Bosworth, A. B., 1988, *Conquest and Empire: The Reign of Alexander the Great* (Cambridge: Cambridge University Press).

Bosworth, A. B., 1992, "Philip III Arrhidaeus and the Chronology of the Successors," *Chiron* 22, 56–81.

Bosworth, A. B., 1993, "Perdiccas and the Kings," *Classical Quarterly* n.s. 43, 420–27.

Bosworth, A. B., 2000, "Ptolemy and the Will of Alexander," in Bosworth/Baynham 2000, 207–41.

*Bosworth, A. B., 2002, *The Legacy of Alexander: Politics, Warfare, and Propaganda under the Successors* (Oxford: Oxford University Press).

Bosworth, A. B., 2003, "Why Did Athens Lose the Lamian War?," in Palagia/Tracy 2003, 14–22.

Bosworth, A. B., and Baynham, E. (eds.), 2000, *Alexander the Great in Fact and Fiction* (Oxford: Oxford University Press).

Bowen, J., 1972, *A History of Western Education*, vol. 1: *The Ancient World: Orient and Mediterranean, 2000 BC–AD 1054* (London: Methuen).

Braund, D., 2003, "After Alexander: The Emergence of the Hellenistic World," in Erskine 2003, 19–34.

Breebaart, A., 1967, "King Seleucus I, Antiochus, and Stratonice," *Mnemosyne* ser. 4, 20, 154–64.

Briant, P., 1973, *Antigone le Borgne: Les débuts de sa carrière et les problèmes de l'assemblée macédonienne* (Paris: Centre de Recherches d'Histoire Ancienne).

Briant, P., 1978/1982, "Colonisation hellénistique et peuples indigènes. La phase d'installation," *Klio* 60, 57–92 (repr. in id., *Roi, tributs et paysans: Études sur les formations tributaires du Moyen-Orient ancien* (Besançon: Université de Besançon), 227–62).

Briant, P., 1985, "Iraniens d'Asie Mineure après la chute de l'empire achéménide," *Dialogues d'histoire ancienne* 11, 167–95.

Briant, P., 1990, "The Seleucid Kingdom and the Achaemenid Empire," in P. Bilde et al. (eds.), *Religion and Religious Practice in the Seleucid Kingdom* (Aarhus: Aarhus University Press), 40–65.

Briant, P., 2002, *From Cyrus to Alexander: A History of the Persian Empire*, trans. P. Daniels (Winona Lake, Ind.: Eisenbrauns).

Briant, P., and Joannès, F. (eds.), 2006, *La transition entre l'empire achéménide et les royaumes hellénistiques* (Paris: de Boccard).

*Briant, P., 2010, *Alexander the Great and His Empire: A Short Introduction*, trans. A. Kuhrt (Princeton: Princeton University Press).

*Bringmann, K., 1994, "The King as Benefactor: Some Remarks on Ideal Kingship in the Age of Hellenism," in Bulloch et al. 1994, 7–24.

Brunt, P., 1975, "Alexander, Barsine and Heracles," *Rivista di Filologia e d'Instruzione Classica* 103, 22–34.

Bugh, G. (ed.), 2006a, *The Cambridge Companion to the Hellenistic World* (Cambridge: Cambridge University Press).

Bugh, G., 2006b, "Hellenistic Military Developments," in Bugh 2006a, 265–94.

Bulloch, A., et al. (eds.), 1994, *Images and Ideologies: Self-Definition in the Hellenistic World* (Berkeley: University of California Press, 1994).

Burn, L., 2005, *Hellenistic Art from Alexander the Great to Augustus* (Los Angeles: Getty Publications).

Burstein, S., 1974, *Outpost of Hellenism: The Emergence of Heraclea on the Black Sea* (Berkeley: University of California Press).

Burstein, S., 1980, "Lysimachus and the Greek Cities of Asia: The Case of Miletus," *Ancient World* 3, 73–9.

Burstein, S., 1984, "Lysimachus the *Gazophylax*: A Modern Scholarly Myth?," in W. Heckel and R. Sullivan (eds.), *Ancient Coins of the Graeco-Roman World* (Waterloo: Wilfred Laurier University Press), 57–68.

Burstein, S., 1986a, "Lysimachus and the Greek Cities: The Early Years," *Ancient World* 14, 19–24.

Burstein, S., 1986b, "Lysimachus and the Greek Cities: A Problem in Interpretation," *Ancient Macedonia* 4, 133–38.

Burstein, S., 2003/2008, "The Legacy of Alexander: New Ways of Being Greek in the Hellenistic Period," in W. Heckel and L. Tritle (eds.), *Crossroads of History: The Age of Alexander* (Claremont: Regina), 217–42 (repr. as "Greek Identity in the

Hellenistic Period," in K. Zacharia (ed.), *Hellenisms: Culture, Identity, and Ethnicity from Antiquity to Modernity* (Aldershot: Ashgate), 59–77).

Canfora, L., 1990, *The Vanished Library: A Wonder of the Ancient World* (Berkeley: University of California Press).

Carlier, P., 2000, "Homeric and Macedonian Kingship," in R. Brock and S. Hodkinson (eds.), *Alternatives to Athens: Varieties of Political Organization and Community in Ancient Greece* (Oxford: Oxford University Press), 259–68.

Carlsen, J., et al. (eds.), 1993, *Alexander the Great: Reality and Myth* (Rome: "L'Erma" di Bretschneider).

Carney, E., 1983, "Regicide in Macedonia," *La Parola del Passato* 38, 260–72.

Carney, E., 1994, "Olympias, Adea Eurydice, and the End of the Argead Dynasty," in Worthington 1994a, 357–80.

Carney, E., 1995, "Women and *Basileia*: Legitimacy and Female Political Action in Macedonia," *Classical Journal* 90, 367–91.

Carney, E., 1999, "The Curious Death of the Antipatrid Dynasty," *Ancient Macedonia* 6, 209–16.

*Carney, E., 2000a, *Women and Monarchy in Macedonia* (Norman: University of Oklahoma Press).

Carney, E., 2000b, "The Initiation of Cult for Royal Macedonian Women," *Classical Philology* 95, 21–43.

Carney, E., 2001, "The Trouble with Philip Arrhidaeus," *Ancient History Bulletin* 15, 63–89.

Carney, E., 2004, "Women and Military Leadership in Macedonia," *Ancient World* 35, 184–95.

*Carney, E., 2006, *Olympias, Mother of Alexander the Great* (London: Routledge).

Carney, E., and Ogden, D. (eds.), 2010, *Philip II and Alexander the Great: Father and Son, Lives and Afterlives* (New York: Oxford University Press).

Cartledge, P., 2000, "Greek Political Thought: The Historical Context," in C. Rowe and M. Schofield (eds.), *The Cambridge History of Greek and Roman Political Thought* (Cambridge: Cambridge University Press), 11–22.

Cartledge, P., 2004, *Alexander the Great: The Hunt for a New Past* (London: Macmillan).

Cartledge, P., et al. (eds.), 1997, *Hellenistic Constructs: Essays in Culture, History, and Historiography* (Berkeley: University of California Press).

Cawkwell, G., 1994, "The Deification of Alexander the Great: A Note," in Worthington 1994a, 293–306.

*Chamoux, F., 2003, *Hellenistic Civilization*, trans. M. Roussel (Oxford: Blackwell).

Champion, J., 2009, *Pyrrhus of Epirus* (Barnsley: Pen & Sword).

Chaniotis, A., 2003, "The Divinity of Hellenistic Rulers," in Erskine 2003, 431–45.

*Chaniotis, A., 2005, *War in the Hellenistic World* (Oxford: Blackwell).

Clarysse, W., 1985, "Greeks and Egyptians in the Ptolemaic Army and Administration," *Aegyptus* 65, 57–66.

Cohen, G., 1978, *The Seleucid Colonies: Studies in Founding, Administration and Organization* (Wiesbaden: Steiner = Historia Einzelschriften 30).

Cole, S.G., 1984, *Theoi Megaloi: The Cult of the Great Gods at Samothrace* (Leiden: Brill).

Collins, A., 2001, "The Office of Chiliarch under Alexander and the Successors," *Phoenix* 55, 259–83.

Collins, N., 1997, "The Various Fathers of Ptolemy I," *Mnemosyne* ser. 4, 50, 436–76.

*Collins, N., 2000, *The Library in Alexandria and the Bible in Greek* (Leiden: Brill).

Connor, P. (ed.), 1994, *Ancient Macedonia: An Australian Symposium* (Sydney: Meditarch = *Mediterranean Archaeology* 7, 1–126).

*Cribb, J., and Herrmann, G. (eds.), 2007, *After Alexander: Central Asia before Islam* (Oxford: Oxford University Press = *Proceedings of the British Academy* 133).

Decleva Caizzi, F., 1994, "The Porch and the Garden: Early Hellenistic Images of the Philosophical Life," in Bulloch et al. 1994, 303–29.

Delev, P., 2000, "Lysimachus, the Getae and Archaeology," *Classical Quarterly* n.s. 50, 384–401.

Delev, P., 2003, "Lysimachus and the Third War of the Successors (314–311 BC)," in H. Angelova (ed.), *Thracia Pontica VI.2* (Sofia: Center for Underwater Archaeology), 63–70.

Depuydt, L., 1997, "The Time of Death of Alexander the Great: 11 June 323 BC (–322), ca. 4:00–5:00 PM," *Die Welt des Orients* 28, 117–35 (with an appendix in id., *From Xerxes' Murder (465) to Arridaios' Execution (317): Updates to Achaemenid Chronology* (Oxford: Archaeopress, 2008), 47–51).

Devine, A. M., 1984, "Diodorus' Account of the Battle of Gaza," *Acta Classica* 27, 31–40.

Devine, A. M., 1985a, "Diodorus' Account of the Battle of Paraitacene (317 B.C.)," *Ancient World* 12, 75–86.

Devine, A. M., 1985b, "Diodorus' Account of the Battle of Gabiene," *Ancient World* 12, 87–96.

Dimitrov, D., and Čičikova, M., 1978, *The Thracian City of Seuthopolis*, trans. M. P. Alexieva (Oxford: Archaeopress).

*Dixon, M., 2007, "Corinth, Greek Freedom, and the Diadochoi, 323–301 BC," in Heckel et al. 2007, 151–78.

Dmitriev, S., 2004, "Alexander's Exiles Decree," *Klio* 86, 34–81.

Dmitriev, S., 2007, "The Last Marriage and the Death of Lysimachus," *Greek, Roman, and Byzantine Studies* 47, 135–49.

Dreyer, B., 2009, "Heroes, Cults, and Divinity," in Heckel/Tritle 2009, 218–34.

Eckstein, A., 2009, "Hellenistic Monarchy in Theory and Practice," in R. Balot (ed.), *A Companion to Greek and Roman Political Thought* (Oxford: Blackwell), 247–65.

*Eddy, S., 1961, *The King Is Dead: Studies in the Near Eastern Resistance to Hellenism 334–31 BC* (Lincoln: University of Nebraska Press).

Ehrenberg, V., 1969, *The Greek State* (2nd ed., London: Methuen).

Ellis, W., 1994, *Ptolemy of Egypt* (London: Routledge).

Engels, D., 1978a, "A Note on the Death of Alexander," *Classical Philology* 73, 224–28.

Engels, D., 1978b, *Alexander the Great and the Logistics of the Macedonian Army* (Berkeley: University of California Press).

Epplett, C., 2007, "War Elephants in the Hellenistic World," in Heckel et al. 2007, 209–32.

Errington, R. M., 1970, "From Babylon to Triparadeisos: 323–320 BC," *Journal of Hellenic Studies* 90, 49–77.

Errington, R. M., 1974, "Macedonian 'Royal Style' and Its Historical Significance," *Journal of Hellenic Studies* 94, 20–37.

Errington, R. M., 1976, "Alexander in the Hellenistic World," in E. Badian (ed.), *Alexandre le Grand: Image et réalité* (Geneva: Fondation Hardt), 137–79.

Errington, R. M., 1977, "Diodorus Siculus and the Chronology of the Early Diadochi," *Hermes* 105, 478–504.

Errington, R. M., 1978, "The Nature of the Macedonian State under the Monarchy," *Chiron* 8, 77–133.

Errington, R. M., 1990, *A History of Macedonia*, trans. C. Errington (Berkeley: University of California Press).

*Errington, R. M., 2008, *A History of the Hellenistic World* (Oxford: Blackwell).

*Erskine, A., 1995, "Culture and Power in Ptolemaic Egypt: The Museum and Library of Alexandria," *Greece and Rome* 42, 38–48.

*Erskine, A., 2002, "Life after Death: Alexandria and the Body of Alexander," *Greece and Rome* 49, 163–79.

Erskine, A. (ed.), 2003, *A Companion to the Hellenistic World* (Oxford: Blackwell).

Ferguson, J., 1973, *The Heritage of Hellenism* (London: Thames and Hudson).

Ferguson, J., 1975, *Utopias in the Classical World* (London: Thames and Hudson).

Ferguson, W. S., 1948, "Demetrius Poliorcetes and the Hellenic League," *Hesperia* 17, 112–36.

Fraser, P., 1972, *Ptolemaic Alexandria*, 3 vols. (Oxford: Oxford University Press).

Fraser, P., 1996, *Cities of Alexander the Great* (Oxford: Oxford University Press).

Fredricksmeyer, E., 1979, "Divine Honors for Philip II," *Transactions of the American Philological Association* 109, 39–61.

Fredricksmeyer, E., 1981, "On the Background of the Ruler Cult," in H. J. Dell (ed.), *Ancient Macedonian Studies in Honor of Charles F. Edson* (Thessaloniki: Institute for Balkan Studies), 145–56.

Fredricksmeyer, E., 2000, "Alexander the Great and the Kingdom of Asia," in Bosworth/Baynham 2000, 136–66.

Frösén, J. (ed.), 1997, *Early Hellenistic Athens: Symptoms of a Change* (Helsinki: Finnish Institute at Athens).

Gabbert, J., 1997, *Antigonos II Gonatas: A Political Biography* (London: Routledge).

Garlan, Y., 1984, "War and Siegecraft," in Walbank et al. 1984, 353–62.

Goukowsky, P., 1978/1981, *Essai sur les origines du mythe d'Alexandre, 336–270 av. J.-C.*, 2 vols. (Nancy: Université de Nancy).

Grainger, J., 1990a, *The Cities of Seleukid Syria* (Oxford: Oxford University Press).

*Grainger, J., 1990b, *Seleukos Nikator: Constructing a Hellenistic Kingdom* (London: Routledge).

*Grainger, J., 1992, *Hellenistic Phoenicia* (Oxford: Oxford University Press).

Grainger, J., 1999, *The League of the Aetolians* (Leiden: Brill).

Grainger, J., 2007, *Alexander the Great Failure: The Collapse of the Macedonian Empire* (New York: Continuum).

*Green, P., 1990, *Alexander to Actium: The Historical Evolution of the Hellenistic Age* (Berkeley: University of California Press).

Green, P., 1991, *Alexander of Macedon, 356–323 BC: A Historical Biography* (Berkeley: University of California Press).

*Green, P. (ed.), 1993, *Hellenistic History and Culture* (Berkeley: University of California Press).

Green, P., 2003, "Delivering the Go(o)ds: Demetrius Poliorcetes and Hellenistic Divine Kingship," in G. Bakewell and J. Sickinger (eds.), *Gestures: Essays in Ancient History, Literature and Philosophy Presented to Alan L. Boegehold* (Oxford: Oxbow, 2003), 258–77.

Green, P., 2007, *The Hellenistic Age: A Short History* (New York: The Modern Library).

Greenwalt, W., 1984, "The Search for Arrhidaeus," *Ancient World* 10, 69–77.

Greenwalt, W., 1988, "Argaeus, Ptolemy II and Alexander's Corpse," *Ancient History Bulletin* 2, 39–41.

Greenwalt, W., 1989, "Polygamy and Succession in Argead Macedonia," *Arethusa* 22, 19–43.

Greenwalt, W., 1999, "Argead Name Changes," *Ancient Macedonia* 6, 453–62.

Greenwalt, W., 2010, "Argead *Dunasteia* during the Reigns of Philip II and Alexander III: Aristotle Reconsidered," in Carney/Ogden 2010, 151–63 (and endnotes).

Griffith, G. T., 1935/1984, *The Mercenaries of the Hellenistic World* (Cambridge: Cambridge University Press; repr. Chicago: Ares Press).

Griffith, G. T. (ed.), 1966, *Alexander the Great: The Main Problems* (Cambridge: Heffer).

Gruen, E., 1985, "The Coronation of the Diadochoi," in J. Eadie and J. Ober (eds.), *The Craft of the Ancient Historian: Essays in Honor of C. G. Starr* (Lanham: University Press of America), 253–71.

Gruen, E., 1993, "The Polis in the Hellenistic World," in R. Rosen and J. Farrell (eds.), *Nomodeiktes: Studies in Honor of Martin Ostwald* (Ann Arbor: University of Michigan Press), 339–54.

*Gutzwiller, K., 2007, *A Guide to Hellenistic Literature* (Oxford: Blackwell).

Habicht, C., 1970, *Gottmenschentum und griechische Städte* (2nd ed., Munich: Beck).

*Habicht, C., 1997, *Athens from Alexander to Antony*, trans. D. Schneider (Cambridge: Harvard University Press).

Hadley, R. A., 1974, "Royal Propaganda of Seleucus I and Lysimachus," *Journal of Hellenic Studies* 94, 50–65.

Hadot, P., 2002, "The Hellenistic Schools," ch. 7 (pp. 91–145) of *What Is Ancient Philosophy?*, trans. M. Chase (Cambridge: Harvard University Press).

Hahm, D., 2000, "Kings and Constitutions: Hellenistic Theories," in C. Rowe and M. Schofield (eds.), *The Cambridge History of Greek and Roman Political Thought* (Cambridge: Cambridge University Press), 457–76.

Hamilton, J. R., 1984, "The Origins of Ruler-Cult," *Prudentia* 16, 3–16.

Hammond, N. G. L., 1984, "Alexander's Veterans after His Death," *Greek, Roman, and Byzantine Studies* 25, 51–61.

Hammond, N. G. L., 1985, "Some Macedonian Offices *c.* 336–309 BC," *Journal of Hellenic Studies* 105, 156–60.

Hammond, N. G. L., 1988, "The Royal Journal of Alexander," *Historia* 37, 129–50.

Hammond, N. G. L., 1989a, *The Macedonian State: The Origins, Institutions, and History* (Oxford: Oxford University Press).

Hammond, N. G. L., 1989b, *Alexander the Great: King, Commander and Statesman* (2nd ed., Bristol: Bristol Classical Press).

Hammond, N. G. L., 1989c, "Arms and the King: The Insignia of Alexander the Great," *Phoenix* 43, 217–24.

Hammond, N. G. L., 1993, "The Macedonian Imprint on the Hellenistic World," in Green 1993, 12–23 (with a response by E. Borza, 23–35).

Hammond, N. G. L., 1999, "The Nature of the Hellenistic States," *Ancient Macedonia* 6, 483–88.

Hammond, N. G. L., 2000, "The Continuity of Macedonian Institutions and the Macedonian Kingdoms of the Hellenistic Era," *Historia* 49, 141–60.

*Hammond, N. G. L., Griffith, G. T., and Walbank, F. W., 1972/1979/1988, *A History of Macedonia*, 3 vols. (Oxford: Oxford University Press). The third volume, by Hammond and Walbank, is of most relevance to this book.

Hatzopoulos, M., 1996, *Macedonian Institutions under the Kings: A Historical and Epigraphical Study*, 2 vols. (Athens: Center for Greek and Roman Antiquity).

Hauben, H., 1974, "A Royal Toast in 302 BC," *Ancient Society* 5, 105–17.

Hauben, H., 1977a, "The First War of the Successors (321 BC): Chronological and Historical Problems," *Ancient Society* 8, 85–120.

Hauben, H., 1977b, "Rhodes, Alexander and the Diadochi from 333/2–304 BC," *Historia* 26, 307–39.

Heckel, W., 1982, "The Career of Antigenes," *Symbolae Osloenses* 57, 57–67.

Heckel, W., 1985, "The Macedonian Veterans in Kilikia," *Liverpool Classical Monthly* 10, 109–10.

Heckel, W., 1988, *The Last Days and Testament of Alexander the Great: A Prosopographic Study* (Stuttgart: Steiner = *Historia* Einzelschriften 56).

*Heckel, W., 1992, *The Marshals of Alexander's Empire* (London: Routledge, 1992). [Much of the material of this book is repeated in id., *Who's Who in the Age of Alexander: Prosopography of Alexander's Empire* (Oxford: Blackwell, 2006).]

Heckel, W., 1999, "The Politics of Antipatros, 324–319 BC," *Ancient Macedonia* 6, 489–98.

Heckel, W., 2002, "The Politics of Distrust: Alexander and His Successors," in D. Ogden (ed.), *The Hellenistic World: New Perspectives* (London: Duckworth), 81–95.

Heckel, W., 2007, "The Earliest Evidence for the Plot to Poison Alexander," in Heckel et al. 2007, 265–75.

*Heckel, W., and Tritle, L. (eds.), 2009, *Alexander the Great: A New History* (Oxford: Wiley-Blackwell).

Heckel, W., et al. (eds.), 2007, *Alexander's Empire: Formulation to Decay* (Claremont: Regina).

Herman, G., 1980–81, "The 'Friends' of the Early Hellenistic Rulers: Servants or Officials?" *Talanta* 12–13, 103–49.

Herman, G., 1997, "The Court Society of the Hellenistic Age," in Cartledge et al. 1997, 199–224.

Hölbl, G., 2000, *A History of the Ptolemaic Empire*, trans. T. Saavedra (London: Routledge).

Holt, F., 1988, *Alexander the Great and Bactria: The Formation of a Greek Frontier in Central Asia* (Leiden: Brill).

Holt, F., 1999, *Thundering Zeus: The Making of Hellenistic Bactria* (Berkeley: University of California Press).

Hope Simpson, R., 1954, "The Political Circumstances of the Peace of 311 BC," *Journal of Hellenic Studies* 74, 25–31.

Hope Simpson, R., 1955, "Ptolemaeus' Invasion of Greece in 313 BC," *Mnemosyne* ser. 4, 8, 34–7.

Hope Simpson, R., 1957, "Antigonus, Polyperchon and the Macedonian Regency," *Historia* 6, 371–73.

Hope Simpson, R., 1959, "Antigonus the One-Eyed and the Greeks," *Historia* 8, 385–409.

Howe, S., 2002, *Empire: A Very Short Introduction* (Oxford: Oxford University Press).

*Hughes Fowler, B., 1989, *The Hellenistic Aesthetic* (Madison: University of Wisconsin Press).

Hunter, R., 2003, "Literature and Its Contexts," in Erskine 2003, 477–93.

Invernizzi, A., 1996, "Seleucia on the Tigris: Centre and Periphery in Seleucid Asia," in P. Bilde et al. (eds.), *Centre and Periphery in the Hellenistic World* (2nd ed., Aarhus: Aarhus University Press), 230–50.

Jenkins, G., 1967, "The Monetary Systems in the Early Hellenistic Time with Special Regard to the Economic Policy of the Ptolemaic Kings," in A. Kindler (ed.), *Proceedings of the International Numismatic Convention, Jerusalem 1963* (Tel Aviv: Schocken), 53–74.

Johnson, C., 2000, "Ptolemy I's Epiklesis *Soter*: Origin and Definition," *Ancient History Bulletin* 14, 101–6.

Johnson, C., 2002, "*OGIS* 98 and the Divinization of the Ptolemies," *Historia* 5, 112–16.

Jones, A. H. M., 1940, *The Greek City from Alexander to Justinian* (Oxford: Oxford University Press).

Jordan, D., 1980, "Two Inscribed Lead Tablets from a Well in the Athenian Kerameikos," *Mitteilungen des Deutschen Archäologischen Instituts: Athenische Abteilung* 95, 225–39.

Kertész, I., 1974, "Ptolemy I and the Battle of Gaza," *Studia Aegyptica*, 231–41.

Koenen, L., 1994, "The Ptolemaic King as a Religious Figure," in Bulloch et al. 1994, 25–115.

Kuhrt, A., 1996, "The Seleucid Kings and Babylonia: New Perspectives," in P. Bilde et al. (eds.), *Aspects of Hellenistic Kingship* (Aarhus: Aarhus University Press), 41–54.

Kuhrt, A., and Sherwin-White, S., 1994, "The Transition from Achaemenid to Seleucid Rule in Babylonia: Revolution or Evolution?," *Achaemenid History* 8, 311–27.

*Kuhrt, A., and Sherwin-White, S. (eds.), 1988, *Hellenism in the East: The Interaction of Greek and Non-Greek Civilizations from Syria to Central Asia after Alexander* (Berkeley: University of California Press).

Landucci Gattinoni, F., 1992, *Lisimaco di Tracia: Un sovrano nella prospettiva del primo ellenismo* (Milan: Jaca, 1992).

Landucci Gattinoni, F., 2003, *L'arte del potere: Vita e opere di Cassandro di Macedonia* (Stuttgart: Steiner = *Historia* Einzelschriften 171).

Landucci Gattinoni, F., 2009, "Cassander's Wife and Heirs," in Wheatley/Hannah 2009, 261–75.

Landucci Gattinoni, F., 2010, "Cassander and the Legacy of Philip II and Alexander III in Diodorus' *Library*," in Carney/Ogden 2010, 113–21 (and endnotes).

*Lane Fox, R., 1973, *Alexander the Great* (London: Allen Lane).

Lattimore, S., 1997, "Art and Architecture," in L. Tritle (ed.), *The Greek World in the Fourth Century* (London: Routledge, 1997), 249–82.

Launey, M., 1949/1950, *Recherches sur les armées hellénistiques*, 2 vols. (Paris: Bibliothèque des écoles françaises d'Athènes et de Rome).

Lianou, M., 2010, "The Role of the Argeadai in the Legitimation of the Ptolemaic Dynasty," in Carney/Ogden 2010, 123–33 (and endnotes).

Lightfoot, J., 2000, "Sophisticates and Solecisms: Greek Literature after the Classical Period," in O. Taplin (ed.), *Literature in the Greek World* (Oxford: Oxford University Press), 199–238.

Ling, R., 1984, *The Cambridge Ancient History: Plates to Volume VII Part 1* (Cambridge: Cambridge University Press).

*Lloyd, G. E. R., 1973, *Greek Science after Aristotle* (New York: Norton).

Lock, R., 1977, "The Macedonian Army Assembly in the Time of Alexander the Great," *Classical Philology* 72, 91–107.

*Lund, H., 1992, *Lysimachus: A Study in Early Hellenistic Kingship* (London: Routledge).

Ma, J., 2000, "Fighting Poleis of the Hellenistic World," in H. van Wees (ed.), *War and Violence in Ancient Greece* (London/Swansea: Duckworth/The Classical Press of Wales), 337–76.

Ma, J., 2003, "Kings," in Erskine 2003, 177–95.

Macurdy, G., 1929, "The Political Activities and the Name of Cratesipolis," *American Journal of Philology* 50, 273–78.

Macurdy, G., 1932a/1985, *Hellenistic Queens: A Study of Woman-Power in Macedonia, Seleucid Syria, and Ptolemaic Egypt* (Baltimore: Johns Hopkins University Press; repr. Chicago: Ares).

Macurdy, G., 1932b, "Roxane and Alexander IV in Epirus," *Journal of Hellenic Studies* 52, 256–61.

Manning, J., 2003, *Land and Power in Ptolemaic Egypt: The Structure of Land Tenure* (Cambridge: Cambridge University Press).

*Manning, J., 2007, "Hellenistic Egypt," in W. Scheidel et al. (eds.), *The Cambridge Economic History of the Greco-Roman World* (Cambridge: Cambridge University Press), 434–59.

*Manning, J., 2010, *The Last Pharaohs: Egypt under the Ptolemies, 305–30 BC* (Princeton: Princeton University Press).

Marr, J., and Calisher, C., 2003, "Alexander the Great and West Nile Virus Encephalitis," *Emerging Infectious Diseases* 12, 1599–1603.

Marsden, E., 1969, *Greek and Roman Artillery: Historical Development* (Oxford: Oxford University Press).

Martin, L., 1987, *Hellenistic Religions: An Introduction* (New York: Oxford University Press).

Martin, T., 1996, "Adeimantos of Lampsakos and Demetrios Poliorketes' Fraudulent Peace of 302 BC," in R. Wallace and E. Harris (eds.), *Transitions to Empire: Essays in Greco-Roman History, 360–146, in Honor of E. Badian* (Norman: University of Oklahoma Press), 179–90.

McKechnie, P., 1999, "Manipulation of Themes in Quintus Curtius Rufus Book 10," *Historia* 48, 44–60.

McKenzie, L., 1994, "Patterns in Seleucid Administration: Macedonian or Near Eastern?," in Connor 1994, 61–68.

McNicoll, A., and Milner, N., 1997, *Hellenistic Fortifications from the Aegean to the Euphrates* (Oxford: Oxford University Press).

*Meeus, A., 2008, "The Power Struggle of the Diadochoi in Babylonia, 323 BC," *Ancient Society* 38, 39–82.

Meeus, A., 2009a, "Some Institutional Problems concerning the Succession to Alexander the Great: *Prostasia* and Chiliarchy," *Historia* 58, 287–310.

Meeus, A., 2009b, "Kleopatra and the Diadochoi," in P. van Nuffelen (ed.), *Faces of Hellenism: Studies in the History of the Eastern Mediterranean (4th Century BC–5th Century AD)* (Leuven: Peeters), 63–92.

Meeus, A., 2009c, "Alexander's Image in the Age of the Successors," in Heckel/Tritle 2009, 235–50.

Mendels, D., 1984/1998, "Aetolia 331–301: Frustration, Political Power, and Survival," *Historia* 33, 129–80 (repr. in id., *Identity, Religion and Historiography: Studies in Hellenistic History* (Sheffield: Sheffield Academic Press), 36–100).

Merker, I., 1979, "Lysimachus—Thessalian or Macedonian?" *Chiron* 9, 31–6.

*Migeotte, L., 2009, *The Economy of the Greek Cities from the Archaic Period to the Early Roman Empire*, trans. J. Lloyd (Berkeley: University of California Press).

Mikalson, J., 1998, *Religion in Hellenistic Athens* (Berkeley: University of California Press, 1998).

*Mikalson, J., 2006, "Greek Religion: Continuity and Change in the Hellenistic Period," in Bugh 2006a, 208–22.

Miller, S., 1986, "Alexander's Funeral Cart," *Ancient Macedonia* 4, 401–11.

Miller, S., 1993, *The Tomb of Lyson and Kallikles: A Painted Macedonian Tomb* (Mainz am Rhein: von Zabern).

Mitchell, L., 2007, "Born to Rule? Succession in the Argead Royal House," in Heckel et al. 2007, 61–74.

Mookerji, R. K., 1966/1999, *Chandragupta Maurya and His Times*, 4th ed. (New Delhi: South Asia Books; repr. Delhi: Banarsidass).

Mooren, L., 1983, "The Nature of the Hellenistic Monarchy," in E. Van't Dack et al. (eds.), *Egypt and the Hellenistic World* (Leuven: Peeters), 205–40.

Mooren, L., 1998, "Kings and Courtiers: Political Decision-Making in the Hellenistic States," in W. Schuller (ed.), *Politische Theorie und Praxis im Altertum* (Darmstadt: Wissenschaftliche Buchgesellschaft), 122–33.

Morris, I., and Scheidel, W., 2009, *The Dynamics of Ancient Empires: State Power from Assyria to Byzantium* (Oxford: Oxford University Press).

Morrison, J. S., 1987, "Athenian Sea-Power in 323/2 BC: Dream and Reality," *Journal of Hellenic Studies* 107, 88–97.

Mueller, K., 2006, *Settlements of the Ptolemies: City Foundation and New Settlement in the Hellenistic World* (Leuven: Peeters).

Murray, W., 2012, *The Age of Titans: Big Ships and the Exercise of Naval Power during the Hellenistic Age* (New York: Oxford University Press).

Musti, D., 1984, "Syria and the East," in Walbank et al. 1984, 175–220.

Mylonas, G., 1961, *Eleusis and the Eleusinian Mysteries* (London: Routledge & Kegan Paul).

Nielsen, I., 1994, *Hellenistic Palaces: Tradition and Renewal* (Aarhus: Aarhus University Press).

*Ogden, D., 1999, *Polygamy, Prostitutes and Death: The Hellenistic Dynasties* (London: Duckworth).

*Oleson, J. (ed.), 2008, *The Oxford Handbook of Engineering and Technology in the Classical World* (Oxford: Oxford University Press).

*Oliver, G., 2007, *War, Food, and Politics in Early Hellenistic Athens* (Oxford: Oxford University Press).

O'Neil, J., 1999, "Political Trials under Alexander the Great and His Successors," *Antichthon* 33, 28–47.

O'Neil, J., 2000, "Royal Authority and City Law under Alexander and His Hellenistic Successors," *Classical Quarterly* n.s. 50, 424–31.

O'Sullivan, L., 2008, "*Le Roi Soleil*: Demetrius Poliorcetes and the Dawn of the Sun King," *Antichthon* 42, 78–99.

*O'Sullivan, L., 2009, *The Regime of Demetrius of Phalerum in Athens, 317–307 BC: A Philosopher in Politics* (Leiden: Brill).

Pagden, A., 2001, *Peoples and Empires: A Short History of European Migration, Exploration and Conquest from Greece to the Present* (London: Modern Library, 2001).

*Palagia, O., and Tracy, S. (eds.), 2003, *The Macedonians in Athens, 322–229 BC* (Oxford: Oxbow).

Paspalas, S., 2005, "Philip Arrhidaios at Court—An Ill-Advised Persianism? Macedonian Royal Display in the Wake of Alexander," *Klio* 87, 72–101.

*Pollitt, J. J., 1986, *Art in the Hellenistic Age* (Cambridge: Cambridge University Press).

Pomeroy, S., 1977, "*Technikai kai Mousikai*: The Education of Women in the Fourth Century and in the Hellenistic Period," *American Journal of Ancient History* 2, 51–68.

*Potter, D., 2003, "Hellenistic Religion," in Erskine 2003, 407–30.

Potts, D., 1990, *The Arabian Gulf in Antiquity*, vol. 2: *From Alexander the Great to the Coming of Islam* (Oxford: Oxford University Press).

Von Reden, S., 2001, "The Politics of Monetization in Third-Century BC Egypt," in A. Meadows and K. Shipton (eds.), *Money and Its Uses in the Ancient Greek World* (Oxford: Oxford University Press), 65–76.

Von Reden, S., 2007, *Money in Ptolemaic Egypt from the Macedonian Conquest to the End of the Third Century BC* (Cambridge: Cambridge University Press).

Ridgway, B., 2001, *Hellenistic Sculpture*, vol. 1: *The Styles of ca. 331–200 BC* (Madison: University of Wisconsin Press).

Robert, L., 1966/2007, "Sur un décret d'Ilion et sur un papyrus concernant des cultes royaux," in A. Samuel (ed.), *Essays in Honor of C. B. Welles* (New Haven: American Society of Papyrologists), 175–210 (repr. in id., *Choix d'écrits*, ed. D. Rousset (Paris: Les Belles Lettres), 569–601).

Robertson, M., 1993, "What Is "'Hellenistic' about Hellenistic Art?," in Green 1993, 67–90 (with a response by J. J. Pollitt, 90–103).

Rodgers, W., 1937, *Greek and Roman Naval Warfare: A Study of Strategy, Tactics, and Ship Design from Salamis (480 BC) to Actium (31 BC)* (Annapolis: Naval Institute Press).

Roisman, J. (ed.), 2003, *Brill's Companion to Alexander the Great* (Leiden: Brill).

*Romm, J., 2011, *Ghost on the Throne: The War for the Corpse, Crown and Empire of Alexander the Great* (New York: Simon & Schuster).

Rostovtzeff, M., 1941, *The Social and Economic History of the Hellenistic World*, 3 vols. (London: Oxford University Press).

Rowlandson, J., 2003, "Town and Country in Ptolemaic Egypt," in Erskine 2003, 249–63.

Roy, J., 1998, "The Masculinity of the Hellenistic King," in L. Foxhall and J. Salmon (eds.), *When Men Were Men: Masculinity, Power and Identity in Classical Antiquity* (London: Routledge), 111–35.

Saatsoglou-Paliadeli, C., 2007, "La peinture de la chasse de Vergina," in S. Deschamps-Lequime (ed.), *Peinture et couleur dans le monde grec antique* (Paris: Musée de Louvre), 47–55.

Sabin, P., 2007, "Land Battles," in P. Sabin et al. (eds.), *The Cambridge History of Greek and Roman Warfare* (Cambridge: Cambridge University Press), 399–433.

Samuel, A., 1993, "The Ptolemies and the Ideology of Kingship," in Green 1993, 168–92 (with a response by D. Delia, 192–204).

Sanders, L., 1991, "Dionysius I of Syracuse and the Origins of Ruler Cult in the Greek World," *Historia* 40, 275–87.

Scharfe, H., 1971, "The Maurya Dynasty and the Seleucids," *Zeitschrift für vergleichende Sprachforschung* 85, 211–25.

Schep, L., 2009, "The Death of Alexander the Great: Reconsidering Poison," in Wheatley/Hannah 2009, 227–36.

Schlumberger, D., 1969, "Triparadisos," *Bulletin du Musée de Beyrouth* 22, 147–49.

Schober, L., 1981, *Untersuchungen zur Geschichte Babyloniens und der oberen Satrapien von 323–303 v. Chr.* (Frankfurt: Lang).

Scullard, H., 1974, *The Elephant in the Greek and Roman World* (Ithaca: Cornell University Press).

Seibert, J., 1983, *Das Zeitalter der Diadochen* (Darmstadt: Wissenschaftliche Buchgesellschaft).

Seyrig, H., 1988, "Seleucus I and the Foundation of Hellenistic Syria," in W. A. Ward (ed.), *The Role of the Phoenicians in the Interaction of Mediterranean Civilizations* (Beirut: American University of Beirut), 53–63.

Sfameni Gasparro, G., 1997, "*Daimôn* and *Tuchê* in the Hellenistic Religious Experience," in P. Bilde et al. (eds.), *Conventional Values of the Hellenistic Greeks* (Aarhus: Aarhus University Press), 67–109.

Sharples, I., 1994, "Curtius' Treatment of Arrhidaeus," in Connor 1994, 53–60.

Sharples, R., 2006, "Philosophy for Life," in Bugh 2006a, 223–40.

Shear, T. L., 1978, *Kallias of Sphettos and the Revolt of Athens in 286 BC* (Princeton: American School of Classical Studies at Athens = *Hesperia* supp. 17).

Sherwin-White, S., and Kuhrt, A., 1993, *From Samarkhand to Sardis: A New Approach to the Seleucid Empire* (Berkeley: University of California Press).

*Shipley, G., 2000, *The Greek World after Alexander, 323–30 BC* (London: Routledge).

Shipley, G., and Hansen, M., 2006, "The Polis and Federalism," in Bugh 2006a, 52–72.

*Smith, R. R. R., 1988, *Hellenistic Royal Portraits* (Oxford: Oxford University Press).

De Souza, P., 2007, "Naval Battles and Sieges," in P. Sabin et al. (eds.), *The Cambridge History of Greek and Roman Warfare* (Cambridge: Cambridge University Press), 434–60.

*Spawforth, A., 2007, "The Court of Alexander the Great between Europe and Asia," in id. (ed.), *The Court and Court Society in Ancient Monarchies* (Cambridge: Cambridge University Press), 82–120.

*Stewart, A., 1993, *Faces of Power: Alexander's Image and Hellenistic Politics* (Berkeley: University of California Press, 1993).

Stewart, A., 2006, "Hellenistic Art: Two Dozen Innovations," in Bugh 2006a, 158–85.

Stoneman, R., 1991, *The Greek Alexander Romance* (London: Penguin).

Taylor, M., 1998, "When the Peiraieus and the City Are Reunited," *Zeitschrift für Papyrologie und Epigraphik* 123, 207–12.

*Thompson, D., 1997, "The Infrastructure of Splendour: Census and Taxes in Ptolemaic Egypt," in Cartledge et al. 1997, 242–57.

*Thompson, D., 2001, "Hellenistic Hellenes: The Case of Ptolemaic Egypt," in I. Malkin (ed.), *Ancient Perceptions of Greek Ethnicity* (Washington, DC: Center for Hellenic Studies), 301–22.

*Thompson, D., 2003, "The Ptolemies and Egypt," in Erskine 2003, 105–20.

Tuplin, C., 2008, "The Seleucids and Their Achaemenid Predecessors: A Persian Inheritance?," in S. Darbandi and A. Zournatzi (eds.), *Ancient Greece and Ancient Iran: Cross-Cultural Encounters* (Athens: National Hellenic Research Foundation), 109–36.

Turner, E., 1984, "Ptolemaic Egypt," in Walbank et al. 1984, 118–74.

*Van der Spek, R., 2007, "The Hellenistic Near East," in W. Scheidel et al. (eds.), *The Cambridge Economic History of the Greco-Roman World* (Cambridge: Cambridge University Press), 409–33.

Van Straten, F., 1994, "Images of Gods and Men in a Changing Society: Self-Identity in Hellenistic Religion," in Bulloch et al. 1994, 248–64.

*Walbank, F. W., 1984, "Monarchies and Monarchic Ideas," in id. et al. 1984, 62–100.

Walbank, F. W., 1992, *The Hellenistic World* (2nd ed., London: Fontana).

Walbank, F. W., et al. (eds.), 1984, *The Cambridge Ancient History*, vol. 7 Part 1: *The Hellenistic World* (2nd ed., Cambridge: Cambridge University Press).

Wehrli, C., 1964, "Phila, fille d'Antipater et épouse de Démétrios, roi des Macédoniens," *Historia* 13, 140–46.

Wheatley, P., 1995, "Ptolemy Soter's Annexation of Syria 320 BC," *Classical Quarterly* n.s. 45, 433–40.

Wheatley, P., 1997, "The Lifespan of Demetrius Poliorcetes," *Historia* 46, 19–27.

Wheatley, P., 1998a, "The Date of Polyperchon's Invasion of Macedonia and Murder of Herakles," *Antichthon* 32, 12–23.

Wheatley, P., 1998b, "The Chronology of the Third Diadoch War," *Phoenix* 52, 257–81.

Wheatley, P., 2001, "The Antigonid Campaign in Cyprus, 306 BC," *Ancient Society* 31, 133–56.

Wheatley, P., 2002, "Antigonus Monophthalmus in Babylonia, 310–308 BC," *Journal of Near Eastern Studies* 61, 39–47.

Wheatley, P., 2009a, "The Diadochi, or Successors to Alexander," in Heckel/Tritle 2009, 53–68.

Wheatley, P., 2009b, "The Besieger in Syria 314–312 BC. Historiographic and Chronological Notes," in Wheatley/Hannah 2009, 323–33.

Wheatley, P., and Hannah, R. (eds.), 2009, *Alexander and His Successors: Essays from the Antipodes* (Claremont: Regina).

Will, E., 1984, "The Succession to Alexander" and "The Formation of the Hellenistic Kingdoms," trans. F. McDonagh, in Walbank et al. 1984, 23–61, 101–17.

Williams, J., 1984, "A Note on Athenian Chronology, 319/8–318/7 BC," *Hermes* 112, 300–5.

Williams, J., 1989, "Demades' Last Years, 323/2–319/8 BC: A 'Revisionist' Interpretation," *Ancient World* 19, 19–30.

Wolski, J., 1984, "Les Séleucides et l'héritage d'Alexandre le Grand en Iran," in B. Virgilio (ed.), *Studi Ellenistici*, vol. 1 (Pisa: Giardini), 9–20.

Worthington, I. (ed.), 1994a, *Ventures into Greek History* (Oxford: Oxford University Press).

Worthington, I., 1994b, "Alexander and Athens in 324/3 BC: On the Greek Attitude to the Macedonian Hegemony," in Connor 1994, 45–51.

Worthington, I., 1994c, "The Harpalus Affair and the Greek Response to the Macedonian Hegemony," in id. 1994a, 307–30.

*Worthington, I. (ed.), 2002, *Alexander the Great: A Reader* (London: Routledge).

索 引

（索引中的页码均为本书页边码）

图书在版编目（CIP）数据

裂土称王：继业者战争与希腊化时代／（英）罗宾
·沃特菲尔德（Robin Waterfield）著；袁鑫，拓永兴
译. --北京：社会科学文献出版社，2023.1
书名原文：Dividing the Spoils：The War for
Alexander the Great's Empire
ISBN 978-7-5228-0845-1

Ⅰ.①裂… Ⅱ.①罗… ②袁… ③拓… Ⅲ.①欧洲-
古代史-研究 Ⅳ.①K502

中国版本图书馆 CIP 数据核字（2022）第 186309 号

审图号：GS（2022）5633号。书中地图系原书插附地图。

裂土称王
——继业者战争与希腊化时代

著　　者／〔英〕罗宾·沃特菲尔德（Robin Waterfield）
译　　者／袁　鑫　拓永兴

出 版 人／王利民
责任编辑／沈　艺
文稿编辑／姜子萌
责任印制／王京美

出　　版／社会科学文献出版社·甲骨文工作室（分社）（010）59366527
　　　　　地址：北京市北三环中路甲 29 号院华龙大厦　邮编：100029
　　　　　网址：www.ssap.com.cn
发　　行／社会科学文献出版社（010）59367028
印　　装／南京爱德印刷有限公司

规　　格／开　本：889mm×1194mm　1/32
　　　　　印　张：11.25　插　页：0.5　字　数：255 千字
版　　次／2023 年 1 月第 1 版　2023 年 1 月第 1 次印刷
书　　号／ISBN 978-7-5228-0845-1
著作权合同
登 记 号　／图字 01-2019-2597 号
定　　价／72.00 元

读者服务电话：4008918866